高等教育
改革理论创新的探索

GAODENG JIAOYU
GAIGE LILUN CHUANGXIN DE TANSUO

张立今 ◎ 著

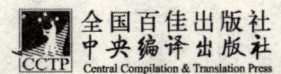

目　录

前　言 …… 1

一、高等教育改革与发展篇 …… 1

邓小平教育发展观对中国高等教育发展的启示 …… 3
从高技能人才短缺看高职教育深化改革的方向 …… 10
关于高等职业教育发展的几对关系 …… 14
高职院校和谐发展的六大关系 …… 21

二、高校创新型人才培养与素质教育篇 …… 27

创新型高校建设的改革方向与发展路径 …… 29
高校创新型人才培养机制的建设 …… 35
高职院校素质教育保障机制建设 …… 40

三、高职院校内部管理篇 …… 51

新形势下高职院校长的能力建设 …… 53
高职院校内部管理科学化的现实路径 …… 60
以科学发展观为指导　正确处理四种关系 …… 66

四、高职院校内涵发展篇 …… 71

以提高质量为核心全面推进高职院校内涵发展 …… 73

高职院校内涵发展战略：资源整合 ………………………………… 80
  关于加强高职院校教师队伍建设的几点思考 …………………… 90

五、教学改革与素质教育篇 ……………………………………………… 97

  深化高职教学改革 全面提高教学质量 …………………………… 99
  高职院校教学存在的突出问题及对策 ……………………………… 105
  高职课程建设：成效、问题与对策 ………………………………… 113
  对提高系部教学质量评估工作有效性的思考 …………………… 123

六、产学合作与实践教学篇 ……………………………………………… 133

  高职院校建立产学合作教学模式的思考与实践 ………………… 135
  实现教学与实践的有机结合 ………………………………………… 139
  高职教育实践教学存在的问题与对策 …………………………… 142

七、煤炭应用型技术人才培养篇 ………………………………………… 147

  高职煤炭类专业人才培养模式与教学改革的研究 …………… 149
  高职煤炭相关专业课程体系存在的问题及对策 ……………… 154
  煤炭行业技术性应用型人才需求分析与解决问题的对策 …… 159

八、大学生思想政治教育与两课教学篇 ……………………………… 167

  大学生思想政治工作机制创新的思考与实践 …………………… 169
  高职高专学生思想政治教育工作创新与实践 …………………… 178
  关于把马克思主义中国化的最新理论成果转化为教学内容的思考 …… 185
  高职教育"两课"教学方法的创新 ………………………………… 195

九、大学生马克思主义教育热点理论问题篇 ………………………… 199

  坚持党的思想路线是贯彻"十六大"精神的根本要求 ………… 201

"三个代表"重要思想的实践特质 …………………………… 204

"武装思想"和"指导实践" …………………………………… 210

"三个代表"重要思想面向21世纪的中国化的马克思主义 …… 216

从"三个一致性"看党的执政为民理念的实现 ………………… 222

科学决策的基本原则是民主集中制 …………………………… 228

十、高校毕业生就业工作篇 …………………………………… 233

"三三五"毕业生就业工作模式的创新和实践 ………………… 235

高职院校毕业生就业工作策略探讨 …………………………… 244

构建面向市场的高职院校毕业生就业工作新模式 …………… 250

参考文献 …………………………………………………………… 257

前　言

从开采"太阳"，奉献光明的煤炭战线跨入高等教育战线已十年多了。

期间，在淮北职业技术学院走过了七个年头，这七年正是国家把高等职业技术教育纳入高等教育发展战略，使我国高等职业技术教育实现蓬勃发展的七个年头。

七年来，淮北职业技术学院，由首次招生几百人到成为万人大学和国家级示范职业技术学院建设单位，作为淮北职业技术学院的开创者之一和党委书记，有幸参与了高等教育大众化和淮北职业技术学院发展的具体进程，遇到了以前没有的问题和现象，思考了以前没有思考过的问题，并积极地去探索和实践。

在实践探索中，我把"工作、学习、研究"作为生活中的重要内容，坚持干什么，努力学习什么，干好什么，对工作学习的结果进行研究，上升到理论，然后把研究的结果再指导工作和学习，以提高工作的绩效，由此养成了科研习惯。

我深深体会到，之所以自己能迅速地从煤炭企业的管理者顺利实现到高校管理者的转变，之所以能在实现淮北职业技术学院的跨越式发展的历程中，做出一些可喜的成绩，也得益于我的学习和研究。这里收集的36篇文章，是我七年多的高等职业教育生涯中的主要研究成果，也是教育教学改革和人才培养实践的经验、体会、感悟、总结和期待，这些文章不能说是系统的、完整的，但是真实的，是为了探索高职教育的改革发展之路，为了提高教育质量，为了促进大学生的健康成长。

我是学工科的，长期从事的是实际工作，缺乏科学研究的功底，但我力图努力运用党的科学发展观，"三个代表"重要思想，高等教育学，高等职业教育学，管理学，经济学，法学，社会学等理论，从实际出发，进行综合研究，以求有所突破，有所创新。由于作者水平有限，不足之处在所难免，感谢同仁和读者批评指正。在这里也感谢多年来，我的领导和同事的支持，感谢在科研过程中一些同志的具体支持和帮助。

作　者
2010 年 10 月
于宿州学院

一

高等教育改革与发展篇

邓小平教育发展观对中国高等教育发展的启示

邓小平对建设和发展中国特色教育事业一系列重大问题所作的分析和阐述，形成了内容丰富的邓小平教育发展思想。邓小平教育发展理论深刻揭示了我国社会主义教育事业的本质和发展规律，精辟阐述了我国教育改革和发展的一系列重大问题，在邓小平理论体系中居于重要地位。在高等教育战线落实科学发展观，把重点转移到提高质量上来的重大战略的新形势下，认真学习和研究邓小平教育发展的思想具有重要的启示和意义。

一、邓小平教育发展观的主要内容

邓小平的教育发展观是由一些相互联系的基本观点、重要思想构成的教育发展的基本理论，是一个完整的科学体系，内容涉及教育发展的指针、方向，教育优先发展的战略，教育发展以人为本，全面协调发展、教育为社会主义现代化建设服务、教育发展应以教育质量和效益的提高为前提的思想。具体体现在以下几个方面：

（一）"三个面向"：教育改革和发展的战略指导方针。

"教育要面向现代化、面向世界、面向未来"，是邓小平在1983年10月21日为北京景山学校的题词。"三个面向"要求教育要全面适应社会主义现代化建设的需要，要学习和借鉴世界的先进经验，认清并适应世界发展的总趋势，为本世纪和下世纪的发展做好人才的培养工作。

"三个面向"是邓小平根据国际新技术革命和国内现代化建设的形势，以及针对当时我国教育同现代化建设严重不相适应提出来的，它深刻揭示了教育自身发展的客观规律，指出了在新时期、新阶段建设中国特色社会主义教育事业的根本方针，体现了党和国家办教育的战略思想，为我国教育事业的改革和发展指明了方向。"三个面向"是邓小平教育和改革发展思想的集中体现,是教育发展的根本和战略指导方针,也是邓小平教育思想的灵魂。

(二)教育优先发展观。

教育要优先发展是邓小平教育思想的立足点,他认为我国社会主义尚处在初级阶段,综合国力不强,根据这个基本国情,必须优先发展教育。他多次提出要发展经济,实现社会主义现代化,科技是关键,教育是基础。他深刻指出：

"一个十亿人口的大国,教育搞上去了,人才资源的巨大优势是任何国家比不了的。有了人才优势,再加上先进的社会主义制度",我们的目标"就有把握达到"。因此,"我们要千方百计,在别的方面忍耐一点,甚至牺牲点速度,把教育问题解决好"。他大声疾呼："我们非要把科教文卫费用增加不可,否则现代化教育就没有希望"。

(三)以人为本的教育发展思想。

邓小平教育思想体系中关于培养人这一教育活动核心问题的一系列论述,集中反映了邓小平的以人为本的教育发展理念。强调尊重知识、尊重人才是邓小平一贯的思想,针对文革十年对知识分子的残酷迫害,教育被严重耽搁,导致人才奇缺的现象,邓小平呼吁全党必须尊重知识、尊重人才。"现在我们国家面临的一个严重问题,不是四个现代化的路线、方针对不对,而是缺少一大批实现这个路线、方针的人才。道理很简单,任何事都是人干的,没有大批人才,我们事业就不能成功。"他谈到中共中央关于经济体制改革的决定时指出："这个文件一共十条,最重要的是第九条,概括说就是尊重知识、尊重人才八个字,事情成败的关键是能不能发现人才,能不能用人才。"在全国科技工作会议上他再次强调："改革经济体制最重要,我最关心的是人才;改革科技体制,我最关心的还是人才。"总之,尊重知识、尊重人才,重视发挥人才在社会主义现代化建设中的作用是邓小平一贯的思想,也是他的以人为本思想的教育发展观的具体体现。培养人才,教师是关键。邓小平指出,"一个学校能不能为社会主义建设培养合格人才,培养德智体全面发展,有社会主义觉悟的劳动者,关键在教师。"教师是科学文化传播者,是精神文明建设者,是人类灵魂的工程师。在教育活动中党的教育方针能否贯彻,人才培养目标能否实现,教师起着主要作用。邓小平认为,要建设一支有良好政治业务素质,结构合理,相对稳定的教师队伍是教育发展的根本大计。"只有教师教得好,学生才能学得好"。因此,一定"要提高教师的水平"。教育着眼于提高全体国民素质，强调学校要面向全体学生。教育着眼于提高全体国民素质，强调学校要面向全体学生是邓小平一贯的思想。1958年4月，他就强调"社会主义建设需要有文化的劳动者，所有的劳动者都要有文化"。

1985年，邓小平再次强调，"培养数以亿计的各级各类人才"，计数以亿不是面向少数能达到的。邓小平在新时期多次重申毛主席提出的社会主义教育方针，提出学校人才培养的目标是"有理想、有道德、有文化、有纪律"，坚持以培养"四有"新人为根本任务，也是邓小平坚持学校以育人为本，以学生为本理念的体现。

（四）教育事业要全面协调发展。

全面协调发展是邓小平教育发展观的重要内容，这体现在他关于我国教育改革发展论述的各个方面。坚持教育事业的发展必须同国民经济的发展相协调。邓小平提出：整个教育事业必须同国民经济发展的要求相适应，"国家计委、教育部和各部门，要共同努力，使教育事业的计划成为国民经济计划的一个重要组成部分"，"生产劳动、科学试验和科学研究在学校教育中怎样组织要更有计划，使之更符合经济计划和教育计划的需要，更应该加以深入的研究"，"制定教育规划应该与国家的劳动计划结合起来，切实考虑劳动就业发展的需要"，他还提出教育要适应国民经济发展就必须进行经济体制改革。改革教育体制，使教育事业全面协调发展。邓小平重视强调进行教育体制改革，优化教育结构，调整各级各类学校比例，加强改善基础教育，重视抓好九年义务制教育，调整改革中等教育结构，大力发展职业技术教育，重视做好学校后的教育，使各级各类教育都能主动适应经济发展需要，以促进教育与经济社会的全面发展。高等学校要和学生、教师全面协调发展。他强调高校是教育中心，也应该成为研究中心，他把高校作为科研的重要方面军，重视高校在科研方面的作用。在教师发展方面，他强调"要提高教师的水平，包括政治思想水平、业务工作能力以及改进作风等"，重视教师的全面提高。在学生发展方面，邓小平坚持全面发展的教育方针，强调通过教育使学生在德智体多方面得到全面发展，他明确提出培养"四有"社会主义新人，要加强学生的理想教育、道德教育，提高思想道德素质；加强科学文化教育，提高科学文化素质；加强法纪教育，增强遵纪守法观念；加强学生的人生观、世界观、价值观教育和爱国主义、集体主义、社会主义的思想教育；要重视体育，增强学生体质，使学生健康发展。

(五) 以服务为宗旨的质量效益观。

邓小平关于教育为生产力发展服务、为经济建设和社会发展服务的思想是指的全方位的服务,他说:"不但要看到近期需要,而且必须预见远期的需要,不但要依据生产建设发展的需求,而且必须充分估计到现代科学技术的发展趋势。"在服务的对象上,不但要为经济建设服务、为科教兴国和可持续发展服务,还要为提高整个中华民族的思想道德素质和科学文化素质服务,为建设社会主义的精神文明、政治文明服务。邓小平不但创造性地提出了社会主义教育的正确服务方向,而且提出了社会主义教育的教学质量观和效益观。早在1958年,他就指出"现在已经建立起来的各类学校都不能降低教学质量"、"学校要保证提高教学质量,否则就不能说是成功的"、"有的国家中小学质量差,吃了亏";1978年邓小平强调要"提高教育质量,提高科学文化的教学水平,更好地为社会主义现代化建设服务",邓小平还强调"我们要在科学技术上赶超世界先进水平,不但要提高高等教育的质量,而且首先要提高中小学教育的质量"。这些论述深刻揭示了教学要搞好服务,必须提高质量,提高质量是为了更好地为社会主义现代化建设搞好服务的联系。把教育服务的方向和提高教育质量的本质要求辩证地统一起来。

邓小平还一贯重视加强学校管理,提高办学效益,他强调现代经济和技术的快速发展要求教育质量、教育效果的迅速提高,提高教育质量和办学效益必须加强和改进学校管理,加强学校管理首先是搞好学校领导班子建设。

二、邓小平教育发展观的主要启示

研究和重温邓小平教育发展思想对于我们当前用科学发展观统领我国高等教育全局,建设中国特色社会主义高等教育有以下启示。

(一) 教育优先发展,提高认识是前提,体制保证是根本。

坚持教育优先发展是邓小平的教育发展战略思想,是社会主义现代化建设的一条极其重要的经验,也是党的十六大和十六届五中全会提出的战略任务,切实落实教育优先发展的战略地位是社会主义现代化建设和构建社会主义和谐社会的必然要求,是增强综合国力,应对国际竞争,全面建设小康社会的一件大事。但是应该看到,教育优先发展战略的一系列具体举措和政策还有一些地区、部门落实不到位,甚至在有的地区、部门把教育优先发展、科教兴国说在嘴上,贴在墙上,缺少具体的行动。要把能否落实教育优先发展的战略地位作为是否全面落实科学发展观，是否是一个成熟领导者的衡量标志。邓小平曾多次强调："忽视教育的领导者是缺乏远见、不成熟的领导者，就领导不了现代化建设"、"我们要千方百计在别的方面忍耐一点，甚至牺牲一点速度把教育问题解决好"。应把邓小平的这些思想真正成为全党的共识和行动，还必须按照科学发展观和教育优先战略的要求，进一步深化教育体制改革，应按照有利于加强领导的原则，改革地方党委政府领导分工负责制，把对教育的投入和发展状况作为衡量各级政府政绩的重要标准，把落实优先发展战略作为对各级领导干部的重要考核内容，同时，纳入各级地方政府的任期目标。国家要制定各级地方政府保证教育投入的条例法规，从制度上对教育优先发展战略给予保障。要进一步落实高教法及中央有关文件赋予高校的自主办学权，特别要把下放地市所属高校办学自主权作为硬性规定，限期解决。

（二）深化改革，三个适应是方向，全面协调发展是目标。

要促进我国高等教育全面健康协调发展，就必须进一步深化改革。从目前高等教育人才培养的状况来看，人才培养的规格、质量和数量在很多方面还不能够满足现代化建设的需求，教育的专业结构、人才培养模式、教学内容和课程体系还不能够完全适应当前和社会长远发展对人才的需求。各类高等教育质量发展不平衡，高等教育规模、结构、质量和效益还存在一些矛盾，规模扩张过快带来的质量、就业、稳定、管理等方面的矛盾和问题越来越尖锐，部属、省属和地市所属、东部与中西部地区高校发展之间差距较大。

因此，要以高等教育适应当前经济和社会发展、适应知识化、经济全球化，适应未来发展为方向，以实现全面协调发展为目标，深化高等教育的人才培养模式、培养内容和课程体系的改革，深化高等教育管理体制和高校管理体制的改革，加强宏观调控和高校内部的微观调控，统筹高等教育的当前和长远、内涵建设和外延建设、改革与开放、改革发展与稳定和高等教育的规模、结构、质量和效益协调发展，统筹中央和地方、东部和中西部地区及各级各类高等教育的协调发展。

（三）以人为本，加强教师队伍建设是关键。

高等教育的发展，必须坚持以人为本。以人为本是科学发展观的实质和核心。学校的根本任务是培养人才。培养高素质人才，关键在教师。

办学必须以教师为本。从目前我国高等教育师资队伍的情况来看，教师的总体数量不足、质量不高是影响教育质量和创新型人才培养的主要因素。我国目前普通高校本专科学生数 2005 年是 1998 年的 4.58 倍，研究生为 4.9 倍，而教师仅为 2.37 倍。在教师队伍中，学术骨干、拔尖教师缺乏，尤其缺乏拔尖的创新人才。教师的专业、职称、学历结构不合理的现象在一些高校严重存在。一些高校，尤其是地方高职院校教师队伍整体素质偏低，高职院校"双师"型教师队伍缺乏。有的高校，特别是一些新升格的高职院校，人事分配制度陈旧，束缚了教职工积极性的发挥。因此，建设一支高素质、高水平的教师队伍，提高教师队伍的整体素质和教育教学水平，是当前提高教育教学质量的关键。一方面，要采取措施努力提高现有教师队伍的思想道德素质、教育教学水平和教书育人能力；另一方面，要进一步完善高校教师公开招聘、拔尖教师选拔制度，加快高校教师的引进和高职院校"双师"型队伍建设的步伐，加大高校人事分配制度改革力度。加强高校师资队伍建设，尤其要把重点大学、新建本科院校和高职院校的教师队伍建设作为重点。

要做好学校工作重心的转移，在坚持办学以教师为本，提高教师整体素质的同时，还要处理好办学以教师为本、教学以学生为本的关系，把办学以教师为本、育人以学生为本有机结合起来，把培养学生、促进学生全面发展作为教育的出发点和落脚点。

（四）内涵建设与发展，提高质量是重点，加强管理是保障。

在搞好发展重点转移、走注重内涵提高为主的发展道路是当前高等教育战线面临的共同任务。规模扩大是发展，提高质量是发展，而且是更重要的发展。要把邓小平提出的能否提高教学质量作为办学成功与否的标准，把提高教学质量更好地服务小康社会建设作为高等教育的中心任务，这也是当前高等教育发展亟待加强的问题。

高等教育经过这几年的快速发展，质量不断提高，但人才培养的结构和规格、大学生的创新与实践能力和高技能人才动手能力的培养与经济建设和社会发展的需求，与建设创新型国家的要求还不够适应。因此，内涵建设要以服从、服务于人才培养质量的提高为宗旨，从师资队伍、教学制度建设、校园文化建设、教学资源整合等方面为提高人才培养质量提供条件和保证，从教书、管理、服务育人三个方面形成提高人才培养质量的合力。同时，要以教学改革为核心，以提高教育质量为目标，全面改革传统落后的教育思想、教育教学模式、教学手段和方法，以及教师评价、学生评价、教育评价、科研评价体系，以促进人才培养质量的提高。

　　加强管理、提高办学质量和效益是邓小平教育发展观的要义，是新时期落实教育优先发展，提高高等教育质量、办人民满意教育的客观要求，也是当前实现内涵发展、提高办学质量和效益的当务之急。由于近几年高校规模迅速扩大，"一区多校"，"一校多区"，高校科技产业的发展、学科的融合、资源的整合和有效利用、社会转型期的人的思想与行为的重大变化、互联网的普及化，给学生带来的获取信息的多元化及学生学习生活方式的变化，客观上都需要加强管理；另一方面，有些高校领导忽视管理，管理精力投入不足，管理理念陈旧，知识缺乏的问题也很突出。因此，要把加强和改进高校的管理作为当前内涵发展的重要任务和可持续发展战略对策，要学习国外大学和国内外先进企业的管理经验，进行管理创新，尤其要采取培训等措施，提高高校领导干部的管理意识、管理能力，加强高校领导管理和执政能力建设，同时要按照政治家、教育专家和管理专家的要求选拔高校领导干部，克服现在高校领导选拔中存在的片面重视教学科研能力忽视政治素质和管理能力的现象。防止有的地方把高校作为解决干部职级的地方。正确的理解和执行领导干部选拔条例和高教法，按照高校领导的素质和能力及高校改革发展的需要选拔好高校领导，为加强管理提供组织保障。

从高技能人才短缺看
高职教育深化改革的方向

一、我国高级技能人才培养的现状

1. 目前我国技能人才的培养。一是高级技工学校，这是现阶段我国培养技能人才的重要阵地。二是行业或企业办的职工培训机构。在体制转轨和企业改制过程中，由于企业剥离了"办社会"的职能，这类培训机构明显减少，且主要以初、中级技工和上岗前培训为主。三是高职院校。近年来，为了适应社会经济发展对高级技能人才的需要，我国陆续通过合并、升格或改建，成立了一批以培养高级技术应用型人才为目标的高等职业技术学院。四是社会各类职业培训机构，包括民办职校。这类培训机构往往规模小、培训层次低，大部分难以承担起培养高科技人才的任务。五是以师带徒或自学成才的培养方式。

2. 我国技能人才培养中存在的问题。第一，在文化结构上，我国企业技术工人文化层次较低；第二，在技术队伍的结构上，高级工、技师、高级技师在技术工人队伍中的比例过低，而初级工的比例则过高；第三，我国高技能人才年龄构成偏高。

3. 我国的技术工人，特别是中、高级技能人才短缺的现状，不可避免地影响我们在世界市场上的竞争力。工业的持续发展需要技术创新，需要大量技术娴熟手艺高超的一线操作人员。我国技术工人技能水平普遍偏低的现状不仅影响着产品数量，还直接影响着产品质量，影响着事故发生率，影响着科技成果转化率。随着我国工业化进程的加快及市场竞争的加剧，我国高级技能人才短缺的实际情况，已成为制约企业发展的重要因素，建设高素质的技工队伍，已成为我国经济发展的当务之急。

二、高职教育的发展对策

1. 转变观念，提高认识，积极营造高技能人才成长的良好环境，从思想上扭转对职业教育的偏见。要从实施"科教兴国"战略和"人才强国"战略的高度，进一步认清高等职业教育面临的形势与任务，充分认识高职教育在培养高级技能人才方面的优势。

高职教育的培养对象是技术型人才、技能型人才和知识与技术复合性的智能型人才，他们都是从事生产、建设、管理、服务第一线的高级技术应用人才。全面建设小康社会，不仅需要数以千万计的专门人才，也需要数以亿计的高素质劳动者，这就需要我们扭转长期以来形成的重普教、轻职教，重理论、轻实践，重科学、轻技术，重知识、轻技能的思想倾向，要在全社会确立劳动光荣的价值观和"行行出状元"的人才观、成才观、教育观，从物质、精神、情感等方面建立对高技能人才的激励导向机制，大力宣传和表彰工人专家和技能标兵，提高他们的经济待遇和社会地位。

2. 加强"双师型"教师队伍建设，突出培养高技能型教师。高等职业教育要培养高技能人才，最关键的因素是师资水平。高职院校的师资水平不同于本科院校，它不仅要求教师有一定的学术水平，更要有较强的职业能力。七部委文件中对"双师型"教师队伍建设提出了许多可操作性的政策措施，提出"要制定符合实际需要的各类职业院校教师职务评聘办法"，要求"职业院校的专业教师每两年必须有两个月以上的时间到企业或生产一线进行实践，并作为教师提职晋级的必要条件"。政策的调整必将加快高职院校"双师型"教师队建设。培养高技能教师，一是要鼓励、引导高职教师树立新的教育观、人才观和知识观；二是努力提高教师的专业素质与职业道德修养，培养教师爱岗敬业的职业道德情操；三是要通过多种形式的实践培训，取得高级技能证书。

3. 千方百计多渠道筹集资金，加强实习、实训基地的建设。培养高技能人才必须有良好的实训条件。加强实训基地的建设是提高高职教学质量，解决高技能人才培养"瓶颈"的关键措施。高职教育是高成本教育，除了需要普通高等教育所需要的基本办学条件外，还需要建设与现代生产技术水平相适应的实验、实习、实训设施。虽然国家教育部和财政部决定采用中央财政资金引导的方式，推动各地职业教育实训基地的建设，但依然不能缓解相当部分的高职院校投入严重不足的现象,这也势必会严重影响高技能人才的培养质量。现阶段高职教育要引入市场投资机制,多渠道、多方式筹措资金,但是绝不能削弱政府投入的主导地位,相反应该加强政府投入的主渠道作用。

4. 积极适应经济社会发展需求,努力推进高职课程改革。高职教育培养的是社会和企业急需的具有良好职业道德的智能型、技术型技术人才,这种培养目标带有强烈的职业性、针对性和实践性。高职教育只有与市场经济发展紧密地结合在一起,才能办出自己的特色,才能充满生机活力。因此,高职课程要充分与经济发展及人才市场的需要相衔接。努力实现课程内容、课程结构的科学化与合理化。要根据企业及市场对职业和技术岗位所需求的职业来设置技能课程,根据职业技术课的要求开设必要的职业基础课。职业基础课要以"够用"为度,职业技术课以"必须"为原则,在职业性、实用性、针对性以及技艺性方面给予更多的关注。高职教学的目的主要是教会学生劳动的技能和本领,因此在教学内容及课时的安排上,要突出实践教学环节,提高实践课时数,使加强实践技能的培养体现在整个教育思想和整个教学计划中,体现在整个教学内容和训练环境中。

5. 积极促进产学研结合向高层次发展。培养高级技能型人才主要的模式是产学研密切结合,这既是社会经济发展的要求,也是高职教育发展的必然。高职教育要求在教学上不仅要进行必要的文化基础、技术理论知识的传授,更重要的是必须进行生产操作技能与技巧的培养和实践。前者可在课堂教学中完成,而后者则必须依靠在车间或实习实训工场对机器、仪器、工具等进行实习实践才能完成。要实现高职教育与企业锻炼的有效结合,高职院校首先要根据自己的培养目标对本专业进行岗位能力的分析和全面素质教育分析,然后在此基础上确定相关的课程设置、课程模式及考核方式,同时还要具备适应人才培养的场地和设备,选好或自编实用教材,搞好教学质量的监控。企业要对分配到岗的实习生进行岗位锻炼,对他们严格要求,精心培养。鼓励他们刻苦学习知识与技术,以展现自己的才智和技能,鞭策他们积极参加技术革新和技术攻关活动,在工作实践中锻炼成长。与此同时,企业选拔出具备高技能人才素质与发展潜能的人员,进入高职院校进行专修或强化培训,高职院校能通过对企业选送人才的分析,确定培养目标和培训手段,针对企业的需求设计各种短期培训课程,完成强化培训任务。高职院校要重视科研工作,这是提升产学研结合层次,培养高技能人才的关键环节。高职院校的教师应在合作企业中发现、寻找科研的新突破口,或者与企业技术人员进行合作，这是高职院校贴近现实、贴近实际需要搞科研的必由之路。产学研的有机结合，高职院校借助企业的技术、设备、数据资料、人员，节约了大笔投资，实现了科研工作与现实需求的对接，既能促进教师跟上专业领域研究的动态，又能在科研过程中使知识和技术得到协调发展。

6. 以"双证书"制度为切入点，加快培养高技能人才。七部委《关于进一步加强职业教育工作的若干意见》明确要求：在职业学院中大力推进职业资格证书制度，是促进学校教育与行业、企业结合的有效途径，也是学生职业能力的具体体现。为此，我们要着力做好以下三个方面的工作。一要使学生毕业时既能获取毕业证书，又能获得一个或多个对学生就业有帮助的职业资格证书；二要加强主体专业的教学内容与职业资格标准的相互沟通与衔接，使学生毕业时直接取得相应的职业资格证书；三要尽快提升目前毕业生的职业资格证书的等级水平。

关于高等职业教育发展的几对关系

1998年以来，我国高等职业教育得到了快速发展，招生人数从1998年的43万增长到2005年的268万，到2005年底止，全国独立设置高职高专院校1091所，已占据了高等教育的半壁江山。高职教育在规模快速发展的同时，质量也不断提高，为经济与社会发展提供高技能人才支撑和科技服务的能力不断增强，为我国高等教育向大众化发展，为我国由人口大国向人力资源大国转变作出了重大贡献。

在充分肯定成绩的同时，应清醒地看到，我们的高职教育还面临着许多矛盾与困难，巩固发展高职教育取得的成果，必须以科学发展观为指导，正确处理和解决好当前面临的主要矛盾和问题，把重点转移到以提高质量为中心，深化改革，加强内涵建设，强化管理，办出特色，增强竞争力的轨道上来。

一、关于人才培养模式与市场导向的关系

所谓人才培养模式，是指在一定的教育理念指导下，按照培养目标而设计的人才培养的步骤、方法、环节以及相应的保障机制与质量评价体系等。创建有特色的高职人才培养模式，是提高高职教育办学质量，实现高职教育自身健康发展的客观要求。从当前的实际情况看，一些高职院校由于人才培养目标定位不准确，没有较好地做到以服务为宗旨，以就业为导向，实施实践教学、工学结合、校企合作的有机结合，人才培养模式的结构设置不合理，人才培养质量受到制约，培养出来的人才类型、水平、质量与社会需求规格的匹配差距比较大。因此，提高高职教育质量，完成高职院校人才培养的任务，必须努力解决这个问题。

创新人才培养模式首先必须以市场为导向，确立人才培养准确的目标。

人才培养目标是培养模式的先导，培养模式构建必须围绕人才培养目标进行。高职教育培养目标分为总培养目标和专业培养目标。所谓总体培养目标，就是在国家总的教育目的的指导下，高职院校对受教育者的发展方向、教学内容及应达到的规格提出的要求。而专业培养目标，则一方面体现国家教育的目标和基本规划，一方面直接指导教学计划，组织课程体系，同时给受教育者一个比较明确的目标，引导受教育者朝预定方向努力。高职人才培养总体目标和专业培养目标的构建，都必须体现社会主义高职教育的本质要求，遵循社会主义市场经济条件下高技才的培养规律，以市场和就业为导向。具体说，就是要主动适应经济和社会发展需要，结合本院校实际，以就业为导向确定本院校的总体培养目标和各专业培养目标。找准本院校在地方经济和行业发展中的位置，实行总体和专业培养目标的科学定位，这是人才培养模式构建的科学前提。

　　其次，人才培养模式的创新必须坚持以服务为宗旨、以就业为导向的原则，切实实行产学研紧密结合。根据高职教育类型和目标的内在要求，高职人才培养要突出培养学生适应日新月异的岗位的职业技能，突出培养学生作为不同职业人所特有的职业素质，包括动手能力、实践能力、应用能力、创新创业能力。目前我国高职院校师资队伍和校内实习实训基地的状况，很难充分满足这个要求；即使有经济实力在校内建设能满足这个要求的齐全的设施，也是不经济、不必要的。进一步说，强化实践教学，仅模拟实训是不够的，必须真刀实枪地在真实环境下进行，而这只有通过产学研合作才能实现。产学合作，实行预就业，也是解决就业问题的重要途径。也只有产学研紧密结合，才能更好跟踪市场、适应市场，使专业设置、课程设置符合社会对人才的需要，使人才培养的规格与市场需要相吻合；才能更好地在人才培养、技术服务、技能培训等方面服务地方经济，取得地方支持，促进自身发展。

二、关于发展规模与提高质量的关系

　　规模与质量的矛盾是贯穿高职院校发展始终的问题，二者相互对立又相互依存的。没有一定的数量、规模就没有一定的质量；而没有质量的规模是没有意义的，最终还会影响规模的扩张。所以高职院校在发展过程中必须追求数量和质量的辩证统一，即要结合经济和社会发展，抓住机遇，适度扩大规模，这对于高职院校充分利用教育教学资源，实现规模、效益的协调发展，增强自我造血、自我积累能力,实现快速发展,更好满足社会对高技能人才培养的需求是必要的;但也不能不切实际地盲目扩大规模,无视办学条件的制约。

规模与质量的矛盾问题在当前高职教育发展中比较突出。一些高职院校伴随着规模的迅速扩大,改善办学条件的资金投入更显不足,致使办学条件改善严重滞后,教学实习、实训、图书、体育设施、学生活动场所及食堂配套设施紧张。同时,由于一些高职院校师资力量薄弱,教师的学历、职称、年龄、素质结构不尽合理,实践教学环节跟不上,课程建设、教学手段相对落后。

在高职教育规模基本适当,高职教育人才结构与人才质量问题比较突出情况下,必须切实坚持"巩固、深化、提高、发展"的方针,把重点放到提高质量上来,通过努力优化人才培养结构,增强人才培养与社会需要的对应性,积极改善办学条件,加强师资队伍和专业课程建设,强化教学管理,确保人才培养质量,走以质量求生存、求发展,质量规模兼顾、质量优先的路子,以保证高职教育持续健康发展。

三、关于全面发展与办出特色的关系

全面发展和办出特色是一对矛盾,也是当前高职院校在改革发展中面临的一个共同问题。高职院校基本上都是近七八年来陆续成立发展起来的,作为新建的高职院校,既存在规模扩张、全面发展、提高质量的任务,又存在办出特色的问题。由于建校时间短、发展任务比较重,近几年来,一些学校基本上把发展重点放在规模扩张方面,加上办学思想、理念存在滞后现象,导致在人才培养、专业建设、科技服务、管理机制、教育风格、校园文化等方面没有形成自己的特色。而办出特色是高职院校发展的关键和创新发展的必然选择。没有特色就没有相对优势,就缺乏竞争能力。因此,必须正确处理扩大规模、全面发展、提高质量和办好特色的关系,做到既着力于全面发展,又高度重视办学特色,使二者统一起来。

全面发展就是要使高职院校在中专、成人院校转型基础上,实现高职院校的准确定位,进一步体现高职院校的基本要求和教育教学规律,坚持统筹兼顾,围绕高职人才培养目标,统筹专业建设、课程建设、产学研合作、教学管理、教学改革、师资队伍建设、教学条件建设等方面的关系,做到兼顾各方，相互协同。

办出特色就是要在高职院校教育教学发展过程中，有意识地逐步形成较稳定的发展方式和被社书记校长论坛会公认的具有优良个性的办学环境和办学特征。要在办学理念、办学目标、专业建设、人才培养、教学研究、管理机制、校园文化、社会服务等方面下工夫，在多方面办出特色。高职院校应该从本校实际出发，把办出特色作为发展战略，坚持发挥优势的原则，有所为有所不为，确定本院校的特色建设目标、任务和具体举措，扎扎实实推进特色建设，努力形成自己的品牌。特色形成不是一蹴而就的，要把特色建设作为一项长期任务，通过长期培养、积累和沉淀，实现从量变到质变，形成办学亮点和特色优势，通过差异化竞争，打造学校的优势地位。

四、关于教学资源建设与强化素质的关系

每所学校都是由一定教学资源构成的，它包括校园用地、教室、图书馆、实习实训场所、仪器设备、生活办公设施、资金、学生、师资干部队伍、学科专业、课程体系、体制机制、校园文化等等，它既包括物质资源，也包括文化学术资源，既包括有形资产，又包括无形资产。在教学资源构成方面，院校之间既有共性，也有个性。不同的教学资源要素构成决定了不同学校的素质、特色和效益。要强化学校素质，增强办学实力，提高办学水平和效益，就必须正确处理教学资源建设和强化素质的关系，通过合理优化资源配置，形成与教学质量保证和学校发展相协调的良好结构，使学校素质得到不断强化。

高职院校基本上是由中专升格或成人高校合并组成的，先天性的教学资源构成与高职院校的素质要求差距很大，因此更需要以强化学校素质、提高人才培养质量和办学水平为宗旨，把优化教学资源结构，合理配置教学资源当作当前高职院校改革发展的一件大事。

首先要坚持教学资源建设以强化素质为根本目标的思想，树立正确的资源建设与配置的导向，使资源配置向薄弱环节、向关键环节倾斜，减少资源的闲置与浪费，发挥资源的最大效能。

其次，要坚持硬件建设与软件建设一齐抓。硬件建设是软件建设的基础和支撑，软件建设是硬件建设的灵魂和动力。离开硬件建设的保障和支持，软件建设难以发挥作用和收到实效。离开软件建设引领和推动，学校得不到

健康发展，硬件建设很难持续发展，现有硬件也难以发挥应有的作用。鉴于目前发展现状及国情，高职院校的楼堂馆所不一定要大，仪器设备不一定要高精尖，但必须满足人才培养的基本需求，即硬件基本过关，不盲目攀比。而软件建设必须高标准，在办学思想、教育理念、培养模式、管理体制、校园文化、规章制度建设方面必须追求卓越，创造一流。只有在进行必要的硬件建设的同时，着力加强软件建设，做到硬件资源充分利用，软件优势发挥突出，相得益彰，才能发挥最佳效果。

第三，要着力进行教学资源结构的优化。一是应组织人员对学校领导班子结构、师资队伍结构、学生生源结构、专业学科结构、课程结构、教学实训设施结构、生活办公设施结构、资金渠道结构、制度、体制机制和校园文化信息资源结构等进行调研，在此基础上形成优化配置的方案，并实施好。二是突出重点，区分轻重缓急，抓住主要矛盾和关键环节进行结构优化。要以市场为导向，把着力抓好专业机构、课程结构、师资队伍结构、领导班子结构改革优化和以提高资源利用率为目标的教学物质资源结构优化作为重点。三要重视学校教学制度、管理体制、激励约束机制、自我发展造血机制的改革及优化，增强办学的软实力。四要坚持动态优化，与时俱进。学校教学资源结构是在学校发展中不断变化的，要把教学资源结构优化作为长期任务，与学校发展同步进行。五是建立教学资源结构优化的责任机制，明确领导职责，建立健全制度，建立完善激励约束制度，加强对教学资源优化的管理监督等。

五、关于人的发展与学校发展的关系

实现高职教育健康协调持续发展，必须坚持以人为本，做到教职工、大学生的发展和学校发展和谐统一，这也是当前高职教育必须解决好的问题。

培养高技能人才是高职院校三大职能之一，学生的发展和培养目标的实现是高职院校办学职能的最终体现。而满足教职工物质和精神的正当需求，调动教职工积极性，才能更好地挖掘教职工的聪明才智，推动学校工作的快速发展。

从当前高职院校发展的实际情况来看，以人为本的本质要求体现不到位，不仅表现在教学过程中，也表现在教职工主动性发挥方面。有的高职院校在教学过程中，只重视对学生进行专业知识传授，而忽视思想道德、心理健康教育、创新能力培养等其他有利于促进学生全面发展方面的工作。在师资队伍建设中,影响教师工作积极性、主动性、创造性发挥的一些问题也还未得到很好解决。为此应采取以下对策:

第一,坚持以学生为主体,以教师为主导,强调学生的学习主体作用,从学生个性形成和发展规律出发,创造教学相长的氛围和环境,开展好大学生思想政治教育、就业教育、心理健康教育,关心学生的心理、学习、生活和成长。

第二,关心教职工学习生活和工作,努力为教职工办好事、办实事。要考虑知识分子和青年学生的基本特点,真正做到关心人、尊重人、理解人、爱护人、激励人,营造一种公平、公正、合理、有效的宽松环境和良好氛围,广泛调动人的积极性,充分激发人的学习、创造活力。

第三,要处理好人的发展和学校的发展关系,还要妥善处理好各方面利益关系,注意保护广大师生的合法权益,及时理顺他们的思想情绪。

六、关于加强改进思想政治工作和依法治校、强化管理的关系

高职院校要实现健康协调持续发展,必须把改进学校思想政治工作与严格管理结合起来;二者虽然手段不同,但目标是一致的。

作为高职院校,由于生源素质相对较低,学校多是中专升格、成人高校合并组建起来的,师资队伍来源复杂、新教师多,深化改革的任务重,给思想政治工作提出了更高的要求。相应地,管理中存在的问题也较多。由于近几年高职院校发展普遍较快,规模迅速扩大,学生、教学、资产、后勤管理的任务迅速增加,校区布局上还出现了"一校多区"现象,管理难度增大。在学校外部,社会生活的深刻变化、互联网等现代科技手段的广泛运用、学校对外合作交流的不断扩大、产学就业一体化的实施,带来了学校师生思想观点、行为方式等方面的大变化,给高职院校管理带来了前所未有的挑战。为此,必须把一手抓思想政治工作,一手抓依法治校、严格管理紧密结合起来。

当前要突出强化管理。教育部把2007年定为"高等学校管理年",符合高校特别是高职院校发展的实际情况,应以此为契机,下大决心、花大力气抓好管理这一环节。

一是要加强高职院校领导的教育和培训。要增强高职院校领导强化管理

的自觉性，使他们充分认识到发展要求管理，管理为了发展，管理出质量，管理出效益，通过管理能力的培养修炼，逐步成为高职教育管理的专家，更好地担起管理的重任。

　　二是坚持从严治教的方针。从严治教，就是要严字当头，坚持严肃的态度、严谨的作风、严格的管理、严明的纪律。

　　三是要加强制度建设。"没有规矩，不成方圆"。解决高职院校规范管理的问题，当务之急是加快建章立制步伐，使解决问题的方法制度化、法制化，逐步建立起符合我国高职院校发展实际的现代高职院校制度体系。

　　四是注意把层次管理与过程管理相结合。层次管理包括宏观、中观、微观管理。宏观管理就是重视战略管理，制定科学的发展战略和发展规划。中观管理就是通过学校分管领导、中层干部规范学生教学管理、实习实训管理、科研管理、后勤管理，使各方面管理遵章守制、规范化。微观管理，就是要强化学校各部门、各系部内部的管理，坚持精益求精的精神，推行精细化管理，把简单平凡的事做细做实做好。在坚持层次管理的同时，要严格过程的管理，从招生、教学、实习实训、就业等各个环节严格规范，使过程管理与层次管理紧密结合，相互促进。

　　五是要突出重点，抓住关键环节。注意解决好学校管理中的薄弱问题，坚持定期不定期排查管理中的漏洞，及时加以整改，同时注意抓住关系学校发展的重大问题，做到纲举目张。尤其要注意处理好发展与稳定的关系，坚持稳定压倒一切，在稳定的前提下，深化改革，强化管理，促进发展。

高职院校和谐发展的六大关系

搞好高职院校和谐校园建设是建设和谐社会的重要组成部分。构建社会主义高职院校和谐校园必须把发展作为第一要务,只有正确处理发展中的各种关系,实现高职院校的全面协调可持续和谐发展才能促进和谐校园建设,把构建高职院校和谐校园任务落到实处。

一、高职院校和谐发展面临的问题

随着高等教育步入大众化发展阶段,高职教育实现了跨越式发展,目前高职教育在校生规模已占据整个高等教育的半壁江山。由于高职教育起步晚、起点低,在迅速发展的同时,暴露出大量问题和深层次矛盾。这些问题不但影响高职院校和谐校园的建设自身生存发展,还影响和谐城市、和谐社会的构建。

(一)办学条件跟不上规模发展的需要

表现在一些高职院校伴随着扩招和规模的迅速扩大,改善办学条件资金投入不足,生均教育经费不但远低于普通本科院校,而且与高职高专评估要求差距较大。由于资金不足,造成办学条件改善的严重滞后,教学、实习实训、图书、体育设施、学生活动场所及食宿配套设施紧张,不能满足办学需要。

(二)办学水平离社会对高职教育的要求差距较大

表现在一些高职院校师资力量薄弱,教师的学历、职称、年龄、素质结构不尽合理,实践教学环节跟不上,教学手段、教学管理落后,人才培养水平难以满足社会对高职高专院校培养高质量技术型人才的需求。

(三)校园文化建设滞后

由于高职院校组建时间短、起步晚、底子薄、规模小、投入少、教育资源相对短缺，面对激烈的市场竞争，很多高职院校存在重知识传授轻能力培养、重理论轻实践、重专业建设轻人文建设等，注意力较多的放在硬件建设和招生规模上，而对校园文化建设缺乏足够重视，再加上学生文化基础参差不齐，致使校园文化建设总体相对滞后，缺乏应有特色。

（四）合并组建院校往往在整合融合方面不同程度存在问题

由于许多高职院校都是在中专、成人院校合并的，校园分散、校区存在小而全现象，资源配置不合理，资源利用率低，办学成本高，资源配置结构性不合理严重，各合并院校传统办学文化相互碰撞，宗派和山头主义不同程度存在矛盾。

（五）受原有办学经验束缚和合并组建矛盾的影响改革进程缓慢

一方面许多高职院校是中专升格或成人高校转型，受原有办学经验束缚，教学理念、人才培养模式、管理方式、教学方法、手段等往往难以与高等教育新要求相适应。另一方面许多高职院校是合并组建而来，理顺关系实现融合需花费大量时间和精力，影响改革成熟条件的形成，滞后了改革的发展。

（六）校内外资源共享、优势互补与职业教育快速发展不匹配

很多高职院校不但校内资源配置不合理，存在结构性矛盾，严重影响办学资源的充分利用和办学效益。另外，缺乏全方位对外开放的发展战略和举措，致使既不能较好的利用自身资源又不能与校外资源实行优势互补共享，制约了高职院校健康发展。

（七）宏观不利因素对高职院校和谐发展造成诸多负面影响

我国高职院校审批权授予省政府后，许多地方竞相攀比，存在短期行为和功利主义，缺乏总量控制和长远规划；因区域经济发展不平衡及隶属系统部门不同，高职院校发展环境各异差距加大；再加上高职院校数量迅猛增加以及省市之间收费政策差异较大，造成教育资源的失衡和浪费，出现了有些高职院校生源萎缩，院校间生源争夺日益激烈。

二、高职院校和谐发展要正确处理好六大关系

要构建社会主义高职院校和谐校园就必须要按照社会主义本质要求，以科学发展观为指导，正确处理好高职院校发展中面临的各种矛盾和问题，使高职院校的发展建立在全面、协调、持续、健康、和谐发展的基础上。

（一）要正确处理好高职院校当前发展与长远发展的关系

正确处理当前发展与长远发展的关系，实现高职院校全面协调可持续发展是落实科学发展观的本质要求，也是高职院校的战略任务。立足当前就是把发展作为第一要务，坚持以发展为主题，不失时机地抓住发展机遇，既突出重点抓好当前发展中的关键环节，又要统筹好规模、结构、速度、质量和效益的关系，做到规模、结构、效益协调发展，夯实发展基础，蓄积发展后劲。把当前发展与长远发展结合起来，使当前发展有利于长远发展，通过增强综合实力，为学院长远发展奠定基础。处理好当前发展与长远发展的关系，一要制定好规划。既要有短期规划又要有长远规划，要把两者相结合。二要处理好教职工当前利益与长远利益的关系。既要考虑当前教职工的收入增加、福利改善，又要考虑学校资金积累和建设，使教职工福利待遇和学校发展同步增长。三要建立学院可持续发展机制。包括教学运行机制、约束激励机制、内部竞争机制、质量保障机制、长效就业机制、产学研合作机制、师资队伍成长保障机制等，使学院发展建立在科学轨道和法制基础上。四要科学定位发展规模。既考虑当前办学条件和教育教学资源，确定一个适度的发展规模，又要考虑将来社会生源总量变化和社会人才需求状况，防止办学规模大起大落。五要实行品牌战略。塑造高职院校品牌是在大众化教育时代下日趋竞争的环境中，赢得优势地位的战略要求，其无形资产对学院长远发展具有十分重要的意义。

（二）要正确处理好高职院校软件建设和硬件建设的关系

高职院校发展包括硬件建设和软件建设。硬件是指办学条件，诸如校舍、教学设施、仪器设备、教学活动场所、教育经费等等。硬件是可显现可见或可以计量的方法，是有形资产。软件则是相对隐形抽象的东西，如领导班子素质、师资队伍、校风建设、专业建设、人才培养质量、办学特色和创新能力及学校信誉等，是办学无形资产。要实现学院和谐发展既要进行硬件建设又要抓好软件建设。硬件建设和软件建设的关系是辩证统一的。硬件建设是软件建设的基础和支撑，软件建设是硬件建设的灵魂和动力。离开硬件建设的保障和支持，软件建设难以发挥作用和收到实效。离开软件建设引领和推动，硬件也很难发挥应有作用，学校得不到健康发展和获得良好的办学效益，硬件建设很难持续发展，现有硬件也难以发挥应有的作用。鉴于高职院校目前发展现状及国情，校舍不一定大，设备不一定高精尖，但必须能满足教学和高职人才培养的基本需求,即要硬件过关,不要盲目攀比,不切实际,不顾自身力量的铺摊子,上硬件。而软件建设必须高标准,在办学思想、教育理念、培养模式、管理体制、校园文化、制度建设方面必须追求卓越,创造一流。只有做到硬件资源充分利用,软件优势发挥突出,使之相得益彰,才能使硬件建设和软件建设有机结合,发挥最佳效果,保证和促进高校的健康发展。

(三) 要正确处理好高职院校自我发展与对外开放的关系

高职院校要实现全面协调健康和谐发展,既要依靠自己的力量实现科学发展,又要把学校发展融于社会发展之中,实行全方位对外开放。作为高职院校面临一个普遍的问题,不仅起点低、基础差、底子薄,而且无论地方办学、行业办学所能提供的财政支持是十分有限的,尤其需要增强主动性,面向市场,依靠自身力量求得发展。同时,必须面向社会、市场,全方位扩大开放,实行校校合作、校企合作、校地合作、国际合作,广泛充分利用一切可利用的环境资源发展自己。在教学人才方面,不求所有但求所用。在教学资源方面,实现优势互补,资源共享。在实习实训、科研方面,与企业互惠互利,实现双赢。在办学理念方面,通过扩大开放,学习兄弟院校先进理念和管理思想。在教师队伍培养方面,通过选派访问学者、挂职锻炼、互聘学术骨干锻炼培养自己的师资力量。总之,通过各种互惠合作方式,求得优势互补,资源共享,推动学院教学改革和发展。

(四) 要正确处理好高职院校教学条件建设与资金渠道建设的关系

教学条件包括土地资源、教学设施、食宿条件、仪器设备、图书、校园文化设施、实习实训设施、学生活动场所和体育设施等等。教学条件建设需要必要的经费投入。资金是办学最基本的物质条件,要吸引人才提高办学水平需要资金,要改善教职工福利设施提高收入需要资金,要实现校区资源整合和规模扩张也需要资金,而目前情况下,高职院校资金短缺是一个比较普遍的问题。无论政府办学、行业办学,所能提供的资金与发展所需要的资金差距较大,尤其是一些地方高职院校资金缺口更大。仅依靠政府和高职举办企业争取资金是远远不够的,这必须转变观念,拓宽经费渠道,把资金渠道建设作为高职院校建设的一项突出任务。一方面,高职院校适当扩大规模增加学费收入,采取股份制吸引民资。同时,注意发挥院校自身教育资源优势,采取企业成功做法,加强办学成本管理,降低办学成本举办实习实训工厂,开展培训业务，实施继续教育，拓展教育市场，开展校区服务，举办科技产业，与企业实行产学研合作等方式利用社会资金弥补学院资金的不足。另一方面，通过后勤社会化实行收费权质押方式引进资金。总之，把经费渠道建设作为高职院校突出任务，既要有策划、举措、方略，也要做好领导和落实。

（五）要正确处理好高职院校以德治校和依法治校的关系

要实现高职院校健康协调和谐发展必须把依法治校与以德治校结合起来。依法治校与以德治校都是治校的手段，依法治校重在治标，以德治校重在治本，二者相辅相成，相互促进，在治校过程中都是不可或缺的。教职工的行为需要根据高职教育有关法律法规进行规范，领导者、管理层更迫切需要按国家高职教育的法律法规规定治理管理学校，规范办学行为。同时，也急需按照国家有关法律规定，结合学校情况尽快制定各项管理制度，做到有章可循。因此，依法治校对高职院校来说具有重要的现实意义，也是使高职尽快走上正轨的正确途径。以德治校就是要依德育人，核心是弘扬道德规范，提高师生员工思想道德水平，使其自觉遵守道德规范，创造一种积极向上的校园道德风尚。其实质是教育人如何做人，对于高职院校来说，由于生源素质相对本科院校较低，文化基础参差不齐，客观上造成许多学生是非辨别能力、公德意识较差，社会责任感、使命感欠缺。从师资队伍看，新进教师多，年轻教师多，合并院校教师来自四面八方，这些都更需要通过道德教育规范其思想行为。概言之，依法治校与以德治校相辅相成，相互促进，两者缺一不可，不可偏废。以德治校是实现依法治校的基础，依法治校是以德治校的保证。

（六）要正确处理好高职院校改革发展与稳定的关系

在加强高职院校建设发展进程中，必须正确处理好改革发展和稳定的关系。高职院校的办学理念、管理体制，专业课程建设、人事分配制度离高职教育教学发展要求需要差距较大，改革任务更重。以就业为导向，深化教学改革是高职院校十分突出的任务。高职院校必须以改革为动力，通过深化改革，促进学校的发展，不改革就没有活力，就要落后。但改革必须从高职院校自身实际出发，不能操之过急，盲目蛮干，要实事求是，稳步发展，在维护稳定的前提下，从实际出发，有计划、有步骤推进教育教学、人事制度、干部制度、管理体制、后勤社会化等方面的改革。稳定是前提，改革发展必须有稳定的环境。鉴于高职院校现实状况，尤其要注意把改革力度、发展速度和社会可承受程度统一起来，在校园稳定中推进改革发展，通过改革发展促进校园稳定。搞好校园稳定还要根据不同院校实际，解决好影响稳定的特殊性问题，如合并院校的融合问题，生源萎缩、就业形势不好的院校招生就业问题，还要解决好不良网络信息危害学生心理健康，校园暴力危害校园安全等问题。同时，要重视抓好高职院校的安全工作，杜绝和避免重大安全事故发生。总之，把深化改革、安全稳定工作有机统一起来，做到相互促进。

总之，高职院校和谐发展是一项复杂的系统工程，有其自身特点和规律，以科学发展观为指导，把握处理自身发展中的各种矛盾，坚持以人为本，与时俱进，才能实现高职院校的快速健康协调可持续发展，形成一个可持续发展格局，使我国的高职教育充满生机活力。

二 高校创新型人才培养与素质教育篇

创新型高校建设的改革方向与发展路径

党的十七大报告提出提高自主创新能力，建设创新型国家的发展战略。高校是国家创新体系的重要主体，在科技创新和创新型国家建设中扮演着重要角色，担负着重要使命，它既要完成创新型人才培养的根本任务，又要在知识创新、技术创新中发挥主力军和生力军作用。建设创新型高校，更好地适应创新型国家建设需要，必须把创新作为学校的灵魂和一切工作的主线，在思想观念、人才培养、师资培养和资源建设等方面深化改革，把增强自主创新能力和培养创新人才作为建设发展的核心，通过观念创新、人才培养创新、科技创新、知识创新、文化创新，全面推进创新型大学建设。

一、更新观念，确立科学的创新人才培养理念体系

在传统的教育理念中，"传道、授业、解惑"依然不同程度地统治着教师的头脑。学生被视为被动的知识接受者，而不是富有活力的创新者。传统的知识观认为，知识是对经验事实和规则的总结和认识，这种认识的真理性是静止的、不变的、绝对的，甚至是终极的，因而在教学中强调的是对知识的记忆、对知识的模仿和对知识的重复性练习。这种重传承轻创新的"继承本位"教育观念，反映在教学过程和教学方法、教学制度和管理方法、考试制度和评分标准、教育哲学和学生评价等很多方面。它的最大特征是认为教学的根本目的是传授知识，于是知识越多越好成为衡量学生优秀的标准。

但是现在人才学研究表明：知识并不等于能力，能力特别是创新能力比知识更重要，知识多而创新能力差和知识少而创新能力强都是正常现象。爱因斯坦提出相对论时，他的物理知识并不多。贝尔发明电话之前，只是个不懂电学的语言学老师。爱迪生连小学都没念完，但他能在发明创造上取得辉煌的成就。爱因斯坦、爱迪生、贝尔之所以能够实现伟大发明，关键是他们

强烈的自主学习意识和自我发展能力、创新能力、实践能力、专注的精神和自我控制能力。缺乏某一方面知识、技能不怕,能去不断地学习、研究、提高,就能够发挥自己的创造潜能为社会服务。因此,不能单凭知识的渊博作为培养优秀人才的标准,应该更加注重人才的综合素质和创新能力、实践能力、自我发展能力。而我国长期以来形成的继承性教育方式,忽视了学生综合素质的提高,特别是忽视创新能力、实践能力的培养,忽视学生的个体差异性和主体作用,不注重学生的个性发展。被动的灌输学习方式以及培养模式单一,专业口径过窄和他控式管理过死的教学制度,严重束缚了创新人才培养。

因此,建设创新型大学,培养创新型人才,就必须同旧的传统观念决裂,以更新学校管理队伍的人才培养理念为重点,开展解放思想活动,使全体教师队伍确立以人为本、德育为先的观念和全面发展的理念;以创新和实践能力培养为核心的理念;鼓励学生独立思考,勇于探索,因材施教,鼓励学生个性发展的理念;培养学生自我发展能力的理念等等。并以这些先进的人才培养理念为指导,深化教育教学改革,建立起适应创新型人才培养及创新型大学建设的人才培养模式和教育教学管理体制。

二、改革人才培养机制,建设良好的创新人才培养生态

改革开放以来,我国高等教育教学质量得到了显著提高,但在培养创新人才方面仍存在一些突出问题。表现为学生的创新意识、创新精神及实践能力薄弱,素质教育亟须加强,创新拔尖人才数量不足;教学内容、课程体系和教学方法与创新人才培养要求差距较大;培养制度体系陈旧,与培养创新人才的客观要求不够适应。因此,改革人才培养机制,首先必须以建立创新型的人才培养目标体系为前提。建设创新型国家需要研究性、应用型、技能型等各种类型、各种层次的创新型人才。不同的高校要结合自己的实际情况找准自己的人才培养目标定位。根据党的教育方针和国家及社会对创新型人才培养的需要,联系自己的情况,改革不合时宜的人才培养目标,建立起符合本校实际和社会需要的人才培养目标体系,确保创新型人才培养的正确方向。

其次,按创新型人才培养的内在规律要求,形成多管并举的创新型人才培养机制。创新型人才培养有其固有的客观规律,同时,它又是一个系统工

程，必须按照创新人才培养目标的内在要求，突出重点，统筹兼顾，做到四个结合：

一是实行素质教育与能力培养相结合。素质教育以促进人的全面发展为宗旨，创新能力培养是素质教育题中应有之意，二者应有机结合，这就要求以提高学生的全面素质为中心，注重学生的创新精神和实践能力的培养，注重学生个性的和谐发展，在全面提高学生素质的同时注重加强学生的创新能力。坚持育人为本，德育为先，把加强大学生的社会和历史责任感的培养作为素质教育的重点；根据创新人才培养目标要求进行教学内容和课程体系改革，在宽厚的知识根基上开展专业教育，培养人的交流能力、协作能力等等；广泛推广启发式、互动式教学法、案例教学法、项目教学法等，鼓励个人见解，培养独立思考能力和团队合作精神。

二是多样化人才培养与个性化创新教育相结合。随着市场化、信息化、工业化、经济全球化和科学技术的迅猛发展，社会对人才的需求也日趋多样化。创新型人才培养必须适应我国经济社会对人才需求多样化的客观要求，尊重不同群体、个体学生学习的志向、兴趣、爱好、学习能力和学习内容差异化的需求及创造性人才成长的重要规律。要建立大学生的职业生涯规划制度，在大学生进校以后就应该组织学生进行职业生涯规划，根据学生的特长和兴趣有针对性地制定培养方案；广泛推行大类招生，分类培养；推行学分制、双学位制及转专业制；推行分层次、分类教学，使基础不同、门类不同、兴趣爱好不同的学生在适合自己的学习层次中，受到教育培养，得到切实提高和个性化发展；进行课程内容模块化的改革，实现学生全课程模块化的选择，给学生提供专业、课程、实验、实践和任课教师更大的选择空间；改革考试制度和评分标准，重点考查学生独立思考与分析问题、解决问题的能力以及应用能力、创新能力和实践能力。

三是倡导研究型教育教学，使教学与研究有机结合。研究型教育教学是培养学生和教师创新素质和自我发展能力的一个关键环节。研究型学习要求既要发挥教师的主导作用，又要发挥学生研究型学习的主体作用，既有利于培养教师的研究能力、创新能力，也有利于培养学生的研究和创新能力。坚持教学与研究相结合，要求教师必须运用科学批判和探索精神，驾驭知识传授和训练过程。为此，学校必须坚持教学水平和学术水平兼备的教师队伍建设方针，加强教师的教学与科研素质培养，尤其要加强教师队伍的科研素质建设，以便更好地实行教学与研究相结合。

四是坚持知行结合，注重创新能力培养的实践教学。纸上得来终觉浅，绝知此事要躬行。建立起重在创新的实践教学体系，不仅有利于增强学生对知识的掌握，提高学生的动手能力，还可以加强学生对社会的了解，提高学生的适应能力、责任感和思想道德品质。因此，应大力改革实验教学和实践环节，努力提高学生的实验技能和实践能力，试行和推广实验独立设课，切实增加设计性、综合性、创新性实验的比例，减少示范性、验证性实验。实验室对学生开放，让学生争做自选实验。推行项目训练教学法。广泛组织开展创业竞赛、科技竞赛。实施大学生科研训练计划，创新行动计划。为大学生发挥创造潜能搭建平台。组织大学生参加科学研究，开展社区服务活动，吸引和组织学生参加一些产学研合作项目，让学生在实践中学习提高，通过"真刀实枪"的锻炼，增强自己的实践创新和创业能力。

三、改革教师培养机制，营造充满生机的创新型教师培育环境

建立创新型高校，培养创新型人才是一个系统工程。它涉及很多因素，但最关键的还是要建设一支德才兼备，具有过硬创新素质的教师队伍。哈佛大学原校长科南特曾说，"大学的荣誉不在于他的校舍和人数，而在于他的一代教师的质量。"清华大学原校长梅贻琦也说过："大学者非大楼之谓也，乃大师之谓也。"两位校长虽所处国别环境不同，但对教师在培养创新型人才中的核心地位的认识惊人的一致。当前，建设创新型高校的关键是要加快建设一支创新型的教师队伍，按照创新型师资队伍建设的要求，制定创新型教师培养的目标、计划和方案，加强创新型教师的培养和建设，逐步建设一支适应创新型大学建设的过硬的师资队伍；建立一个吸引、凝聚高水平教师，使创新型教师人尽其才、健康快速成长的环境，克服一叶障目，不见泰山和求全责备的用人偏见，按照创新型教师队伍建设的客观要求，改革和建立人才甄别、发现机制，通过对人才的发现，分类指导，让不同层次的教师，在各自的基础和岗位上，成长为各方面的专才和拔尖人才；搭建一个有利于教师成长的好平台，发挥高校的优势，通过学科的交叉、融合作出富有创新的研究，就要打破壁垒，发挥不同学科的优势，实现知识的嫁接，催生新的学科，以项目为纽带，组织大学内外的研究人员共同组成一个团队，开展项目研究，建立校级、省级和国家级的科技创新团队，营造创新人才培养的和谐环境。形成尊重差异、包容多样、民主自由、宽容开放、公平诚信、充满活力、创

新主体和创新环境之间和谐相处的学术环境;以提高教师的实践能力、创新能力为出发点,建立开放式教育培养机制,开展校际之间、校企之间、学校和研究所之间、国内和国外大学之间的教师交流挂职、实践、学习和研究活动,使更多的教师具有在企业、在兄弟大学和国外大学学习研究和工作的经历,以拓宽教师的视野,培养教师的创新经验和能力;在人事分配制度改革中工资奖励要向具有创新精神的拔尖教师、优秀教师、管理骨干和教学一线、科研岗位倾斜,并与个人的贡献紧密挂钩,积极推行生产要素参加分配,鼓励教师通过专利、技术、管理、入股、参股和控股参与企业创办,建立科学有效的教师考核评价标准、评价指标体系,以促进创新型教师队伍的建设。

四、改革资源建设机制,打造适应国家自主创新需要的立体化大学创新平台

建设与国家自主创新需要相适应的立体化大学自主创新平台,发挥好资源的集聚效应,提升高校的自主创新能力,一是增强机遇意识、主动意识,提高善用政策的水平和把握机遇的能力,积极争取各级政府政策性支持、工作支持和政府对科技创新能力建设的经常性资金投入,在营造良好的大学自主创新社会环境上下工夫。主动研究国家和省市新出台的相关政策,时刻关注科技部和地方政府对科技创新能力建设的新举措,关注地方经济发展的新需要,关注企业科学研究的新需求,提高前瞻性和机遇把握力,主动争取政策,充分利用好每一项政策,主动顺应地方经济建设和企业不断发展的需求,多争取科技部、地方政府关于科技创新能力建设的资金投入和工作协调支持,为创新型大学建设创造良好的物质和政策环境。二是要根据科技创新平台建设的内涵,找准自己在国家创新体系建设中的定位,积极融入国家创新体系。高校应该根据自己的基础研究力量、学科门类和教学资源优势,主动与有关部门联系,争取国家创新体系中应用基础性研究的设计布点,根据自己的学科人才和研究力量,在论证的基础上,对自己构建技术创新的平台进行准确定位,争取设立某一个层次的研究中心。三是以服务求支持,发展产学研联盟。国际和国内的实践证明,产学研结合是高校发展的必由之路,也是提高自主创新能力,培养创新人才的必由之路。实行产学研合作必须从高校的实际出发,选择合适的产学研联盟模式,想企业社会之所想,急企业社会需要之所急,从企业和学校的需要出发,发挥优势,主动寻求与企业的合作,以服务为纽带,建立双赢和可持续发展的产学研合作联盟机制,其中的关键是

产学研各方以项目为抓手谋求持续发展,以产学研战略联盟为平台,因地制宜地分别采取共建高新科技园、试验中心、企业内研究院、项目联合等模式,争取企业的资金投入和技术合作,提升技术创新能力。四是以双赢为原则,建立社会资源合作共享机制。整合社会资源为高校的科学研究、人才培养服务,是高校自我发展的重要途径,也是解决高校资源不足的有效措施。高校之间可以通过教育合作实现广泛的资源共享。如大学之间实现学生的交流培养,各选派一部分教师到对方院校进修挂职或学习。相邻的高校也可以实现教育设施共享,实习基地共享,科研图书资料共享。还可以与企业共建实习、实训基地,通过预就业模式结合企业提供优质人才优先选择权,实现双赢;五是改革校内资源管理机制,优化资源整合,打破壁垒,对教学资源实行集中管理、优化配置、统一使用、科学调配,使教学资源的利用率大幅度

  提高,充分发挥教学资源的作用,为自主创新和创新型人才培养创造更好的实践和培养条件。

高校创新型人才培养机制的建设

建设创新型国家，需要培养大批高素质的创造性人才，改革传统的高等教育，培养时代需要的具有创新精神、创新能力的高素质人才是高等院校的光荣使命。进行教育创新，构筑创新人才的培养机制，使高等院校适应21世纪我国经济发展需要，是高校面临的共同课题。本文利用系统论观点，就如何加强高校创新型人才培养的机制建设，谈点粗浅的认识。

一、从转变观念入手建立培养创造性人才的目标体系

培养目标是高校培养人力所特有的种类层次、规格和要求。它是国家总体教育目标在高等教育领域中的具体化，它既是高校理念的具体体现，又是将大学办成什么样的一种构想和规划，有什么样的目标，就会培养出什么样的人才，它是关系到高校改革与发展的战略问题。

制订和明确创新人才的培养目标，首先必须转变旧的办学思想，树立适应时代需求的办学理念。应该看到，由于传统的人才观、质量观、价值观和发展观的影响，目前不少高校仍存在注重功利导向，轻视人文教育，偏重系统化知识传授，强调共性制约等传习性、因袭性教育观念束缚，更值得担忧的是缺乏同旧教育观念决裂的紧迫感，长此下去不但不利于培养高素质创新人才，而且会导致在高校发展的激烈竞争中落伍，为此，必须从适应时代挑战，适应国家振兴与发展，立于世界民族之林和高校前途与命运的高度，来认识培养创新人才的重要性，增强紧迫感，在学校进行更新观念的教育，树立现代教育的思想。

其次，制订创新人才培养目标，必须从实际出发，进行科学定位。由于各个学校的专业布局、培养层次、办学基础、办学条件和所处的环境不同，制订培养创新人才培养目标必须扬长避短，立足现实，面向未来，面向世界，

这就需要在调查研究的基础上，科学制定自己的培养目标，进行科学定位，确定自己的培养模式，切忌简单从事，生搬硬套，致使目标成为银样镴枪头，好看不中用。

第三，要形成自己的目标体系。培养目标有总体目标、有各专业创新人才培养的具体目标。有长期目标、中期目标、短期目标。既要从突出创新能力为要求，设计学校的培养总目标，又要各专业对本专业创新性人才培养目标进一步具体化，形成专业特色，还要求各专业认真设计课程目标，精心编制教学大纲，保证培养目标的落实。否则学校总体目标就是空中楼阁，同时从发展眼光看，学校应根据学校发展情况及时调整和制订长期和中期学校培养目标规划，做到长计划短安排，保证学校创新人才培养总体目标的实现。

二、深化改革，建立贯穿和体现培养人才要求的课程体系

课程教学是人才培养的最基本的途径，也是素质教育的重点。通过教学内容和课程体系的改革，建立体现培养创新人才要求的崭新的课程体现，是构筑培养创新人才摇篮的重要的基础工作，也是实施创新教育的重要环节。

改革课程体系，优化课程设计，必须从培养适应21世纪的综合性、创造性人才的要求出发，合理构建学生的知识、能力素质结构。为此，应坚持以下原则：一是坚持大学教育课程综合性。大学课程综合化是当代高等教育改革的世界性趋势之一，它体现了培养综合性人才的内在要求。主要包括：在基础课和专业课之间，逐步缩小两者比例，参照我国著名大学做法，大致以各占50%为宜。在基础课内部，做到思政课、文化基础课与专业基础课相互协调与整合，推行按学科群设置基础课。对专业课体现文、工、理科的相互交叉渗透和结合，做到文理互补，理工互补，逐步建立设置跨学科课程或综合课程。二是坚持教学内容的前沿性。改变教学内容陈旧，严重滞后当代科学发展的现状，及时补充现代的最新科技成果。三是坚持教学内容与实际结合的紧密性。在课程改革和课程设计中，要组织和加强对政府部门和企业的调查研究，使课程改革设计，与社会改革发展和科技进步紧密结合。四是坚持人才素质结构的科学性。创造性人才不但要有良好思想品德，而且要有各方面能力和良好的非智力因素及健康的心理及体魄，在课程优化和设计中加强品德综合能力、创造意识、科学思维方式和心理素质等方面教学内容，使其构成综合性创造性人才的素质体系。五是坚持集思广益性原则，在课程改

革和优化中，实现教师、社会专家学者和学校领导相结合，充分听取各方面意见和建议，走群众路线，发挥各方面智慧，最大限度集思广益，使课程体系及教学内容改革少走弯路。

三、遵循人才培养规律，建立鼓励学生个性发展的教学制度体系

培养高素质创新性人才，既要坚持全面提高大学生的综合素质，又要注重学生的个性发展，它有利于培养学生的创新精神、创造性才能。人的身心是有个性差异的，忽视和否认这种差异，按照单一模式、统一规格培养人才，不符合高等教育规律。为此，必须为大学生的个性发展创造良好条件及氛围，通过建立鼓励学生自主发展的制度体系，为构建培养创造性人的摇篮，提供良好的环境条件，使其走上经常化、规范化轨道。

首先要建立弹性的教学培养制度。推行学分制，取消留级补考制，允许学生中途休学和提前毕业，实行主辅修制，优良学生选读辅修专业，成绩合格发辅修毕业证书。实行双专业制，成绩优良学生学习本专业同时或选修其他专业，成绩合格发双毕业证书。建立学生自由选专业制度，建立课表式教学计划与学分结构计划的双轨制，进一步强化学分结构教学计划。

其次，建立系统的教学活动制度，如建立学术讲座制度，课程活动竞赛制度，创新活动竞赛与综合技能竞赛制度，思想教育及文化活动制度，使第二课堂活动规范化、制度化。

第三是建立鼓励学生个性发展的激励制度。鼓励学生创新，不仅需要在课堂上培养学生创新意识、创新能力，更重要的通过建立鼓励学生创新的机制，为学生自主发展提供无穷动力和制度体系。可采取建立学生科研创新加分制，凡从事和参与科技开发活动并取得一定成绩，视其工作量大小可作为选修课学分或毕业论文设计加分，对各种竞赛活动给奖学金挂钩，凡取得优异成绩，在奖金考核时给予加分，提高奖学金标准及档次，并作为评定三好学生、优秀学生干部的依据。设定课外能力素质学分，建立科学的学生评价体系，对考核优秀的学生作为推荐就业、推荐研究生入学的依据之一，通过定期考核和政策兑现，激励学生全面提高自己素质，并对在校硕士、博士和有条件的本科生创业给予服务、资金配套条件和技术入股的政策支持，通过建立和完善创新鼓励政策，支持学生进行创业实践，创办高新技术企业。

四、改变实践教学薄弱的状况,建立创造性人才培养的实践教学环境和体系

创造性人才培养有赖于实践教学加强,因为不但正确的认识与理论,需要通过实践去检验,通过实践加深理解,许多创新性思维火花需要大量实践才能实现,同时实践活动又进一步培养学生的创造意识、创造性思维、创造技能,并锻炼人的意志,培养人的品德,锤炼人的高尚情操。针对当前高校实践教学比较薄弱的问题,加强实践教学应采取以下措施:一要下力气营造实践教学的广阔舞台和广阔天地。小鸟在室内学不会翱翔,大江大河才能锻炼出游泳健将。学校不但要加强设计型、综合型、实验室、仿真型训练中心,实训工厂、教学车间,而且要大力推行产学研相结合,加强大学科技园建设,建立各种校企联合研究中心,发展各种校办产业,建立稳定的校外实训实习基地,使实践教学有广阔天地,天高任鸟飞。

二要精简课程,压缩课时,扩大选修,增加学生的自由学习时间,同时,积极改善自学条件,全天候开放各种实验室、图书馆、阅览室,为学生提供充足的创新时间空间。

三是把学生作为"上帝",以提高教学质量,培养创新型人才为中心,为学生创新活动提供全方位服务,包括信息服务、网络服务、咨询服务、创业服务,同时加强专兼职结合师资队伍建设,聘请有实践经验的工程师、经济师、医师、技师,加强对学生创新的指导。

四是根据学生能力形成的阶段性、教学计划连续性、课程综合性,构架体现阶段性、连续性、整体性实践教学工程实践"模块",形成校内实习实践、校外实习实践和教学计划进程相统一的实习实践教学体系,通过分块实施,加强不同阶段学生实践能力和创新能力培养。

五是营造创新校园氛围。以学校精神塑造、校风、校训建设,学校理念的培养,校园人文景点的设置,纪念场馆的建立等方面体现创新意识的培养,弘扬创新精神。同时,大力倡导创新,倡导建立学习型组织、学习型单位、学习型家庭,把创新与学习结合起来,使广大师生自觉把强化创新、追求创新,以创新为荣作为风尚,形成高品格校园文化氛围。

五、围绕根本任务建立培养创造性人才的保障体系

培养创造性人才,是个庞大系统工程,牵扯到教学质量、教学管理、教

学方法、教学环境的改进，需要教师教学管理，学校领导的通力配合，也需要思想政治工作保证作用的发挥。因此，必须围绕培养创造性人才这个根本任务，建立起调动教职工积极性、强化管理、狠抓落实的运行机制和保障体系。

要建立培养人才的领导责任体系，从校党委书记、校长到院系领导、教研室主任，都要明确创新教育的职责并把责任履行情况作为年度考核的重要内容，作为评选先进、晋升职称和提拔使用干部的依据之一。

要推行全员、全过程、全方位教学管理，在改革现行的教学评价体系，建立"重在提高学生创新能力"的新型教学质量评价标准的基础上，按照此标准，实行全员、全方位、全过程的教学质量监控。全方位监控，既包括课程教学、实践教学、教学活动，又包括学生思想、教学管理及服务等方面；全过程监测包括对课程秩序抽查、教学督导及领导听课、考核考试、实习实训进行全过程管理；全员既从机关到各系处室，从领导、教学管理人员到教师都纳入管理系统之内，共同做好教学质量管理。

严格的评估考核是促进责任落实、教学质量加强的手段，为此高校应建立与培养创新人才相适应的各教学环节评价标准及评估体系，并定期进行评估考核。以保证创新教学的推行。

思想政治工作是教学工作生命线，培养创新型人才，调动学生自主发展及教师教书育人等方面积极性，需要有强有力思想政治工作作保证。要在校党组织统一领导下，运用各种载体和手段，把思想政治工作渗透到教学工作方方面面，创造一个凝心聚力完成培养目标的态势。

要围绕创新教育的实施，建立起配套的奖惩制度，通过奖优罚劣，使广大教师充分发挥自己的聪明才智。可建立优秀创新教学质量奖、优秀创新课程奖、优秀创新教学科研成果奖、创新竞赛优胜奖、因材施教成果奖等奖励制度，制定评比优秀教师办法，建立受欢迎的创新教育教师评比制度，对有创新能力的学科带头人采取高薪聘任及重奖，鼓励广大教师为培养创新型人才而努力的积极性。同时对通过评估考核不好的教师及有关管理人员，扣除分数，相应减少收入，对经过培养仍难以适应创新教育的教师，调整分流。

高职院校素质教育保障机制建设

近十年来伴随着我国高等教育的历史性跨越，我国高职教育也得到了快速发展，其规模和数量已占高等教育的半壁江山。党的十七大提出要大力发展职业教育，提高高等教育质量。如何抓住党和国家空前重视职业教育发展的大好机遇，以十七大精神为指导，实现高职教育由数量发展到质量提高的成功跨越。世界经济发达国家及我国职业教育发展的经验证明，在高等职业院校实施素质教育不仅是适应现代社会对高技能人才素质要求的客观需要和高职院校提高教育教学质量的内在要求，也是在高职院校落实科学发展观，实现又好又快的发展的必然选择。而要实施好素质教育，就必须走素质教育教学管理创新之路，建立高职院校素质教育的保障机制。

一、高职院校素质教育保障机制建设的意义

建立强有力的素质教育保障机制，是全面、顺利、健康实施素质教育的内在要求。素质教育是个系统工程，它即是面向未来的一种教育理念，又应当体现在各项教育制度的设计理念中，反应在相关的教育内容与方法上，推行素质教育涉及方方面面，必须形成高职院校的内部合力，把学校的一切资源、一切工作都整合到"以素质教育为主体"的轨道上来。因此，建立一个科学的素质教育保障机制，是把素质教育纳入健康发展轨道的客观要求，是形成长效机制的必然选择。同时，从高职院校素质教育存在的问题及实际情况看，建立素质教育保障激励机制也迫切需要，势在必行。综合分析，当前高职院校素质教育主要存在以下问题及制约因素迫切需要解决。

1. 一些高职院校的领导和教师在高职教育的定位上存在认识误区，实施高职素质教育的目标不明确。我国的高职教育是顺应社会主义市场经济以及实施高等教育大众化的背景下逐步发展起来的。谈到高职教育，大家都清楚

应加强专业技能的培养，但往往只片面地强调了专业技能的教育而忽视了其他职业素质的培养。有的高职院校把高职人才培养办成了本科教育的"压缩饼干"；有的高职院校把高等职业教育等同于职业培训，只追求人才的短期效应而忽视了人才的自我创新和可持续发展能力的培养，只注重知识的传授和技能的培养而忽视了综合素质的提高；有的高职院校虽然在口头上强调了素质教育，但在实施过程中存在着片面化、表面化、简单化的现象，只把素质教育理解为一种具体的教育教学手段，把素质教育看成现有知识、技能教育之外的一种"补充成分"；有的院校甚至认为有少数学生搞搞"第二课堂"或组织几个课余兴趣小组就是实施了素质教育，缺乏一个较为全面的素质教育目标体系和完备的工作体制，没有把素质教育真正落实贯穿于人才培养全过程。

2. 高职院校生源质量参差不齐，影响了高职素质教育的实施。高职院校的学生大部分是通过普通高考最后一个批次录取的，也有部分"三校生"，即技校、中专、职高学生通过对口招生考取的，这部分学生文化课成绩一般偏低，自觉学习的习惯较差。其次由于中学教育阶段受应试教育的影响，一些学校片面追求升学率，这些中学里的所谓"差生"更是属于被忽视的人群，使得基础教育阶段学生应该具备的基本素质没有得到有效的锻炼和培养，与考入本科院校的同学相比，这批学生作为应试教育的"失败者"往往又具有较强的自卑感，不同程度地存在职业理想不清晰、专业思想不稳定、学习动力不长久、劳动观念淡薄、缺乏吃苦和敬业精神，学习难以持之以恒等问题。也有些学生以自我为中心，社会责任感淡薄，缺乏团队意识和协作精神。因此，对高职学生进行素质教育就更加必要，也更为艰巨，这在客观上给高职院校实施素质教育也带来一定的困难。

3. 有的高职院校教学改革动作缓慢，力度不大，教育教学理念、方法落后，专业及课程建设滞后，人才培养手段单一，质量评价体系陈旧，严重制约了素质教育的全面实施。表现在以下几个方面：一是受传统教育方式的影响，一些高职院校往往以书本知识和教师讲授为本位，以课堂教学为本位，存在重教书而轻育人，忽视学生综合素质培养的现象。这种人才培养模式与高职教育先进理念背道而驰。二是专业设置缺乏市场超前性，课程体系设置不合理。许多高职院校不是通过充分的市场需求调查来确定人才培养计划，而是盲目参照或抄袭其他院校的做法，造成高职课程结构没有特色。一些课程因教学内容陈旧、过时而不受学生欢迎，一些现代社会必需的体现能力和素质的课程因专业或教学时间限制未能开设，或者即使开设了但与本校实际情况存在较大差距，在实际执行过程中较难操作和实施。三是全球范围内的新科技革命、边缘学科与交叉学科大量涌现，使许多专业之间失去了原有的严格界限，这就要求高职学生具有较高的综合素质和自学能力，既要精于本专业，又要具备广泛的人文、社会、自然科学知识基础。而目前许多高职院校还没有脱离传统大学那种对学生灌输性、接受性的教学方法，忽视学生自学能力和创新能力的培养。四是没有建立起科学的教育教学质量评价体系，对教学质量的评价仍然停留在单纯以考试成绩作为衡量标准上。虽然许多高职院校从领导到教师都很重视教学改革，但由于自身条件和社会因素的限制，传统的教育机制和教学模式难以在短期内得到有效的改变，能力和素质教育的结果难以较好地、直观地体现在现有的评价体系和考核标准中，这也使得那些软性的素质教育目标难以实现或易被忽视。

4. 教学与行业发展、企业需求脱节，"校企互动"的高职办学机制未能真正形成，制约了学生实践能力和职业素质的培养。发达国家高职教育的实践表明，高职院校必须坚持三依托的发展方向，即紧密依托城市，紧密依托产业，紧密依托企业。而我国多数高职院校是由中专学校升格或成人院校转型而来，与企业或行业的关系不够密切，未能形成"校企互动"、"校企共建"的高职办学机制，从而导致以下问题：一是学院不能及时将企业的新知识、新技术、新成果、新设备、新工艺纳入专业教学，使课程开发、专业建设失去针对性、科学性，造成教学内容与企业需求脱节的现象普遍存在且较为严重；二是影响了高职教育校外实训基地的建设，使"岗位实习"这一重要的实践环节的教学质量无法得到有效保证甚至"名存实亡"，不利于学生实践技能特别是岗位能力的培养；三是专业教学得不到行业专家或技术人员的支持和参与，学院的专业教师也无法深入现场，限制了高职院校的专兼职师资队伍建设，使得"双师素质"教师的培养流于形式，不利于教师教学水平的提高，影响了教学质量。

这问题的存在，不仅要求我们从教育观念上的进一步转变，教学制度设计理念的更新，以素质教育为主体的教育教学内容方法，专业和课程体现改革力度的加大，而且迫切需要建立一个适应当前高职教育实际的素质教育保障和激励机制，以促进和保证素质教育的健康有效实施。

二、高职院校素质教育保障机制建设的内涵

高职院校素质教育保障机制的建设必须符合高职教育"素质本位"客观要求。这是素质教育内涵在管理机制上的必然体现，它既与素质教育的本质要求相适应相一致，又要为素质教育的宗旨实现提供保证作用，二者相互联系，相互依赖，相互依存。

首先，正确认识素质教育的本质及内涵，是正确确定素质教育的保障机制内涵的前提及基础。虽然从整体讲，高职院校广大教职工对素质教育的认识不断深化，但也不可否认，一些高职院校素质教育仍停留在文化层面，有的虽然认识到高职教育是促进人的全面发展，但对高职大学生怎样实现全面发展的内涵认识不全面，对高职人才培养目标素质结构的理解存在缺失，因此全面、正确认识高职院校素质教育的本质及内涵，是全面进行素质教育保障机制建设的首要环节。

中共中央、国务院《关于深化教育改革全面推进素质教育的决定》明确提出："实施素质教育，就是全面贯彻党的教育方针，以提高国民素质为根本宗旨，以培养学生创新精神和实践能力为重点，造就'有理想、有道德、有文化、有纪律'的德智体美全面发展的社会主义事业建设者和接班人"。周济部长在教育部2008年度工作会议上也强调指出"全面贯彻党的教育方针，全面实施素质教育，坚持以人为本、德育为先，把立德树人作为教育的根本任务；深化人才培养模式改革，加强学生的创新精神和实践能力培养"。这既明确指出了素质教育的本质是促进学生的德智体美全面发展，又准确阐述了素质教育的内涵，并强调了培养学生创新精神和实践能力是实施素质教育的重点。

高等职业教育是培养适应生产、建设、管理、服务一线需要的德智体美全面发展的高技术应用型专业人才，其实施素质教育既有其高等教育的共性也有其特殊性，应包括以下具体内容：一是要坚持德育为先，加强对学生道德品质和敬业精神的培养，把立德树人作为根本任务。二是要使学生在某个职业领域得到扎实的基础知识、专业知识、实践技能和职业能力的培养，具有较高的科学技术素养，树立正确的学习观和方法论。三是要坚持因材施教，充分发展学生的个性，强调通过每一个体素质的提高促进群体素质的提高，最后达到个体、群体、社会及人与环境之间的健康与和

谐发展。四是培养学生的团队精神、组织能力和沟通能力，即在强调培养学生个性的同时应注重培养学生的团队精神，使学生在张扬个性的同时有良好沟通和组织协调能力及团队精神。五是要培养学生创新精神和实践能力，即培养学生对所学知识敢于"重组"和"发展"勇气和信心，提高学生的专业实践和创造能力和社会能力，以适应当前科技革命和知识经济的发展的需求。六是要培养学生的就业、创业素质，即培养学生客观分析自身的优势和劣势，选择能发挥自己一技之长、适合个性发展的就业岗位的能力，培养学生不畏艰难、勇于创业的主动精神和竞争精神。这些内涵即体现了党的教育方针与素质教育的宗旨的统一，学生的全面发展与高技能启用型人才培养的统一，学生的当前发展与长远发展的统一，个性化人才成长与多样化人才培养的统一，实践能力培养与创新型人才培养的统一，只有全面深刻理解高职院校素质教育的这些内涵才能使素质教育保障机制建立在科学的基础上。

其次，素质教育保障机制建设必须全面适应素质教育本质与内涵的客观要求，这就必须以科学发展观为指导，坚持以人为本，围绕全面实施素质教育的方针和高素质应用型人才目标的实现，把促进保证高素质教师队伍的建设与发展和积极性发挥作为关键，真正体现教师在素质教育中的主导作用；把调动学生全面发展，立志成为高素质应用型人才的积极性作为出发点与落脚点，真正体现学生的教学主体作用，同时要按照素质教育内涵全面发展的要求，构筑人才培养目标和课程体系构建机制，教学运行机制，管理机制，质量保证机制，长效发展机制等。

第三，素质教育保障机制建设是一个系统，它包括素质教育理念体系，人才培养目标体系，教学内容与课程体系，教学方法体系，实习实训体系，教学质量考核评价体系，师资队伍建设保障体系，制度保证体系，素质教育科研体系，教学督导体系、产学研合作教育体系等。高职院校应该把素质教育保障机制建设作为一个系统工程，纳入到当前高职院校党委和行政的重要议事日程，围绕素质教育保障机制建设的各项任务，统筹规划，分步实施，突出重点，全面推进，以尽快形成具有中国特色的高职院校素质教育保障机制体系。

三、素质教育保障机制建设的对策

（一）树立正确的高职教育办学理念，以推进素质教育为宗旨大力推进高

职教育改革和创新

高职教育在教育体系中具有双重性，它既属于职业教育的范畴，又是高等教育的组成部分，它兼有高等教育和职业教育的特征，又独具特色。在高职教育过程中要遵循"以就业为导向"以服务为宗旨和产教结合的基本规律和办学理念，大力推进高职教育改革和创新，才能有效实施具有高职特色的素质教育。

1. 遵循以人为本、能力为先的职业教育原则，推进人才培养模式创新

高职教育是一种以职业岗位群为导向，以"能力培养为中心"并注重全面素质教育的教育教学模式。能力素质是人才规格的核心，是高职教育为社会培养有用人才的具体体现。高职人才不仅要熟练掌握专业技能，在任职岗位上表现出较强的工作能力，还要具备一定的社会能力和创新能力。高职院校要从专业设置的改造入手，突破传统思想的束缚；在教学设计上，按照职业岗位（群）和技术领域的现实要求和持久适应性进行素质和能力分析，依据劳动过程和科技发展趋势开发课程，实施模块教学，突出专业应用性，增强学习内容的针对性和适应性。

2. 加大校企联合力度，推进高职院校办学体制的创新

深化高职教育办学体制改革，形成政府主导、依托企业或行业、吸引社会力量参与的多元化办学格局。高职院校要加强与企业或行业合作，实行多种形式联合办学，开展"订单"培养，鼓励有条件的大型企业单独举办高职教育，鼓励和支持民间资本投资高职教育，鼓励公办学校引入民办机制，积极引进境外优质职业教育资源，鼓励境外组织和个人依照我国法律和办学资格要求，同我国职业教育机构或其他社会组织合作举办高水平的高职教育，形成产、学、研相结合的良好局面及有利于技能人才成长的培养环境。

3. 扩大高职院校的办学自主权，推进高职院校运行机制创新

要尽可能地扩大高职院校的办学自主权，增强其自主办学和自主发展的能力。依法在专业设置、招生规模、学籍管理、教师聘用、经费使用等方面给予其充分的自主权；鼓励有条件的高职院校跨地区招生，与本地、异地高职院校联合办学等。高职院校要建立由企业、行业等社会各界人士参加的咨询委员会或指导委员会，为学校重大问题提供咨询或参与决策，在干部聘用、工资分配上遵循"干部能上能下、职称能升能降、人员能进能出、待遇能高能低"的"四能"原则。

(二) 深化高职教学改革，建立符合素质教育内在要求的教学质量保障体系

1. 优化专业设置和课程体系，充分体现高职特色

首先应立足于本校实际，及时分析社会、经济变化和科技发展对岗位群及技术领域带来的新变化，坚持"高"、"新"、"热"的基本特色，遵循科学性、系统性、时间性的基本原则，追踪社会、经济及人才市场的需求热点设立高层次、复合型的高职专业。其次要着眼于培养职业技能和综合素质构建高职专业课程体系。一方面要打破普通本科教育的学科界限，增设一些符合市场需求的、操作性强、实践性强的课程，以突出对学生职业技能的培养；另一方面也不应忽视基础理论教学，要强调理论知识与实践能力的结合，将理论与实践教学和融入实际职业环境，在提高技能的同时打下较为扎实的理论基础，以培养学生的自学能力、适应能力和创新能力，提高学生的综合素质。

2. 积极探索新型教学模式，科学高效地组织教学

一是要积极开展创造性教学模式的探索，从根本上改变"知识中心"教学模式，贯彻"教师为主导，学生为主体"的现代教育思想，结合实际灵活采用启发式、讨论式、探究式、实践式等教学方法实施教学；二是要针对各专业学生理论基础参差不齐的现状，力求教学深入浅出，按照学生思维特点和接受能力采取适当教学形式；三是要保证实践教学时间，保证实践教学质量，实训课教学要注意科学组织、高效、安全、目标明确、技能考核全面细致；四是要大力推行以计算机、多媒体网络技术为主体的现代教育技术，实施创新教育。五是要注重考试方法的改革，要以培养学生能力为主的素质教育思想为指导，以综合考核学生的知识、能力与素质为着重点，尤其要着重于能力和素质的考核。

3. 注重教学过程监控，建立符合素质教育内在要求的科学的教学质量保障体系

传统的管理观念、手段与方法已不能适应高职素质教育教学的要求。为此，应借鉴ISO9000标准的质量管理理念，树立现代教育服务观和高等教育大众化背景下的质量观，以职业素质教育和全方位为学生成长提供有效服务为基点，以"过程控制"为重点构建教育教学质量保证与监控体系的基本架构，形成符合高职自身特点的、具有鲜明特色的教育教学质量保证与监控体系。如成立"院、系教学督导委员会"、"质量监督与控制部（室）"，以强化

教育教学质量的过程管理。同时，要制定教育教学质量监控管理程序标准、主要教学环节质量监控管理程序和教育教学质量监控体系等管理文件。与制度建设相呼应，按层级构筑完善的教育教学质量保证与监控体系的网络，本级为保证，上级为监控，形成既有以保证质量为主的部门（或个人）自评价系统，又有高一层次的以质量监控为主的外评价系统。

通过教学质量保障体系的科学构建和有序运行，使整个教学过程从专业建设、课程改革，到课堂教学、技能训练、毕业实践、毕业生跟踪调研等都进入全方位质量监控，确保质量目标的实现并逐步强化广大师生的质量意识，全方位提升学院的质量意识与管理能力。

（三）科学设计课外活动和社会实践，为高职院校素质教育提供有益补充

1. 按照与课内有效衔接的原则科学设计课外活动

课外活动虽然是课堂以外的非教学活动，但却是有目的、有计划、有组织开展的活动，具有灵活性、开放性、综合性、兴趣性、自主性的特点，其内容可以是课堂教学的延伸，应突出体现专业和专业技能训练的特点，如能在活动实施中与课内教学相衔接，使课内、课外一体，知识性、趣味性俱佳，学习的主动性、自觉性增强，有助于实现高职学生素质教育目标此外，还必须加强校园文化建设，构建良好的校园文化环境和学术氛围，充分发挥第二课堂的育人功能，营造一个宽松和谐的育人环境，坚持在各种类型的教育活动中突出思想内涵，强化素质要求，培养具有良好创新精神、较强实践能力、社会需要的高素质人才。

2. 将职业素质训练与社会实践活动相结合，培养实践性人才

高职院校学生社会实践活动在内容设计上应与学校教育紧密结合，明确突出高职教育和专业教学特色，使学生在实践活动中强化专业意识，明确专业的社会意义，实现人生观、价值观的升华；应力争突出体现职业素质训练要求，使学生在社会实践活动中应用所学专业技能尝试解决实际问题，感受劳动的艰辛，体验奉献的快乐，使校内外职业技能素质训练融为一体。同时，通过社会实践活动也可以让学生更多地了解社会需求，分析自身知识与能力的不足，从而激发学习动力。

(四)构建适应素质教育的工作评价与考核标准,严格奖惩制度,建立高职院校素质教育长效机制

1. 建立符合素质教育人才培养目标的学生学习成果评价指标体系

作为培养生产、服务、建设、管理第一线应用型人才的高职院校,应当革除长期以来单纯以掌握学科知识作为衡量学习成果唯一标准的传统弊端。应当认识到高职院校毕业生的质量高低不在于学生掌握多少学科知识,而在于学生是否具备从事职业岗位所需要的综合职业能力和全面素质。因此,高职教育的教学结果评价应体现学生德、智、体、美全面发展的要求,指向德、智、体、美综合素质和职业能力考核,应主要是以德、智、体、美和综合职业能力为依据确定考核目标、内容和方式方法,制定具体、清晰、便于操作的成果评价指标体系,并注意考核的多样性和层次性。此外,还应注意与社会评价系统的衔接,一是与国家职业资格考试、职业技能鉴定相结合,二是与企业行业标准相结合。

2. 建立符合素质教育教学要求的教师队伍工作评价与激励机制

教师是素质教育教学的具体执行者,教师的个人素质和工作态度的好坏、工作能力的强弱,对素质教育方针的执行自觉性直接关系到高职院校素质教育目标的实现。因此,必须建立符合素质教学教学质量要求的有效的教师队伍工作评价与激励机制,鼓励教师担当起教书育人的双重责任,使广大教职工围绕教书育人,不用扬鞭自奋蹄。使积极实施素质教育教学并取得一定成果的教师在精神、物质和事业发展等各方面获得优厚的回报,使缺乏创新精神、改革意识、工作不力的教师受到批评和惩罚,使无法适应素质教育教学要求的教师遭到淘汰。

3. 建立适应提高素质教育质量的干部队伍工作评价与激励机制

首先,要将全面实施素质教育的内容和目标明确写入学校的中心工作目标、各级干部的任期目标和部门的年度工作计划,并以此作为考核目标依据,建立科学的干部业绩评价指标体系。其次,综合分析与评价各级领导干部业绩指标完成情况与远期效益、个人在团队中作用发挥情况、边际任务与中心任务完成情况等等,给出一个量化的考核结果和定性的评价。再次,要科学运用考核结果,有效发挥激励与导向作用,真正形成充满活力的竞争机制,"业绩好"的班子及成员在评优评先及干部提拔任用中予以优先考虑,"业绩一般"以及连续两年考核结果靠后的班子及成员不得评优和提拔,"不称职"

的干部则应予以降职、辞职、免职处理。

（五）实现高职院校素质教育的制度化、法制化，创造全面实施高职院校素质教育的良好环境

实施素质教育需要良好的法制环境作保证。为保证实现高职院校素质教育的目标，教育主管部门和高职院校应该将体现高职院校素质教育内涵建设的各项要求以制度形式将其固定下来，从制度上保证把素质教育教学的各项任务落实到各高职院校、各专业、各教学计划乃至各门课程中去，体现在教学过程的各项活动中。同时在国家关于实施素质教育的法律法规中，应该完善对高职院校学生素质教育的相关规定，以国家法律保障高职学生素质教育权利的实现，支持素质教育研究和实践工作的开展，进而实现高职院校素质教育制度化、规范化、科学化。

各级教育行政部门、各高职院校应该坚持自觉地把以依法治教作为贯穿始终的战略性的指导原则，结合本地方、本学校教育改革与发展所面临的重大、关键问题，建立健全素质教育的各项制度，加快推进依法治教的进程，共同为全面实施高职院校素质教育创造良好的制度环境。此外，针对目前高职院校普遍存在的基础薄弱、经费不足等问题，国家应出台一系列政策，如增加对高职院校的专项投入、重点扶持实习实训基地建设、开放开发性金融贷款支持高职院校建设、为其进一步深化改革提供政策支持，从而保证高职院校的发展，进而保证高职学生素质教育的深入实施。

三 高职院校内部管理篇

新形势下高职院校长的能力建设

在高职教育发展的进程中，高职院校长占据着学校管理系统的核心地位、主导地位、决策地位，是落实科学发展观的具体领导者、组织者、实施者，高职院校长的执政能力强弱对高职院校科学发展有着举足轻重的影响。从目前高职院校长队伍构成情况看，绝大多数高职院校长来源于中专、成人学校或普通本科院校，如何达到高职院校长应具备的执政能力要求，更好担当起高职教育教学领导的历史责任，是当前高职教育亟待解决的一个重要问题。在新形势下高职院校长的执政能力，既有一般本科院校长所应具有的共同能力属性，也有高职教育发展对其呼唤的特殊能力要求。作为高职院校长，身处知识经济时代，面对高职教育崭新课题，既担负着执行党的高职教育法律法规、规范高职院校办学的重任，又担负着处理院内外复杂环境、破解资源整合难题、规范教学管理、提高教学质量、进行和谐校园建设、统筹科学发展的重任。因此，加强高职院校长的执政能力建设，尤其是加强院校长的自觉学习力、创造执行力、科学发展力、资源整合力、和谐建设力建设，对于加强高职院校的内涵建设，强化管理，提高办学质量与水平，促进高职教育的健康协调持续发展具有十分重要的现实意义。

一、自觉学习力

自觉学习力，即自觉学习、终身学习的习惯和个体的学习能力。它包括强烈的求知欲、坚持不懈的意志以及学习的自信心、思维方法、技巧、知识的转化能力等。

自觉学习力的高低不仅决定一个校长的自身素质、领导效能、领导水平，还决定一个校长的发展潜力和对高职教育的贡献程度。社会主义市场经济条件下，高职院校长应成为一个政治家、教育家、管理专家，还应该具有企业家和社会活动家的素质,这是高职院校面临的复杂环境所决定的。要成为一个合格优秀的高职院校长就必须具备优秀的自觉学习力。同时,校长学习能力、学习习惯对学校学风、师风发展都具有重要意义。院校长的学习习惯影响一个学院的学风;院校长是否好学,决定一个学校能否成为学习型学校;院校长的学习水平的高低决定学院改革发展的前途;学习能力的高低决定院校长职业化成长的状况,从而决定学校的发展方向和整个院校的教育教学行为。

培养自觉学习力必须通过加强自我学习的管理,不断加强个体学习能力的修炼来实现。作为高职院校长,事务繁忙,工作压力比较大,要培养良好的自觉学习力,并非易事。这就需要切实增强对学习重要性的认识,把学习作为一项根本任务,加强学习的自我心理调节,通过自我激励、自我暗示和坚持不懈的行动,养成自觉学习的习惯。同时,要研究学习思维方法和学习技巧。学习能力的高低取决于(智商IQ)、(情商EQ)、(创造商CQ)、执行商(XQ)配合默契程度,其中智商决定人的主张、判断、选择等优劣,而情商影响上述各项,创造商是人创造出主意的机关,执行商是负责执行新主张。这四个商相互联系、渗透共同决定个体学习能力。因此要重视智商、情商、创造商、执行商的培养,以提高自己的整体学习能力。

院校长提高学习效能要注意正确的途径。一是要注意在工作中学,院校长的工作过程本身就是一个学习过程。要善于结合高职院校的专业建设、科研工作、学生管理等工作,通过调查研究来加强学习,即把学习和工作融为一体。二要高瞻远瞩有重点的学。要围绕学习改革发展大事,突出重点,尤其要注意培养自己驾驭复杂局面的大智慧,培养自己分析解决问题、正确决策的能力,培养自身解决战略性、全局性、前瞻性的问题的能力。三要把读书学习和向实践学习结合起来。通过联系自己的思想工作、管理和领导工作实际,把学习和自己工作有机结合起来。

二、创造执行力

所谓执行力,是指贯彻战略意图,完成预定目标的操作能力。执行力是学校竞争力的核心,是把党和政府关于高职教育办学的精神、政策和学校的办学理念、发展规划、工作计划和举措落实到位的能力。所谓创造执行力,是指以创新的意识、创新的精神为指导,结合学校的实际,创造性地贯彻执行党和国家关于高职教育的办学方针、法律法规和学校的办学理念、发展规划和工作计划，使之落实到位的能力。创造性地执行不是简单的战术，而是一套通过发现问题、提出问题、分析问题，从实际出发采取创造性的行动，实现目标的系统流程，可以说执行是一门如何完成任务的学问，在很大程度上关系着学校健康稳定和可持续发展。

现在管理学认为，一个成功的组织，一靠正确的战略，执行切忌生搬硬套，只有把正确的理念、规划、计划和政策与学校不断变化的实际情况有机地结合，创造性地执行才能更好地发挥领导的效能，有效地提高执行能力。创造执行能力，是新时期高职院校长必备的能力。这是因为，一方面高职院校基本上是近几年由中专升格、成人院校改制或中专高校合并组建起来的，各学校的情况各异，把党和国家的方针政策落实到位必须结合本校实际，创造性地贯彻执行；另一方面，在高职教育快速发展、学校内外环境不断发生变化的情况下，贯彻落实学校的发展目标、发展规划、工作计划和政策也要根据院校内外发展变化的情况，适时地进行调整、修正，这也需要把创新的思维和贯彻执行的具体行动相结合，使之相统一。新的形势为高职院校的发展提供了前所未有的机遇，但也带来了一系列重大的课题，如，如何拓宽经费渠道，为学校做大做强筹集更多的资金；如何在有限的资源下提高教育教学质量和科技服务水平；如何进行专业和教学的改革，更好地适应社会对高技能人才的需求；如何克服不利于高职教育的陈旧理念，把高职教育办出特色；如何做好合并院校的融合，以及如何应对日趋激烈的校际间的竞争等。作为经营学校的院校长，要解决这些课题，就要像企业的总经理一样，以创新的精神，对学校做出的规划组织好战略的实施和战略的执行。执行落实不到位、发生中梗阻是目前一些高职院校存在的比较突出的共性问题，也是阻碍高职院校全面、健康、稳定、快速发展的一个大问题。所以培训和提高院校长的创造执行力对整个高职教育的发展至关重要。

提高创造执行力，首先要增强对创造执行能力重要性的认识。把是否具备卓越的创造执行力作为能否担当起高职院校长的重任，能否成为一个优秀的院校长的一个重要的标准来衡量自己，提高在日常的学习、工作中自觉培养创造执行力的重要性。其次，要认真把握创造执行力的内涵。明确提高创造执行力的各要素的内在联系，找出创造执行力的薄弱环节，通过有计划的学习、实践和修炼，掌握和不断增强创造执行力。第三，要注意改进方法，掌握提高创造执行力的艺术。

创造执行力是创新创造精神和执行力的有机结合，两者具有不可分割的必然的内在联系。在工作中改进和提高创造执行，必须把握三个要点：第一是要以解放思想为前提，只有打破"祖宗之法不可改"的陈旧观念的束缚，解放思想，才能使创造力增强。第二是要以实事求是为原则。客观实际是我们创新执行规划、计划、举措和政策的出发点和落脚点。创造执行力必须落实到求真务实这个层面上来。第三是要抓关键抓重点。创造执行力的提高应在关键点上突破，通过抓薄弱环节，选难点、基础性、战略性工作，强化创造执行力，才能事半功倍，如在执行过程中，要抓好一些关键性环节。一是要抓统一思想。认识是行动的先导。广大教职工思想能否统一到当前的高职教育方针和学校的发展目标、规划、工作计划、具体举措上来，是能否抓好工作落实的前提。因此必须把抓统一思想作为工作的首要环节。二是要理清工作思路。思路决定出路，蓝图预示未来。只有有清晰的工作思路才能凝聚各方力量，形成工作合力，朝共同方向努力，实现既定目标。三是要执行严格的奖惩措施。严明纪律，做到奖惩兑现，体现奖勤罚懒、奖优罚劣。四是建立完善的监督检查机制。制定和完善高职院校教学评估、教学质量评估、就业评估、思政评估等评估标准和实施办法，明确各有关部门的监督检查职责，建立完善信息反馈系统。通过对执行过程、执行情况的及时把握，定期评估和监督检查以促进落实。五是抓典型。善于总结经验、推动落实。六是把创造执行力作为对干部的衡量标准和年度考核、职称晋升的依据。注意选拔想干事、能干事、会干事、干成事的人充实到各级管理岗位。事实告诉我们，在大政方针、工作规划、计划、举措决定以后，关键是落实，而落实靠人才、靠干部、靠实干，这就必须要有组织保障。

三、科学发展力

科学发展力就是高职院校长运用科学发展观为指导，驾驭学校全局、统筹学校发展的能力。它包括运用科学发展理念把握高职发展规律，确定学校发展目标、规划、学校发展布局，制定学校发展政策，建立学校发展制度，创新学校发展模式，落实发展举措，凝聚发展力量，破解发展难题，壮大办学规模，提高人才培养质量，实现健康稳定协调发展的本领。改革发展是学校的第一要务，院校长能力建设必须紧紧围绕第一要务进行，必须把提高运用科学发展观统领第一要务的能力作为能力建设的核心内容。

从当前高职院校实际情况看，近几年通过贯彻执行党的十六大和十六届四中全会精神，加强领导班子和院校长的执政能力建设，使广大院校长贯彻科学发展观能力不断增强。但仍存在一些院校长科学发展能力与当前形势不相适应的问题。有的甚至还相当突出，表现在有的院校长机遇意识不强，把握高职教育发展能力偏弱；重视规模的扩大，轻视内涵建设和质量的提高；工作重点不突出，协调能力欠缺；考虑近期发展较多、注重长远发展不够；特色兴校意识不强、力度不够；开拓创新精神不足；以市场和就业为导向的意识淡薄；教学改革滞后，等等。因此，提高高职院校长的科学发展能力既是当前高职院校发展需解决的关键问题，也是贯彻科学发展观，实现高职院校可持续发展的根本任务之一。

提高科学发展力，必须明确科学发展力的具体内涵。科学发展力包括战略思维能力、发展谋划能力、善抓机遇能力、科学决策能力、驾驭市场统揽学校全面发展能力、动态管理与组织协调能力，勇于善于改革的能力、凝聚人心的能力、知人善任能力等。要把培养这些能力作为高职院校长能力建设的核心内容。提高高职院校长科学发展能力，一要激发高职院校长提高科学发展力的内在动力；二要增强高职院校长提高科学发展力的紧迫感和贯彻科学发展观、搞好高职教育发展的历史使命感、责任感；三要制定和明确高职院校长科学发展力提高的目标要求，形成科学发展力提高的正确政绩导向；四要加强对院校长的培养和培训，加强对高职院校长的交流培养，保护想干事、能干事、脚踏实地干事、政绩突出的院校长，鼓励更多院校长潜心实践科学发展观，为履行科学发展，推动高职教育健康发展作出贡献。

四、资源整合力

资源整合力，即资源整合与运作的能力。资源整合力包括资源吸纳、筹措、融合能力，运筹好资源的优化配置，资源的开营，资源的保值增值等能力。学校的资源既包括有形资源，又包括无形资源。无形资源包括信息资源、办学理念、大学精神、校风、学风、领导班子和教职工素质、人才培养质量、管理体制和机制、学校信誉和知名度等等。有形资源包括学校土地、教学设施、实习实训场地、后勤服务设施、资金等。教学资源可分为校内资源和社会资源。社会资源包括人才资源、教育资源、产学研合作单位等企事业单位的资源。

作为高职院校来说，虽然有国家和各级地方政府、办学单位的支持，但总体看，高职教育教学资源与高职院校发展不相适应，问题突出。一些地方高职院校投入不足，资金短缺，教学资源不足，人才缺乏，现有资金利用率不高，现有资源配置不合理，利用率低，开发不够等问题比较突出。教育资源不足问题相对于本科院校来说，问题更加突出。因此高职院校长应具有更强的资源整合和运作的能力。缺少资源整合和运作能力必然影响学校资金、设备的筹措和人才资源的吸纳，现有的教学资源也不能最大化利用。因此，提高高职院校长的执政能力必须把提高其资源整合和运作能力作为一个十分重要的内容。从现实情况看，很多高职院校长是从教学岗位走上来的，往往对教学业务比较熟悉，缺少市场意识、资源意识、经营学校意识，缺少资源整合、筹措能力和经验，缺少资源开发和品牌运作的谋略。因此，提高资源整合和运作能力是当前高职院校长能力建设的当务之急。

提高资源整合力应从以下几方面着手：一是要提高软资源的整合力。以围绕提高人才培养质量，做强做大高职院校为目标，以调动广大教职工和大学生教学、学习积极性，激发内在活力为宗旨，进行办学理念的改革、创新和卓有成效的教学质量保障机制、科学管理机制、激励机制、自我积累、自我造血机制的设计和创新，通过加强校园文化建设，培育大学精神，培养良好的校风、学风，加强思想政治教育的工作等举措，提高办学软实力。二是提高硬资源的整合力。现有的一般高职院校资金短缺是一个共性，而且也是十分突出的问题。仅靠政府拨款远远不能满足教学需要。在适度扩大规模，提高学费收入水平和总量的同时，必须想方设法拓宽资金渠道，通过利用现有资源，拓宽为社会、为企事业服务的渠道，通过把学校产品资产、学校资本有效组合，合法有效地运作，提高学校的资源利用效率。三要学会优化资源配置，实现资源利用的最大化。

通过加强学校的经营管理，降低办学成本，优化资源配置，提高办学效益，实现学校资源利用的最大化。

五、和谐建设力

和谐建设能力就是营造一个充满创造活力，学校各方面利益关系得到有效协调，学校管理体制不断创新和健全，学校稳定有序发展的能力。和谐建设高职院校是新时期党和国家赋予高职院校长的历史重任。高职院校是社会有机体的重要组成部分，是知识、文化、技术重要集散地。作为培养造就面向社会生产、服务、管理一线的高素质应用型人才的摇篮，更应该是构建社会主义和谐社会的重要阵地。作为高职院校长只有具备和谐建设高职院校的能力，才能全面完成国家赋予自己的历史重任。因此，必须把加强高职院校长和谐建设能力修炼和建设作为高职院校长执政能力建设的重要方面。和谐建设高职校园能力，是以一定的素质为基础，包括多方面内容，如和谐建设的意识，建设和谐校园的强烈责任感和自觉性，个人应该具有的亲和力，高水平的沟通能力、团结能力，民主决策能力，妥善处理各方面利益关系的能力，创新学校管理，整合资源提高管理效益的能力，凝聚人心推动全局工作的能力，抓好安全工作处理突发事件的能力，等等。

从我国目前高职院校实际情况看，由于很多高职院校是合并成立的，教职工之间关系相对复杂，合校合心的任务更重。有的院校存在着成人教育、远程教育、中专教育等多层次办学，需要协调各层次发展之间的关系；有的院校"一校多区"，安全稳定管理难度较大；随着高职院校扩招，处理好发展、速度、结构、质量、效益之间的关系，实现协调发展的任务比较重。而且在当前，作为近几年新成立的院校都面临着深化改革促进发展的重任，在改革中必然会导致各种利益关系的调整，引发各种利益的冲突，这也需要高职院校长正确处理好改革发展稳定的关系。总之，加强高职院校长和谐建设能力建设是新形势下领导工作的迫切需要，在高职院校长能力建设中具有很重要的地位。

加强高职院校长和谐建设能力有很多途径：一是要加强自身思想理论建设；二是要坚持科学发展观为统领，遵循科学执政、民主执政、依法执政，和谐构建高职院校的规律；三要坚持以人为本，坚持科学决策、民主决策的原则，充分发扬民主，为师生员工营造公平、公正、合理、有序的宽松环境和良好氛围；四要坚持依法治校，依照法律、制度从严治校，不断推进学校各项管理活动制度化、法制化；五要提高处理突发事件的能力。要不断增强政治意识、政治眼光、政治敏锐性，锻炼提高自己处理突发事件应对复杂局面的能力。要坚持深入基层，深入教职工、大学生中去，始终把握教职工、大学生思想脉搏，及时解决影响稳定的矛盾和问题，不断增强做好学校安全工作的主动权。

高职院校内部管理科学化的现实路径

　　现代管理学认为，一个单位或部门的组织管理水平和工作效率的高低，直接影响该单位或部门的工作质量和事业发展，而管理水平和工作效率的高低，不仅取决于单位或部门职能的合理配置和机构的协调运转，而且很大程度上取决于管理队伍的状况和管理人员的素质，即管理科学化的程度。管理科学化是指遵循客观规律、采用科学方法、进行高效管理的总称。近年来我国高职院校在快速发展的同时，也存在着许多矛盾和问题I主要是高职教育与经济社会发展还不够协调，体制改革、机制创新与市场经济发展要求还存在差距，不少学校造血能力差、办学经费不足，债务沉重，同时经费投入使用效率不高、资源闲置以及财力、物力的浪费问题又在一定程度上存在，教师队伍结构不合理，高层次优秀人才和双师型素质教师缺乏，教师队伍不够稳定。存在这些矛盾和问题的原因是多方面的，但重要的原因之一是一些高职院校在着力抓扩招、抓建设时在很大程度上忽视甚至轻视学校内部的科学化管理，突出表现为对学校的改革和发展缺少战略思考和整体规划；学校内部管理制度不健全，无章可循、有章难循，特别是有章不循的现象比较普遍，决策和管理主要凭经验、靠个人意志，主观随意性较强，科学化、规范化水平不高；缺乏民主、平等、自由、尊重的环境和氛围，教职工没有主体地位，工作中以服从命令为主，创造性受到严重抑制，积极性没有很好调动起来；学校缺乏积极进取的校园环境，无法营造和谐团结、人心舒畅的校园文化氛围等。一所学校办学水平的高低很大程度上取决于其管理水平的高低。师资、生源、设备、经费等固然是办好学校的重要条件，但能否发挥好这些因素的效益，还取决于能否运用现代科学管理的理论和方法以及合乎客观规律的学校内部管理制度来规范学校管理。当前，高职教育发展正在经历新的转折，随着招生规模的相对稳定和改革的进一步深化，高职教育的发展将转移到更加注重科学发展、和谐发展，更加注意提升内涵、提高质量上来。

如何实现高职院校管理工作科学化呢？

首先，要树立科学的管理理念。管理理念是管理者对管理所持的信念和态度，是对管理的理性认识和理想追求。科学的管理理念是科学治校的先导。高职院校的管理者应深刻认识和掌握高职教育的发展规律以及管理规律，全面分析学校的内部环境和外部环境，对办什么样的学校和怎样管理学校做出理性的全面的思考；应树立"管理是科学、管理出效益、管理是生产力"的理念，把学校自身作为社会大系统的有机组成部分，不断强化社会责任感，积极履行服务社会的职能，为促进地方经济社会建设做出应有的贡献，做到以贡献求发展，又应把自身的管理看作是一个系统工程，自觉运用现代管理科学系统论原理来实现学校管理组织结构的系统化和科学化。应整体规划，统筹兼顾，使系统的内部组织结构不断优化并与内外部管理对象关系相适应、相协调，通过协调使有限的人力、财力、物力合理统一使用，以发挥最大的效能。应科学地认识学校管理系统的层次性，自觉地按层次进行管理，坚持一级抓一级，一级支持一级，一级向一级负责，使管理的各层次、各机构及其工作人员各就其位、各司其职、各行其权、各尽其责，保证系统高效率地正常运转。

其次，要建立民主开放的领导模式。学习型组织理论认为，必须彻底改变传统企事业的领导模式，特别是管理权力应延伸到企事业的各个层次，从旧式的控制管理转向以参与管理为标志的新型管理，最大限度地利用人力资源，增强组织凝聚力，发挥组织内成员共同协商合作的优势，不断探索和创新企事业发展的管理模式。按照上述理论，当前高职院校的领导管理模式应致力于从以下几个方面进行改革：一是塑造领导新角色。学校领导应成为学校发展的"设计师"和"教师"。"设计师"角色意味着学校领导对整个学校的管理和发展资源进行整合，不仅要设计学校的组织结构和管理体制及资源合理配置方案，更重要的是要设计学校发展的基本理念；作为"教师"的角色意味着学校领导的一个重要任务是掌握和界定真实情况，协助教职工对真实情况进行正确深刻的把握，提高教职工对学校系统的了解适应和自我作用的发挥能力，促进每个人的学习和发展。这样的领导既是学校目标的开发者和领导者、人力资源的启动者和协调者，同时又是资源的开发者、学校组织文化和教育理念的塑造者。二是推行科学决策制度。决策作为高职院校管理的基础和核心工作,在管理中起着决定性的作用。高职院校的决策机制要调动全员参与性,充分发挥集体的力量,最大限度地减少决策失误,减少盲目性和主观性,增强决策的科学性和决策机制的高效性。现行高职院校基本实行的是党委领导下的院长责任制,有些学校成立了校务委员会,但其主要成员为中高层行政管理人员,总体来说教职工的参与性程度很低,教代会的监督和审议作用远未发挥,更谈不上什么决策权,在决策方面没能够很好地实行群众路线,集中教职工智慧,科学的决策机制尚未建立起来。因此,推行科学决策制度是当前高职院校内部管理体制改革的首要任务之一。三是实行开放的民主管理。实行民主管理,除了要让教师从纯粹的课堂管理者转变为学校管理的参与者,参与学校的目标、任务以及各种行政决策的制度之外,还要让家长、学生及参与学校管理的社会代表,积极参与学校决策,站在学校的立场上考虑学校的发展问题。一方面鼓励家长在参与中学习,适当安排家长代表参加学校的管理及相关活动,协助学校的教学;另一方面,还要组织企事业单位的专家、高级管理者、高级工程师到学校参与教学建设与管理,为学校的发展献计献策,缩短学校与市场的距离,提高高校的社会竞争力。

其三,实现管理队伍专业化,提高管理队伍的素质。改进和强化内部管理,实现内部管理的科学化,迫切需要建设一支高素质的专业化的管理干部队伍。建设一流的教师队伍,争创一流的办学水平和办学效益,必须靠一流的管理,归根到底靠一流的管理队伍。高素质的管理队伍是科学化管理质量的根本。提高管理干部的素质是提高教学质量、学术水平和办学效益的组织保障。良好的政治思想素质是管理干部的核心因素。高职院校的管理干部需要有较高的政策水平,办事民主、实事求是、注重调研;关心和理解师生员工,积极解决师生反映的有关问题;处理问题要通情达理,解决问题要与人为善,使人心悦诚服;同时要与时俱进,不断树立创新性的管理理念,以科学发展观为指导,以和谐发展为过程,以效益意识和科学理念为原则,实现教育资源的最优化组合和效益的最大化;不但要精通本部门的政策法规,精通高职教育理论,精通行政、教学、党务管理法规;熟知学校管理的各个环节,掌握高校的工作规律和行政、教学、科研、党务管理研究的科学方法和手段,深入开展行政、教学、科研、党务、服务管理研究,培养自我创造意识和创新能力;具有无怨无悔、敬业乐业、孜孜以求、甘于奉献的精神,方能有管理工作的高效运转;坚持高标准、严要求,树立实事求是的工作态度和脚踏实地的工作作风;有开拓创新的能力,不因循守旧,墨守成规;善于研究新情况，解决新问题；正确处理好各方面的人际关系，工作中保持沉着、宽容、耐心、头脑冷静、豁达、大度，善于控制自己的感情，学会共处，和善地与他人共事。为此，必须要按照管理队伍的专业化和高素质要求，选拔培养造就一支专业化的管理队伍，把它作为教育主管部门和高校领导的突出任务，这是实现科学管理的关键因素。

其四，加强制度建设，实现人与制度的和谐一致。搞好科学化管理，离不开制度建设。建立健全各项规章制度是实现管理规范化、制度化、科学化的基本途径，人、财、物的管理都有明确而科学的规章制度，那么各项管理工作就顺理成章，实现"人人有事干，事事有人干，人人有事管，事事有人管"的工作局面。如果有科学的管理制度为依据，工作起来就不那么棘手和困难，再加上有科学的管理制度体系作保障，管理工作质量和效率就会大大提高。当然，制度建设重要，但作为制度的制定者、遵守者和执行者就更重要了。因为再好的制度人们不去遵守、执行，那就只能是一纸空文。因此，作为管理人员，在工作中一方面要率先垂范，带头自觉遵守制度，严格执行制度，做到制度面前人人平等，另一方面要努力加强对广大教职工的思想政治工作，提高大家遵守制度的自觉性，并努力营造一种尊重人、团结人、关心人、帮助人的良好工作氛围。做到无情的制度，有情的管理，依法治校与和谐校园建设的相统一。科学管理的创始人泰罗曾提出：科学管理的实质是伟大的心理革命。其含义就是把组织中良好的积极向上的人际关系放在科学管理中重要的位置，而我们的工作也不例外。因此，实现人与制度的和谐一致，是科学管理的最高境界。

其五，要坚持职、责、权、利的有机统一。任何管理部门都是一个科学的有机体系，是职务、权利、责任、利益四者的有机结合，是互为条件、统一协调的整体。在管理活动中，必须使所属成员在职、责、权、利四方面协调一致，以形成合力，共同为本部门工作目标的实现创造出出色的成绩。在实践中，首先，应通过思想教育与实施民主管理，使每个成员都应认识到自己是本部门的主人，并能够充分发挥主人翁精神；第二，要明确职责，使每个成员都要对自己执行职务活动的后果承担一定责任，以防有职无责，遇事互相推诿或敷衍了事；第三，为保证每个成员完成其分担的任务，应授予其相应的权力，使其工作具有一定凭借，防止有职无权，难尽其责，当然也不能重权轻责而导致权力滥用；最后，每个成员在其如期达到目标要求后，应该使其得到相应的物质和精神奖励，体现多劳多得，少劳少得，对工作目标完成不好甚至失职、渎职的要给予一定的惩处，做到奖优罚劣，奖勤罚懒。总之，在管理工作中，不能只讲奉献，不讲合理报酬；又不能有职、有权、有责、有权而无利，这将会失去工作积极性和动力；更不能只讲权与利，不讲职与责，干好干坏一个样，这必然使科学管理成为一句空话，导致与管理的宗旨相背离。

其六，学会运用企业管理思想和方法经营学校。所谓经营学校，就是把企业的一些管理思想与方法引进高职院校，重新设计管理内容与过程，运用市场机制对高职院校的资源及资产等进行优化重组和高效运营，提高管理效益。高职院校管理者应学会运用投入产出的思维来审视管理活动，确立成本效益的意识，充分利用并盘活学校现有教育资产，通过结构调整和资源重组，杜绝资源闲置和浪费，注意节约成本，减少人为浪费，提高经费投入效益。高职院校内部管理说到底就是在特定的社会环境下，遵循教育的客观规律，对各种教育资源进行合理配置，以实现教育方针和教育目标的行为。在市场经济阶段，高职院校内部管理要树立起经营的新观念，运用"经营化"管理，力求以较小的投入获取较大的收益，致力于以相对低廉的成本为社会提供高质量的教育服务和人力资源，从而实现高职院校管理的高效化。因此，高职院校管理者必须重视高职教育事务管理活动的产生和结果，既要注重教育资源配置的有效性，又要考虑教育权益的公平性。从质量管理的角度来说，教育资源配置效果要与高职院校管理者的管理业绩联系起来，强调按照业绩进行干部考核和收入分配，建立效能型社会，实现从过去传统的"行政化"管理向当代的"经营化"管理转变。一所高职院校如果教育成本高，教育质量低，就没有竞争力。高职院校有限的资源只有通过优化整合才能发挥效益，提升学校的竞争力。资源整合就是把原来处于分散状态的有形资源和无形资源汇集聚合在一起，进行重组，产生整合优势，从而大大提高学校资源的整体效益。需要强调的是，高职院校对无形资源的整合应予以特别的重视。因为无形资源是有形资源发挥潜能的杠杆，人文内涵丰富、科技含量高的无形资源也是有形资源增值的启动器和推动器。资源整合要从效率出发，合理安排。具体而言，一是在资源的使用下，应力求达到资源共享，使有限的投入最大限度地发挥其应有的效用。二是在人力资源的整合上，应体现领导团队和教职工队伍专业、职称、学历、年龄、学缘、性格、结构合理，有利于人尽其才，才尽其用，优势互补，把教职工教学、科研、社会服务的潜能充分发挥出来。三是在资产整合上，就校内而言，要破除部门所有制和大而全、小而全的小农经济思想，对能集中统一管理的教育资源一律集中统一管理，统一调配使用，以便尽可能地减少重复购置，最大限度提高资源使用效率，发挥资产的使用效益；从校外来看，要开门办学，充分利用社会资源，减少学校的投入。这不仅可以节约办学经费，更重要的是可以加强师生参与社会、服务企业的主动性与积极性，提高实践能力。四是在资金整合上，要重视资金计划的科学安排，优化投资结构，加强对资金的监控力度，提高资金的运营效率和效益，实现资金收益最大化。从"行政化"管理向"经营化"管理转变，并不是要让高职院校产业化，而是要通过观念创新，借鉴企业管理的经验，促使形成一个充满活力的高校管理机制，从而更好地实现高职院校为社会公共利益服务的目的。

当前高职教育正致力于加强自身的内涵建设，而加强内涵建设的当务之急就是要积极探索高职院校科学化管理的现实路径，自觉遵循高职教育自身发展规律，创造符合高职教育自身发展实际的管理和运行机制，运用现代化的科学管理方法和管理技术手段，加强学校管理。迅速提高高职院校的科学化管理水平和教学质量，才能更好履行好国家与社会赋予的办学职能，培养出更多的高素质技能性人才，实现高职院校的健康可持续发展。

以科学发展观为指导
正确处理四种关系

在深化高等职业技术教育改革的进程中，我院以科学发展观为指导，进一步明确了办学指导思想、办学思路、办学目标定位、学院类型定位、培养目标定位、办学层次定位、服务面向定位和办学规模定位。目前，"创建示范性职业技术学院"的目标已形成共识，"以服务为宗旨，以就业为导向、走产学研结合"的发展之路的办学方针已深入人心，学院办学规模迅速扩大，实现了跨越式发展，学院在社会上的形象得到迅速提升，教职工的收入得到明显提高，学院展现了一个良好的发展态势。在办学规模迅速扩大，外部环境发生变化，招生、就业竞争更加激烈，内涵发展面临诸多挑战的情况下，要巩固发展目前的大好形势，就必须坚定进一步做大、做强、做优的战略目标。

首先，还应进一步做大。发展是硬道理，解决学院存在的各种问题，归根到底还是要靠发展。坚持规模、质量、结构、效益的协调发展，做大是基础，船大抗风险，只有做大才能占据市场竞争中的有利地位；从另一方面来讲，虽然我院近一、二年实现了超常规发展，但就整个在校生规模来说，与国内一些知名的职业技术学院相比差距很大，与省内有些职业技术学院相比，规模还有差距，我们必须正视这个现实。同时，规模和效益也是辩证统一的，只有规模大了，才能相对降低办学单位成本，实现规模效益，在单位成本一定的情况下，规模越大，办学效益越好，所以我们还必须乘势而上，在可能的情况下，进一步扩大办学规模。

其次，要坚定做强的决心。做强就是要有过硬的办学实力、过硬的办学水平、过硬的竞争能力。做强是学院实现持续、稳定、健康发展的根本要求，特别是在职业技术院校强手如林的情况下，不做强就没有出路，就可能被淘汰。从我院实际情况来看，管理水平、教学水平、服务水平、队伍素质与一些先进院校相比差距很大。发展如逆水行舟，不树立内强素质的紧迫感，不坚定做强的决心，迅速做强，目前学院良好的发展态势就不能长期保持下去，甚至会出现逆转。

第三，必须在做优上下功夫。在做强的同时，要力争做优。要实现党委确定的在2010年把我院建成以工科为主体，医、管、经、文多学科协调发展，特色鲜明的国家级示范性职业技术学院的目标，就必须通过我们坚持不懈的努力，不断优化和提高办学素质，形成一流的办学条件，一流的管理水平，一流的师资队伍，培养出一流的人才。

做大、做强、做优，三者是辩证的统一，做大是基础，做强、做优是根本，三者相互促进，相互联系，在空间上三者并存，在时间上，三者是继启关系。近二、三年，我们的战略重点是加快发展，做大，今后，我们在巩固规模、继续做大的同时，要把战略重点转移到做强、做优上来。要做大、做强、做优，实现我院的全面、协调、可持续发展，必须以质量为核心正确处理好四种关系。

一、要处理好数量和质量的关系

数量和质量始终是一对矛盾，是相互对立又相互依存的。一方面，没有一定的数量，就没有一定的质量，另一方面，没有质量的数量，本质是没有意义的，最终还会影响量的扩张。所以，我们必须追求数量和质量的辩证统一，所有高校在发展过程中，都存在数量和质量的矛盾，问题是如何在实现跨越式发展过程中，解决好数量和质量的矛盾。当前，处理好数量与质量的矛盾，就是要坚持好"巩固、深化、提高、发展"的八字方针，巩固成果，深化改革，提高质量，持续发展。在持续发展的同时，更加注重深化改革和提高质量，尤其要重视教学质量的提高，把工作重心由前一阶段高度重视数量扩张转移到在数量扩张的同时更加注重提高教学质量。对提高教学质量，要从两方面来认识，不能一说提高教学质量就把我们的教学质量说得一塌糊涂，应该说我们的总体教学质量不但比一些中专升格、民办的职业技术院校好，而且比一些同类职业技术学院也是比较好的，但是，与创建国家级示范性职业技术学院的要求，与发展的要求，与人才培养质量的要求，差距都很大。同时，还应看到我们在教学上还存在教学质量意识淡薄、管理松懈、改革滞后、投入不足的问题，这些问题都需要我们花大力气加以解决。

二、要正确处理好规范管理与深化改革的关系

管理出质量，出效益。规范和严格管理是提高效益、提高教学质量的保

障；改革是动力，只有改革束缚我院发展的不合时宜的教学和管理体制才能增强活力，促进学院的快速发展。从目前我院管理的情况看，管理不够、改革不够的现象都存在，特别是在学生数量迅速扩张的情况下，教学和后勤管理的矛盾也很突出，很多环节还相当薄弱，对管理的重视程度不够，管理的科学水平不高，特别是与一些示范性职业技术学院相比差距很大。当前，强化管理特别要强调从严治校，从严治教，规范管理。没有规矩，不成方圆。因此教学工作必须要把强化管理作为当前的突出任务。与此同时，必须把改革摆上重要日程，有计划地推进教学改革、人事制度改革、分配制度改革、后勤改革、管理体制改革，通过深化改革，为学院发展提供不竭的动力，做到规范管理和改革两手抓，两手都要硬。

三、要处理好规模和结构的关系

学院的发展应做到规模、质量、结构、效益的协调发展，扩大规模是发展，提高质量是发展，改善结构也是发展。要坚持外延发展和内涵发展的结合，就必须在扩大规模的同时，提高质量，改善结构。应该看到，虽然近两年来，学院的办学规模迅速扩大，但内部结构改善滞后，专业结构、课程结构、办学层次类型结构、教学设施结构、校办产业类型结构、经费来源结构都不同程度地存在不合理现象。就像我们浇铸混凝土框架楼房一样，黄沙、水泥、石子、钢筋的比例合理，才能达到最佳抗压抗拉强度。改善、调整和优化内涵结构，最大限度地优化资源配置，是内强素质，提高办学效益的重要途径，而在这一个问题上，很多同志往往认识不足，应该进一步提高对优化素质结构的认识。从现在开始，要把调整和优化结构作为我院发展的一件大事，使结构优化与提高质量相结合，与扩大规模紧密结合，以达到最佳的办学效益。

四、要处理好当前发展与长远发展的关系

保持当前良好的发展势头，实现学院的可持续发展是全院教职工的心声，也是全院教职工的共同利益所在，为此，必须处理好当前发展与长远发展的关系，既要立足现实，扎扎实实做好当前的工作，又要着眼于长远，坚持正确的发展道路，建立可持续发展的运行机制。

（一）要坚定不移地实施质量立校、特色兴校、人才强校、法德治校的战略。

提高质量是立校之本，要做到质量立校，必须逐步解决好如下几个方面的问题。一是质量标准，我们的各项工作都要用一流的标准，力争做精、做优、做省，而不是满足于完成了、做了，得过且过，自甘平庸。二是全面质量管理，学院的每个岗位，每项工作，每个环节都建立明确的质量标准，努力克服目前依然存在的缺乏质量标准和管理真空的问题，消除要求不严、质量不高、管理不到位的死角。三是质量责任及时追究，要逐步建立健全质量标准的执行、考核、监督、奖惩制度，务求覆盖到每个岗位，每项工作，克服不同程度存在的有法不依、执法不严、作风涣散、纪律松懈和平均主义、大锅饭现象，从严治校，通过长期不懈的努力，实现高质、优质。

特色兴校是做强的基础，特色就是学院在办学方面形成的特点和亮点，就是学校的核心竞争力。对我院来说，特色的形成和塑造应包括三个层面。一是学院特色，我们应该总结我院的办学历史和经验，前瞻高等教育的发展趋势，结合自己的实际，探索、培育我们的人才培养模式特色。二是专业特色，像我们这个学校，34个专业不可能个个都强，即使是名牌学校，也只是某几个专业、学科见长，因此，我们要继续发展和优化以工科为主体，医、管、经、文多学科协调发展的格局，实行文理渗透，学科交叉，以利于培养学生的复合知识结构，另一方面又要集中精力，突出重点，使某些专业跻身于省内甚至是国内前列。针对我院的专业建设现状，需要扶持的专业确立的原则是：经过短期努力，可进入省内前列的重点专业；市场和考生需求旺盛的专业；人无我有的交叉专业和边缘专业。三是鼓励个性发展，彰显个性特色。没有个性鲜明的领导干部和师生员工，就无以形成学院特色和专业特色，因此，要鼓励创新，鼓励冒尖，倡导个性发展，为不同类型的人才脱颖而出创造条件，形成不同类型人才荟萃的局面。

人才强校是做强的关键，一个学院强不强，关键在于是否有一支过硬的干部、师资队伍，就是要有过硬的领导干部队伍，有名师、大师，有过硬的教师队伍。高校的竞争实质上是人才的竞争，学校的发展不但需要高素质的教师，也需要各种类型的高素质专业人才和管理人才，所以我们既要重视教师的培养和引进，也不能忽视管理人才和其他专业人才队伍建设。目前我院不但缺少一些高学历、高层次、高水平的专业教师，而且缺少一些有专业特长的管理人才和其他专业人才。要加强人才队伍建设，就必须从学院的发展出发，为提高学院的教学质量和产学研结合，就要加强人才的培养，同时还要继续引进高水平的专业教师和专业管理人才。

以法、以德治校是做强的保证，要加快学院的发展，搞好学院的管理，既要以德治校，又要以法治校。以德治校不但要加强职业道德、师德建设，使广大教职工自觉履行教书育人、管理育人、服务育人的三重职责，又必须倡导科学、民主、自由、开放、和谐之风，以利于学术繁荣和个性发展，特别是管理者要思想解放、作风民主、以德服人、以理服人，以此形成学院的感召力、凝聚力。以法治校就是学院的一切组织和运行都要有制度、有程序，做到有法可依，有章可循，有法必依，违法必究，制度面前人人平等。否则没有制度，没有纪律，各行其是，就会一盘散沙。所以我们必须将法治和德治有机统一起来，既宽厚待人，又从严治校，才能加快强校的进程。

（二）要建立科学的发展和运行机制。

科学的发展和运行机制，是学院可持续发展的重要保障。它包括科学的教学运行机制、教学质量监控机制，实践教学管理机制，教职工激励机制、约束机制，干部队伍的选拔任用和竞争机制，自我发展、自我积累的造血机制和科学的管理运行机制等。

我们只有结合我院的实际，探索建立一套符合我院发展的科学机制，才能把我院纳入持续稳定的发展轨道，因此，要把建立各种科学的运行和管理机制作为当前和今后的一项长期重要的任务。

四 高职院校内涵发展篇

以提高质量为核心
全面推进高职院校内涵发展

党的"十七大"报告明确提出了以提高质量为重点，促进各级各类教育协调发展的总体要求。教育部在2008年教育工作会议上也强调，要把发展职业教育工作的重点放在提高质量上。连年的高校扩招使得我国的高等教育在校生规模跃居世界第一位，实现了高等教育由精英教育到大众化教育阶段的历史性转变，最大限度地满足了国民接受高等教育的强烈愿望和新世纪我国现代化建设对专门人才的需求，实现了向人力资源大国的跨越。但是，规模的快速扩张制约了我国高等教育质量的提高，高职院校面临的这一问题尤为突出。特别是一些中专升格、成人高校转制的院校，建校时间不长，招生规模快速扩张与内涵建设相对滞后的矛盾比较突出，人才培养质量不能很好满足社会对高技能人才的需求。因此，落实党的"十七大"精神，巩固发展高等职业教育改革的成果，必须以科学发展观为统领，以提高质量为核心，进一步全面加强内涵建设，推动高职教育的健康、可持续发展。

一、要增强以质量为核心，全面促进高职院校内涵发展的意识和责任感

1. 质量是高职院校的生命线。社会主义市场经济条件下，高职院校的竞争归根到底是人才培养质量的竞争。教学质量是教学过程各个环节质量的总和，课堂教学质量和实践性环节的教学质量都需进一步提高，这需要良好的内涵条件作保证。如果没有良好的教育环境，没有过硬的人才培养质量和较高的毕业生就业率，要想在生源竞争日趋激烈的职业技术院校中生存、发展是不可想象的。高职院校要生存和发展，很大程度取决于自身的教学管理、教学模式、教学手段、教学条件、生源的数量和质量和教学质量，但最根本

的还是靠学校的产品——培养的人才质量是否过硬、是否适销对路。因此，必须进一步强化教学工作是学校一切工作的中心的意识，把提高教学质量真正作为内涵建设的核心，并将这个思想长期贯穿到各项工作中去。

2. 必须坚持稳定扩大规模和提高质量两手抓，尤其要重视教学质量的提高。近年来，高职院校在坚持把发展作为第一要务的过程中，普遍重视办学规模的扩大和外延发展，但在规模扩大的同时，不少高职院校存在教师数量明显不足、教师素质亟待提高、专业和课程建设滞后、人才培养模式陈旧、专业实验设备难以满足实验教学的需要、教学管理薄弱等问题。因此，我们在坚持规模扩大的同时，更要着力抓好教学质量的提高，并以此为核心全面加强内涵建设。以提高教学质量为重点，进一步深化改革，增加教学投入，将更多的经费投入到"重点专业""重点课程""师资培训""人才引进"和实习、实训基地建设上来，切实解决教学工作中突出的重点、难点问题。

3. 高职院校的内涵发展和教学质量的提高是一个系统工程，与办学观念的转变、教学改革和发展、产学研结合、素质教育与教师队伍建设等都密切相关。因此，切实提高教学质量必须自觉以科学发展观为指导，增强统筹兼顾教育教学改革发展、全面加强内涵建设的意识，以提高质量为核心总体推进各项工作，强化科学统筹发展的责任感和紧迫感，把推进学校科学发展的任务落实到学校教育教学工作的各个环节中。

二、树立符合科学发展观及高职人才培养目标内在要求的教育观念体系

确立正确的教育教学理念，是以提高质量为核心，科学推进内涵建设，实现高职院校又好又快发展的前提。在我国加快职教改革与发展的过程中，广大高职院校办学思想实现了重大转变，但仍有不少教职工尤其是领导成员的教育教学观念比较落后，往往还受陈旧的、不合时宜的办学理念的束缚，不能适应科学发展观和现代高职教育发展的要求。因此，当前必须把树立符合科学发展和高职人才培养内在要求的现代化教育观念体系、努力推进教育观念的根本转变，作为深化教学改革、实现办学模式、发展思路转变和科学发展的前提，真正树立起符合科学发展观的科学办学理念。

1. 真正确立以就业为导向的改革观。就业是民生之本,事关人民群众的切身利益。教育教学改革必须坚持以就业为导向,真正做到按市场需要办学、按市场要求育人、按市场需求开设专业、按就业岗位组建课程体系、按市场需要组织教学、按市场要求改革教学模式,着眼于培养学生的就业、创业能力,打造面向市场的核心竞争力。

2. 树立培养综合素质高、应用创新能力强、受社会欢迎的人才质量观。高职教育的主要任务是培养具有良好职业道德、实践能力和有创新精神的应用型高技能人才。应真正认识到,不同类型、不同层次的学校都能办出一流的教育,所谓一流教育,主要体现在先进办学理念、先进的管理与服务、优质办学条件和培养出高质量人才上,最根本的标准是要培养出国家需要和受社会欢迎的人才。高职教育的定位是为地方经济服务,只有培养的人爱岗敬业、应用创新能力强、综合素质高才能受到用户的欢迎,才能获得学生、家长和社会的认可,才能声誉良好,生源充足,在激烈的社会竞争中立于不败之地。

3. 真正确立以人为本的教育教学观。以人为本是科学发展观的本质和核心,也是办好高职教育的客观规律。教育以人为本,就是学院发展坚持以人为本,办学以教师为本,教学以学生为本。以学生为本就是以学生为中心,真正围绕学生开展教学,一切为了学生,为了学生的一切。要尊重学生人格,尊重学生的学习与创新,提倡学生以创造性、研究性方式学习。以教师为本,就是实施人才强校战略,形成好的舆论环境,建立好的激励机制,构建好的事业平台,培植好的专业团队,最大限度地调动教师工作学习的积极性。

4. 树立资源共享、互利共赢的合作发展观。资源共享是高职院校解决办学条件不足,充分利用社会资源提高办学质量的重要途径。校企合作、构建战略联盟、实现产学研结合,也是加强人力资源建设与开发、实现人才强企和企业自主创新发展的必由之路。校企合作、培养与使用高素质的技能型人才是双方结合点和长远共同利益所在。因此,高职院校在注重用好校内资源的同时,应主动寻求与企业的合作,以诚实守信、互利互惠、谋求双赢的思想,与企业携手搭建资源共享、优势互补、共同发展的平台,在为企业搞好服务的同时,促进自身人才培养的提高和可持续发展。

三、以适应社会岗位需要培养高素质的应用型技能人才为宗旨，深化教学改革

以满足市场需求和岗位需要为目标，深化教学改革，构建科学的教学体系，是保证应用型人才培养质量的关键。

1. 瞄准市场需求，进一步调整优化专业结构。要改变不少高职院校存在的专业设置与市场需求脱节造成的大学毕业生结构性就业难的状况，就要紧随社会发展及市场需求变化，不断调整专业结构，以满足社会需要。要确立以需求第一、适时调向、主干辐射、以点带面的专业建设的原则，不断增加社会急需的新专业，改造落后的旧专业，取消没有市场的老专业，使新旧专业相辅相成，合理搭配。同时，还应每年组织市场调研，组织并优化建设好专业建设指导委员会，坚持对调研结果分析论证，以此作为确定专业调整和设置的重要证据。充分考虑学校的师资情况和旧专业的基础情况，使新旧专业合理搭配，灵活转换，有利于打造精品专业，培育长线专业，发展短线专业，每年适当增加若干社会急需专业。

2. 深入进行课程体系改革。课程体系改革要对准岗位设课程，体现职业的针对性、先进性和科学性，使之符合学生知识、能力、素质培养的要求。应组织到相关行业、企事业单位实地考察职业岗位需要，发挥专业建设委员会的作用，及时组织院内外专业建设委员会的专家学者对课程体系改革进行论证。通过有计划地对一些专业课程体系进行改革，使之不断优化，使各专业课程贴近企业、贴近事业、贴近职业岗位、贴近实际。

3. 加强重点专业、精品课程和教材建设。这是搞好教学改革，保障人才培养质量的重要方法和基础工作。要抓好重点专业和精品课程建设，重视制定并实施重点专业、精品课程建设的中长期规划。重点专业和精品课程建设应高标准、高起点、严要求。要建立完善的精品课程建设验收制度，规范精品课程管理，积极做好国家级、省级改革试点专业工作，形成国家级、省级、院级三级相结合的重点专业群和一批特色鲜明的精品课程。教材建设相对滞后是高职教育的又一突出问题，教育主管部门与高职院校应结合专业调整，加快教材的更新换代。采取引进与自编相结合的办法，优化教材体系。尽量

采用国家与有关部委组织编写的高职高专教材，特别注意运用获奖教材和能反映现代技术发展水平，特色鲜明，并能满足高职教学要求的教材。应设立和保证教材建设专项经费，制定鼓励自编教材和讲义的激励政策，定期开展评选优秀教材的活动。同时，要建立科学的教材编写、评价和选用审批制度，以保证自编教材和讲义的质量。

4. 构建教学质量的保障和监控体系。教学质量保障体系包括教学质量的指挥系统、教学质量的信息收集、教学质量的信息处理、教学质量评估与诊断以及教学质量的信息反馈等。要改革现有的教育教学管理模式，赋予系部更多的自主权，构建科学的三级教学管理质量组织保障体系，进一步明确系部和教研室的责、权、利，使之紧密接合，充分发挥系、教研室的主动性、积极性、创造性和系部的教学组织运行、教学监控、人才培养质量保障作用，发挥教研室的教学组织和保证教学质量的基础性作用。

进一步完善教师的业务考核、教学质量评估和教学工作督导制度，建立起科学的教学质量考核评价、监督和运行机制，把教学质量与教学管理责任者的岗位津贴，与晋职、晋级、聘用紧密挂钩，最大限度地调动广大教师和教学管理者的积极性。

5. 完善现代教育技术平台。应完善校园网和多媒体教室建设，推进数字化图书馆建设，构筑较完善的现代教育技术平台。针对一些高职院校教育技术设施管理比较薄弱的状况，应改革现代教育技术设施的管理体制，理顺关系，建立制度，强化管理，提高现代教育技术设施的完好率，降低事故率，使资源最大限度地实现共享。同时，还要制定完善的管理考核办法，对教育技术设施的完好率、事故率和使用率进行检查，把"三率"与管理单位的岗位津贴挂钩。深入开展多媒体教学技术培训，制定完善鼓励教师使用多媒体技术进行教学的政策，把课件使用与课程评估挂钩，通过普及现代教育技术的运用，促进教学质量的提高。

四、着力强化素质教育，注重学生综合素质的提高

加强素质教育，提高学生的综合素质，是教学改革的重要目标和教育发展的主题，是内涵建设的中心任务。只有主动适应社会经济对高职教育的需

要，全面推进素质教育，使高职院校培养的人才既有良好的职业道德，又有较高的专业技能和创新、创业和就业能力，学校才能受到社会的广泛欢迎。

目前，高职院校生源质量参差不齐，尤其是一些新建院校和地理位置较差的院校，生源整体质量不理想，给教育工作增加了难度，也给推进素质教育带来了新的课题。学校管理者和教师要切实树立素质教育观念，克服重视专业文化知识教学、忽视育人的倾向，不仅要向学生传授文化，培养他们的技能，还要教会他们学习、做人和做事，学会生活和创造。要高度重视学生的理想教育，使广大学生树立立志成才的志气，增强学习的内在动力，还要把学生的思想道德教育、创新创业教育、就业教育、文明礼貌教育、心理健康教育、正确恋爱观教育和世界观教育渗透到日常教学工作中去。要增设选修课，加强人文素质教育，积极开展第二课堂活动，拓宽知识面，通过组织课外活动，提高学生的文化品位，并鼓励"一专多能"，广泛开展各种学习技能及创业大赛。教师在教学方法上要因材施教，推行分层次教学，鼓励个性发展，通过建立健全产学结合的组织机构、工作体制和运行机制，探索产教结合的教学模式，建立起完善的产教结合的校内外实习基地及实践教学体系，大力推进产教结合，强化学生的实践创新能力。

五、切实加强"双师型"教师队伍建设，为人才培养质量提供师资保证

教师是学校的核心和教育教学的主体，提高人才培养质量关键在教师。由于多数高职院校是中专升格或成人教育学校改制的，教师的学历层次较低，有实践经验的教师缺乏，专业结构、学缘结构不合理，年轻教师偏多，特别是"双师型"结构的教师团队建设比较薄弱。因此，建立一支学历结构、职称结构、学缘结构、年龄结构比较合理的"双师型"教师队伍，是当前高职院校师资队伍建设的迫切需要。

要随学校发展逐步增加教师专项培训经费，支持鼓励教师提高学历层次，采取院内与送出培训相结合，加快教师知识更新；制定政策鼓励教师获取职业资格证书，通过挂职、顶岗等方式，送一些教师到企事业单位锻炼，增加实践经验；着力加强青年教师培训，完善与严格执行青年教师导师制，建立

和完善青年教师合格评估制度、青年教师说课制度，促使青年教师尽快胜任工作。针对高职院校高学历、高层次和有实践经验技术人才较缺乏的实际情况，应采取措施加大其引进力度，通过"造血"与"输血"相结合，加速改善教师队伍的结构，建立和完善兼职教师的聘用与管理制度，改善兼职教师队伍结构及整体素质，通过"不求所有、但求所用""借外脑"等方式整合社会师资资源，加强教学工作，提高教学质量。同时，还应改革现有的教学质量评估制度，建立培养符合有良好道德和高技能应用型、具有创造能力、创业能力和就业能力的人才要求的教学质量标准体系，建立正常的院系两级教学质量评估制度，定期组织评估，建立评估档案，开展专业评估和试行专业认证试点工作，把教学质量评估结果与年度考核、评优、聘用挂钩，实现奖优罚劣、奖勤罚懒、表彰先进、鞭策后进，实施推广名师工程，开展优秀教工评选活动，并制度化。此外，还要强化师德师风教育，建立师德师风建设的长效机制，尽快建立一支素质优良、作风过硬的"双师型"教师队伍，确保高职院校人才培养质量的迅速提高。

高职院校内涵发展战略：资源整合

稳定规模，加强管理，提高质量，实现高职教育健康、协调、可持续发展，是当前高职院校面临的共同任务。通过资源的优化配置，提高管理效能，促进高职院校内涵发展，这是高职院校当前发展需要解决的一个重大课题。

一、资源整合的重要性和必要性

"管理"是对组织的资源进行有效整合以达成组织既定目标的动态创造性活动。高职院校管理的实质是学校管理者利用学校各种资源采取计划、组织、领导和控制等管理手段，履行人才培养、科学研究、服务社会三大职能，最终实现办学目标。可见，资源能否充分和高效利用是关键环节所在，充分和高效地利用资源是学校管理追求的最高境界。所谓整合就是整顿、调整，重新组合。整合既准确表达了事物间的动态作用，又强调了事物间结成一个整体的独特性质。资源整合就是将资源视为一个系统，通过对系统各要素的整顿、调整、加工和重组，使之形成相互密切联系、渗透、有机结合的新的结构，以实现整体优化及增值，发挥整体最大功能，实现整体的最大效益。

学校资源分为有形资源和无形资源。有形资源是通常人们提到的人力资源、物质资源和财力资源。无形资源包括师资队伍素质、办学理念、学科专业优势、校园文化、信息资源、智力资源、办学特色、学校声誉、品牌、知名度和社会资本等资源。学校资源整合就是通过现有资源的优化和重组发挥其最大功能。资源整合对推动高职院校内涵发展具有以下功能：一是聚焦功能。聚焦原意是指使光或电子束聚集于一点。通过相对整合聚集有限的资源，集中用于重点学科、重点专业、重点科研项目的建设与攻关，有利于实现新的突破，实现由量变到质变的目标，发挥以点带面作用。二是聚强功能。就像浇灌混凝土，按照最佳配合比，将一定数量的水泥、黄沙、石子、钢筋整合浇灌成混凝土，就可具有强大的抗压、抗拉强度。院校领导班子、学术团队通过整合使之达到结构最优化，就能产生 1 + 1 > 2 的倍增效果，使领导班子和学术团队的战斗力成倍增强。三是聚变功能。聚变即原子、轻原子核聚合为重原子核并释放出巨大能量的过程。通过对高职院校人力管理制度资源的改革和整合，建立科学的激励和竞争机制，形成奖惩分明、优胜劣汰的竞争环境，就能激活广大教职工的聪明才智，使学院的教学创新活力迸发。四是聚效功能。教育教学资源不能共享或共享率很低是造成浪费的重要原因。通过教育教学资源的整合和优化配置，可以最大限度实现优质教学资源在系部之间、单位之间、校际之间的共享，从而有效提高资源利用率，降低单位办学成本，提高办学效益。

从当前高职院校的实际看，一方面资源投入不足，办学整体条件较差；另一方面，存量资源配置不合理，浪费严重。突出表现为：一是财力、物力投入不足与财力、物力配置不合理矛盾突出。多数高职院校属于地方、行业办学，由中专升格或成人高校转制合并组建。许多学校仅有人头费，没有专项经费、基本建设费，甚至有的学校所在地学生所交学费的 10% ~ 20% 被地方财政挪作他用。一般来说，高职教育相对于本科教育的投入要求更高，办学成本更大。随着近几年高职教育扩招，办学条件不足的问题更加突出。同时，由于一些高职院校重规模扩张，轻内部管理，导致现有教育教学和后勤服务设施配置不合理，利用率低，甚至存在闲置浪费。现有的经费不能用在刀刃上，加剧了办学条件不足的矛盾。二是教职工人才比较缺乏，质量不高，学历、职称、专业、学缘、年龄等结构不合理问题较突出。一些高职院校院系领导班子中具有教育管理和较高政治素质的复合型人才缺乏，存在专业结构、学历结构、素质结构、知识结构、性格结构、年龄结构不合理现象，影响领导班子整体功能的发挥。教师队伍的教学理念、学历结构、职称结构、专业结构、年龄结构、学缘结构也存在很大问题，很多由中专升格或成人高校转制的教师仍沿用中专、成人的教学经验进行高职教学。教师学历层次偏低，据不完全统计，当前我国高职院校师资队伍中，博士仅占 0.4%，硕士占 8.4%，具有副高以上职称的比例离教育部的规定也存在不小差距。在院校内部，存在一些系部教师近亲繁殖、新教师扎堆现象。而有的院校一方面专业教师比较缺；另一方面又存在机关臃肿，专业教师改行，学非所用甚至闲置现象。三是学科专业和人才培养结构存在不合理现象。表现为一些院校存在专业设置与市场需求脱节，专业结构格局缺乏合理定位，人才培养目标定位不准确，课程设置与人才培养目标差距过大，学校与系部专业规模缺少科学设计和定位等问题。四是校园文化资源缺乏有效整合。

由于高职院校办学历史普遍较短，符合高职教育教学内在要求的管理制度不够健全，不够科学。甚至制度之间存在"打架"现象，制度的激励作用、约束作用体现不足。现有的优势校园行为文化、精神文化、制度文化、科技文化等资源缺乏必要的整合，优势文化资源的作用发挥不够。

这些问题不仅影响了教学和人才培养质量的提高，也影响了办学效益；不仅影响了高职院校健康协调发展，对学院的可持续发展也将造成不可低估的影响。因此，加强高职院校的资源整合是当前高职院校发展的形势所迫，也是加强内涵管理、提高办学质量和办学水平，促进内涵发展的客观要求。为此，必须以科学发展观为统领，把加强资源整合作为加强内涵管理的重要任务，努力抓紧抓实抓好。

二、资源整合应遵循的指导

思想和原则高职院校的根本任务是培养面向社会生产、经营、服务、管理一线需求的德、智、体、美、劳全面发展的高技能、高素质应用型人才。资源整合应以科学发展观为统领，以全面提高质量，实现高职人才培养目标为宗旨，遵循系统论思想，以资源各要素的整顿、调整、加工、重组为手段，实现资源结构的整体优化，协调发展，发挥整体的最大功能，实现整体的最大效益，从而促进教育教学质量和办学水平的提高，实现高职教育教学工作健康、持续、协调、稳定发展。

遵循这个指导思想，高职院校资源整合应遵循以下原则。

（一）坚持有利于促进人才培养目标实现的原则

保证和促进教育教学质量的提高，实现人才培养目标，培养社会市场需要的高素质技能型创新人才，是学院资源整合的出发点和落脚点。学院资源整合中一切资源要素的整顿、调整、加工、重组和具体整合内容、整合方式、方案的选择、成果的评估等都要服从服务于这个总目标，坚持资源整合的办学效益和社会效益相统一。

（二）坚持有利于特色兴校原则

特色取胜、特色兴校是高职院校做强、做优的法宝，是形成高职院校之间良性竞争的有效手段，也是内涵发展的必然要求。学院的有限资源不能

"撒胡椒面",要在统筹兼顾的前提下,集中自身优势资源向优势专业和学科倾斜,向特色项目倾斜,促进和加快特色学科专业和特色项目的建设,形成自己的品牌,发挥品牌的示范带动、优势资源聚集、无形资源打造、扩张等作用。

(三) 坚持有利于最充分利用资源的原则

资源是稀缺的,对目前高职院校来说,一些教育教学资源甚至相当短缺。为此,资源的整合必须以实现资源利用的最大化为最高标准,使资源集中使用、有效使用、弹性使用相结合。只有资源围绕服务目标相对集中使用,根据教育教学需要有效取割使用和因时因地视具体情况需要而定的弹性利用,才能充分提高资源的利用率。

(四) 坚持有利于实现增值的原则

一些资源具有孕育、繁衍、再生、成长、增值的功能。现有资产存量遵循市场经济的规律进行市场运作也能产生增值作用,因此,资源的整合应遵循有利于增值这一原则,通过一定手段如市场运作,促进现有资源及资产存量的增值。

(五) 坚持有利于整体功能发挥最大化原则

"整体大于各孤立部分之和"是古希腊思想家亚里士多德提出的,它也是系统论的重要定理。这个定理说明系统各要素经过系统组合以后产生新的系统功能,即产生系统效益。比如师资队伍、学术团队通过调整和结构优化,就能使整体战斗力显著增强,实现最大化。因此,资源整合应以整体效能发挥最大化为出发点和衡量尺度,作为整合方案的准绳。

(六) 坚持有利于可持续发展的原则

可持续发展既是科学发展观的重要内容,也是资源整合必须遵循的原则。在资源整合和资源要素配置中,既要注意满足当前教育教学的需要,又要考虑学院长远发展的需要;既要考虑资源的利用,又要考虑资源的合理开发和循环使用,使资源配置步入保值增值的良性发展轨道。

三、资源整合的内容和对策

加强高职院校资源整合必须明确高职院校资源整合的内容及整合的重点和方法,这是突出重点、统筹兼顾、有的放矢、有计划、有步骤搞好学院资源整合的前提。高职院校发展的资源是指能够为学院发展提供动力和支持的有形的和无形的、现在的和潜在的、物质的和精神的资源的总和。

（一）有形资源整合的内容和重点

有形资源主要包括人、财、物，首先，要着力做好人力资源的整合。人力资源整合的状况从根本上决定着学院发展和教育质量的高低。高职院校人力资源有广义和狭义之分，广义指高职院校中具有劳动能力的人的总称，包括在职人员、部分离退休人员和失业待业人员。狭义是指能推动高职教育教学发展、培养高技能人才而作用于经济社会发展具有智力和体力并处于劳动中的人们的总称，即高职院校的全体在职人员。后者是我们整合的主要对象和重点。人力资源、财力资源、物质资源是构成高校有形资源整体的最基本要素，而其中又以人力资源为其精华。人是高校发展的第一要素，人力资源的重要性在各种资源中居于首位。在高校人力资源中，干部队伍资源尤其是领导人才资源是高校发展的决定性因素，正像毛泽东所说："路线决定以后，干部是决定性因素。"一所高职院校缺少高素质的结构合理的教师资源，教学质量就不能保证，特别是没有素质结构配置合理、团结和谐、整体功能得到很好发挥的学院领导班子，学院的工作就会陷入混乱，办学目标就难以实现。因此，人力资源的整合和科学管理是其他各项资源整合的基础，应成为高职院校资源整合的核心。人力资源整合主要包括两方面内容：一是领导人才资源的整合，它包括领导人才的培养、发现、选拔、使用、交流和调配，特别是院系一把手的选配。领导团队的资源整合要注重年龄、文化、专业、性别结构，更要注重领导干部的政治素质、执政能力和心理健康程度，这是决定领导班子整体素质和战斗力的关键。二是教师资源的整合。它包括学校内部教学科研岗位的合理设置、定编定岗，内部和外部教学科研人才的招聘与甄选，学术骨干、高层次人才、高新技术人才和其他紧缺人才及不同专业、不同来源、不同性格、不同特长人才的合理搭配和使用、教师优胜劣汰机制的建立等，使校内各教学科研团队整体功能得到充分发挥。

其次要做好财力、物力资源的整合。财力资源整合包括学校资金渠道的开拓和使用及渠道的确定，预算内资金和预算外资金、信贷资金比例的合理搭配，学校各项支出结构的优化，专用各项基金的合理提取和优化配置，暂时闲置货币资金借助银行信用杠杆进行短期投资方案的优选，以求获得最大短期效益及财务风险规避及利用收费权质押、垫资、融资等。物力资源整合主要包括学校的土地、教室、图书馆、会场、运动场馆、实习实训基地、实验仪器设备、图书资料、计算机网络、广播电视通讯、后勤服务设施的合理配置，集中统一调配使用及教学后勤设施的更新改造、维护修理、保养和完好率的提高及存量土地的置换，多校区向新校区的集中，闲置资产的调剂等。财力、物力资源配置应以教学和实习实训设施的资源整合为重点，通过确保教学实训资源的有效利用，保证教学中心任务的实现。另外，应根据学校所处环境，适时抓住机遇进行土地置换和校区整合。

（二）无形资源整合的内容和重点

无形资源整合包括人才培养结构、专业办学特色、办学传统校园文化、智力资本、社会资本、教学信息资源等整合。学校的综合实力是指学校所具有的整体功能，是学校全部实力、潜力及其在教育界、社会上所具有的影响的体现，是学校水平和地位的重要表征。高职院校综合实力构成可以分为硬实力和软实力。硬实力指校内有关物质形态的构成因素，主要包括师资、财力及固定资产投资状况。软实力指校内人才培养质量、办学特色、管理水平和社会声誉。无形资源的整合是提高学校软实力的基础，是实现学校无形资产扩张，做强做优的关键。因此，必须坚持一手抓硬资源整合，一手抓软资源整合。目前尤其要克服重硬件投入、重建设而忽视无形资源整合的问题。

人才培养结构整合包括学科布局和专业设置的调整及教学内容、课程结构的改革和重组。当前高职院校应坚持以就业为导向，以服务为宗旨，把学科布局、专业设置调整和课程改革作为教学改革的重点，根据社会和市场对人才培养规格的需求，调整和重组现有专业设置、教学内容和课程。尤其要增设社会急需的工科专业，这是人才培养结构有关教学资源整合的关键。

办学规模结构与办学形式结构整合包括学校、系部专业办学规模结构及成教、远程教育、高自考和培训等办学形式规模结构的整合。学校应根据本校实际情况，调整学院及专业的办学规模。学院和专业规模的大小对办学效益有直接影响，根据经济学原理，学院和专业的在校生人数必须达到一定规模才能有效降低单位办学成本，实现规模效益。因此，从学院内部来说，只有克服当前存在的忽视专业培养规模的倾向，重视做好专业、系部、人才培养规模的设计和调整，使系部专业的人才培养规模与学校资源保持最佳匹配，保持较为合理的生员比、生师比、专业班级规模与办学设施可承载力比，才能实现较好的办学效益。为此，要把系部、专业、办学规模调整作为资源整合的重要环节,在学校办学整体规模一定的情况下,实现校内、系部、专业办学规模的合理有效配置。在确保高职教育办学主体、人才培养质量的情况下,还要根据学校现有资源状况,通过对成教、远程教育、高自考、短期培训等办学形式、结构的调整,最大限度地利用学校资源,以取得最佳的办学效益。

校园文化资源整合,包括校园精神文化资源、制度文化资源、行为文化资源、物质文化资源的整合。

精神文化资源是指学校在长期实践中创造和积淀下来的为师生员工所认同的文化传统、价值观念、道德情感、思维方式、人生态度及政治观念。制度文化资源是指一所学校现有的教学管理、后勤管理、学生管理等制度。行为文化资源是指学校主体所表现出来的文化形态,包括生活方式、行为方式、思维方式及在此基础上形成的校风、班风、教风和学风。物质文化资源是学校文化的外在标志,是校园中具有文化意义、承载文化内涵的物质环境、建筑风格、庭院布置、建筑小品、宣传设施、人文景观及校牌、校徽、校服等文化标识。学校文化资源的扬弃、优化配置及发展对实现学院的人才培养目标和办学目标、提高办学效益具有不可替代的作用,也是加强内涵管理、提高教学质量、实现学校健康、持续、协调发展的有效途径。当前高职院校尤其应把制度整合特别是教学运行机制、激励机制、约束机制的建设和办学精神、办学理念、校风校纪的提炼作为重点。

信息资源整合的目标是要构建数字化校园,包括校园的数字化和校园虚拟化。它对于降低办学成本,提高教学质量,推动学校发展具有重要意义。信息资源配置的主要内容是通过开放型、共享型、标准化的信息活动平台为基础,建设具有网络平台、资源平台、管理平台三层架构的信息数据库,实现教育信息资源的共享和充分利用。

智力资本整合往往是目前被忽视的环节。智力资源主要是教育教学、科技开发、科学管理等创意、建议、策划的开发和整合利用,实质是"点子"和"智谋"的整合。知识经济时代,点子、智慧就是资本,整合智慧也是生产力。另外,应该重视社会网络资本的整合,社会网络资本是一种重要的资源,良好的社会网络资本也是生产力,社会网络资本整合包括学校教职工与校友、朋友、老同事、老战友、老乡、亲戚关系的整合和开发利用,通过整合形成有利于学校发展的社会支持网络,对学校的招生就业推荐、校企合作、产学研一体化构建都具有重要意义。

（三）资源整合的对策

1. 更新观念，牢固树立资源整合理念。现在高职院校一个突出问题就是高职院校领导层和广大教职工仍拘泥于计划经济的束缚，缺少甚至缺乏资源整合的意识和理念，这是影响资源整合和内涵发展的重要原因。为此，应进行教育教学管理理念的革命，使广大教职工认识到，学校要根据自身所能利用的有形无形资源，履行教育教学职能，发展竞争力。

学校的资源投入及建设是发展，资源的有效整合和充分利用也是发展，资源整合力也是发展力。通过教育及观念更新，重点要增强两种意识：首先，树立资源的稀缺性意识，从而增强对资源整合重要性的认识和紧迫感。资源具有稀缺性，所谓稀缺性并不是指资源在绝对数量上的多寡，而是相对于人们不断上升的需要来说，满足这些需要的即有用的资源是相对不足的。同时，在既定技术条件下，可利用资源是相对不足的。从高职院校目前发展实际看，由于技能型人才培养办学成本较高，资源的稀缺性相对于本科院校来说更加突出，这是影响高职教育提高质量的一个重要问题。在政府财政增加投入的同时，高职院校必须加强教育教学资源的整合，解决好资源配置不合理问题，合理高效使用所能利用的教育教学资源，促进教学质量和办学水平的提高。

其次，要增强资源整合是管理的重要内容及着力点的意识，提高资源整合的自觉性。教育教学管理的实质就是通过管理手段来科学组织、合理协调各种教育教学资源，通过有效配置，发挥各种资源的作用，取得最佳教育教学效果，以达到帕累托最优。高校资源配置最优化应是当前高职院校加强管理的一个战略目标，尤其是在近几年高职教育规模迅速扩大，资源相对不足的情况下，更应该把资源整合和充分利用作为加强管理的重要内涵，牢固树立整合也是发展的理念。现代大学校长不能再把眼光仅仅盯在日常事务上，而要在更高层面上做好资源的调配者、制度的设计者。同时，应开展和加强对广大教职工资源整合理念的宣传教育，通过资源整合理念的确立和强化，促进高职院校的资源管理，提高高职院校内涵管理的整体能力和水平。

2. 加强调查研究，做好学校资源配置的自我诊断。正确的决策建立在调查研究、弄清情况的基础上。自我诊断是资源整合、目标和策略制定的依据，只有摸清学校发展具有校内优势资源、校外优势资源、潜在优势资源，摸清资源配置存在的问题和浪费现象，摸清薄弱环节和存在问题的原因，才能制定出科学的诊断方案，对症下药。要搞好自我诊断，首先必须组织有关管理人员及教职工进行资源和资源整合有关知识的学习，提高认识，这是做好自我诊断的前提。其次，要制定资源配置自我诊断的具体内容，明确资源配置自我诊断的任务。第三，要制定资源配置自我诊断的方案及工具。通过设计调查问卷、访谈、查资料、提纲等方式形成资源配置自我诊断的工具系统。第四，要全面系统地进行调查研究。通过问卷、调查、座谈、访谈、随机听课、借助外脑等方式帮助诊断，在广泛调查研究的基础上，对资源配置情况进行具体分析，在此基础上撰写资源整合自我诊断报告，制定整合方案。自我诊断应作为学校的常规性工作，因为学校资源建设和发展是不断变化的，需要不断诊断。学校资源的自我诊断是一个不断分析判断、调整发展思路的过程，应以变应变。要把大规模、全方位资源诊断和日常工作中资源整合诊断结合起来，作为一项常规性工作。

  3. 要研究创新资源整合办法。资源的优化配置和高效运用是加强资源管理的目的。资源整合有很多方法：一是资源结构优化法。资源结构是指资源系统各层面各要素的组成形式及其关系，资源的结构决定其功能发挥状况。物质配置结构决定着物质功能的整体发挥和利用状况。专业课程结构决定着人才培养目标和人才培养质量。因此要把结构重组和资源优化配置作为资源整合的重要方法。二是组织再造法。所谓组织再造就是按一定理念、目标和需要对组织观念、模式、制度和运行方式进行改造和重组，根据需要对组织体系进行重新设计，这是进行资源整合提高软实力的重要途径。应按照有利于提高管理效率，激活管理活力，适应市场快速变化，调动和发挥学校管理层和系部管理层的积极性，遵循系统性、目标统一性、资源熟练工作、有效小组学习等原则，也可以学习引进企业组织层次扁平化、组织结构矩阵化、组织权力分散化、组织管理知识化等创新成果，进行组织设计创新。三是总结提炼法。

  文化资源的整合通常采用总结提炼法。如学校的育人理念需要在一定积淀的基础上进行提炼。如清华大学的"自强不息，厚德载物"，北师大的"学为人师，行为世范"对于树立清华大学、北京师范大学的特色品牌和育人导向具有难以估量的价值。四是目标管理法。资源整合可以应用现代目标管理法，在自我诊断的基础上，制定资源整合总目标和子目标，建立资源整合目标体系，制定目标实施的阶段性规划和具体措施，实行目标管理。五是资产置换变现法。对于校园土地和闲置固定资产，可以通过市场运作进行置换变现，以保值增值。六是资源共享法。对一些固定资产如教学仪器设备和信息资源，通过建立共同使用平台，实现校际、校内、社会的共享共用。七是智力智慧资本化法。通过对点子、策划、创意、科研成果、专利评估，提效入股，实现科研成果的转化，建立智力资本、实物资本混合一体的股份制实习实训基地、股份制科研企业，发展校办产业，进行高职教育智力资本的整合。

4. 改革管理体制，建立资源整合长效机制。要加强高职院校资源整合，必须将其作为高职院校党委和校长的重要职责，提高资源整合能力也是高职院校长新时期执政能力建设的重要内涵。同时，需要把学校各级管理人员资源整合的职责履行情况作为政绩和年度考核的重要内容，建立起资源整合的奖惩激励约束体制。同时，也应该建立精干高效的资源整合专门机构和资源整合组织体系，实行专门人员和兼职人员相结合，日常工作与资源整合相结合，建立资源整合的考核标准和制度，使资源考核经常化、规范化、科学化、法制化。

关于加强高职院校教师队伍建设的几点思考

一、加强师德建设，树立教师良好的人格形象

教师是人类灵魂的工程师，也是社会主义精神文明建设的重要生力军。教师良好的师德和人格形象是学生学习榜样和人格示范。教师师德的高下，将对一代甚至几代人才的成长产生直接的影响。师德，包括教师的职业道德、职业精神、思想观念、道德品质等属于意识形态领域的诸多内容。合格的高校教师不但应具有科学的人生观、世界观、价值观，为祖国高等教育事业无私奉献的敬业精神，良好的职业道德和健康的心理素质，还要努力拥有新时代所推崇的新思想、新观念及具有时代特点的先进的道德意识。值得注意的是，一个时期以来，师德成为一些高校教师队伍建设的薄弱环节，有许多不尽如人意的地方。如，受市场经济的负面作用和社会上一些不良风气影响，部分教师思想境界不高，对高等教育事业缺乏应有的责任感、事业心、自豪感，职业情感淡漠；在学术上则表现为急功近利、作风浮躁，存在着不正学风，甚至违背职业道德等。

在师德建设上，高职院校（以下简称高职）要以"三个代表"为指导，牢固树立"师德兴则教育兴，教育兴则民族兴"的观念。在具体实施中，首先要有培养计划和方案，把师德培养纳入师资队伍建设计划，对全体教师进行培养。对新上岗的教师应举行一定时间的师德培训，以社会主义市场经济条件下师德要求和师德规范为切入点进行师德教育，同时实行导师制，配备带教老师，把师德教育寓于教师业务培养之中。其次，要建立健全师德制度，明确教师道德规范和要求。如学校师德建设工作条例、师德建设实施细则、教师道德文明规范、教师育人准则、师德公约等。第三，建立奖罚机制。对师德优秀的教师应给予表彰和奖励，增强其荣誉感，并与晋级、评聘、职称

评审挂钩。同时，对违反师德要求的人和事要进行正面的批评教育。第四，建立学校、社会师德监督机制，形成督促师德建设的良好校园环境和社会环境。组织由领导、教师、退休教师参加的师德监督检查小组，设立"师德信箱"，鼓励学生对教师师德进行评价；建立师德监督网站，通过社会媒体等各种渠道，对教师师德起示范和警戒作用，不断鼓励教师自我加压，严格自律，提高教师的师德修养。此外，高职教师要以超前的思想，紧跟时代发展步伐，不断更新思想、观念，用现代的精神充实思想，完善道德，修养品质。

二、适应高职发展需要，树立全新的师资队伍建设观念

近年来，高职快速发展，对高校教师队伍的培养提出了新的要求，师资队伍建设遇到了新的问题和挑战。在高职教育的改革发展中，"更新观念是先导"，师资队伍建设同样需要树立全新的观念。

（一）要树立以人为本的观念。

高职师资管理要由传统的以事为中心的人事管理转向以人为中心的人才资源开发，由单纯的管理控制职能转向教师资源的开发、保障和利用。教师管理模式、机制和方法的改革要有利于优秀毕业生的接收和优秀人才的引进，有利于教师潜能的充分发挥，有利于教师资源的优化配置，有利于教师队伍的合理流动。

（二）要树立师资培养以教学为本的观念。

高职的中心工作是教学，教师是教学的主要实施者。高职的师资队伍培养要围绕教学来进行，以提高教学质量为出发点和归宿。为此，师资培养计划和内容都应以提高教师的教学水平为目的来制定和组织、实施。要改变多年来重学历提高、忽视教学岗位职能培养和实践技能训练的现状，既要重视专业水平的提高，更要重视教学水平的提高，致力于培养教学大师。

（三）要树立开放式师资队伍培养观念。

面对当前科学技术的飞速发展和知识经济时代的到来，高职教育要想在专业建设上尽量占据领先地位，在教学内容更新和教学方法、手段的改进方面跟上现代教育先进技术，在产学合作办学方面大显身手，就必须坚持开放性办学，开放性建设师资队伍，多为教师提供外出进修、参加学术会议的机会，多提供去国内一流大学和知名企业学习、参观的机会，让教师最大限度

获取前沿知识、获取教学方法和经验,提高培养质量和效益。

(四)要树立公平竞争意识,建立与完善激励和约束机制。

在当今世界范围内,知识经济的挑战,市场经济的巨大冲击,人才培养的高层次要求,迫使高职教师去占领科技的制高点,教师只有努力提高自身的业务素质,增强教学、实践、科研的本领,才能跟上形势的需要。教师如果没有竞争意识,教育、教学的质量就上不去。开展竞争的根本目的在于发挥教师个人特长,促使教学、实践和科研上档次、上水平,提高教师队伍的整体水平。

三、重视校本培训,着力提高教师信息技术和现代教育技术的应用能力

校外进修对开阔视野、开展学术交流、提高教师素质固然重要。但在师训经费有限、工学发生矛盾的情形下,必须在坚持派出去的同时,立足校内开展教师校本培训与开发。

(一)坚持在校内教学实践中培养开发教师资源。

如青年教师导师制、青年教师课堂教学大奖赛、职称评聘与聘后管理的教学与科研考核、教学名师评比、教学岗位设置、校内青年教师岗前培训、同行交流观摩与互评等途径。

(二)请进来与走出去相结合。

请进来如为提高中青年教师学历达标,可争取设点,与有关大学合办"以毕业研究生同等学力申请硕士学位教师进修班",又如请国内知名大学的专家、教授来校讲学,要求中青年教师与其进行交流等。

与此同时,要高度重视教师信息技术和现代教育技术的应用能力,这是信息时代对教师成长发展的必然要求。在信息社会里,教育的一项重要任务就是应使每个受教育者能够快速、有效地利用信息,使其具备收集、选择、整理、管理和使用信息的能力。信息技术将带来教育新技术的广泛应用,随之还将带来教学方法、教学过程和教学资料等多方面的变化,并以此提高教学效果,引发教育教学领域产生深刻变革。教师作为新知识的传授者,必须主动适应信息社会教育给自身工作带来的变化。只有教师熟悉并了解了信息知识,掌握了信息应用能力,他们才能了解本专业、本学科国际发展动态,

不断更新自己的知识，在教学改革中更主动、更有效地发挥作用。

与信息应用能力紧密联系的是对现代教育技术的掌握和应用能力。随着现代科学技术的发展，教育技术和手段不断更新，教学中广泛使用高科技教学手段，掌握和应用现代教育技术已经成为当今高校教师一项基本功。因此，要把现代教育技术培养作为师资队伍培养的重要内容。

为此，高职在师资队伍建设中要有计划、大面积对教师的信息应用和现代教育技术知识与能力进行培训，充分利用校园网、现代教育技术中心、计算机系的资源，对教师进行分期分批的培训，同时在政策上提出要求，鼓励和督促教师掌握教育、信息技术，把信息新技术变成教学内容和教学实践的真正工具和手段。

四、要千方百计造就一支高素质的"双师型"教师队伍

从学历上看，目前大部分高职院校是由部分高专、职业大学、成人高校和少数中专转型或合并组建而成，其教师的学历水平与《教师法》要求全部达到本科学历的任职资格相比，存在较大差距。从知识结构上看，相当一部分高职院校理论教师偏多，实习指导教师不足。据最近北京高职教育教学质量检查组对北京地区14所高职办学点的项调查统计资料表明：教师中平均只有25.75的人获得职业资格证书，下工厂实践过的仅占23.9。教师的动手能力不强，高职教育以能力为本位的原则很难得到真正有效的落实。不仅如此，专业教师和兼职教师也较少。而高职教育本身的特征决定了高职院校必须建立一支具有丰富实践经验、专兼结合的"双师型"教师队伍。引进或聘用来自企业和生产第一线的高级技术人员或高级管理人员担任专兼职教师是提高高职院校整体师资质量的有效途径。

因此，在专业教师队伍建设方面，一要鼓励教师多深入工矿企业调查研究，采用岗位培训、下厂锻炼、挂职顶岗、跟班研讨、导师带徒等方式，定期派专职教师到社会第一线了解生产设备、工艺技术和科技信息。同时与企业结合，进行开发、服务，积累实训教学需要的技能和实践经验。二要通过"项目开发"等活动，促进理论教师得到实践锻炼，使教师由单一教学型向教学、科研、生产实践一体化的"一专多能"型人才转变。在国外，对于高职教师资格要求是严格的，教师除了要有较高学位（博士生、研究生）外，还必须有相应的专业技术职称。我国高职教育要与国际接轨，就必须疏通渠道，

争取并鼓励教师参加本系统、本行业技术职务的评审，并从时间上、财力上积极支持他们参加全国统一开考的各种专业技术职务资格考试，让更多的教师能够取得相应专业技术职称。

在兼职教师队伍建设方面，要抓住产业结构调整和企业兼并重组的有利时机，积极从企业引进一些专业基础扎实，有丰富实践经验或操作技能，而且熟习本地区、本单位情况、具备教师基本条件的专业技术人员和管理人员来校担任兼职教师或实习指导教师。选聘优秀技术管理人员来校任教，优化整体结构，加大实习指导教师比重，提高"双师型"教师的比例。更重要的是，他们的参与将对在校专职教师起到"传、帮、带"的作用。当然，这些"教师"由于缺乏系统的教学理论知识，难免出现缺乏教学经验、教学技巧等问题，因此，对他们要进行一定时期的教育教学指导与培训，以提高他们的教学水平。

五、重视科学技术研究，促进教师在产学研结合中成长

高职院校要不要搞科学技术研究，历来都有争议。我们认为高职院校必须重视科学技术研究。开展教学、发展科学、服务社会，不仅是普通本科院校的任务，也应该是高职、高专的三大基本任务。在国家大力推进教育创新、科技创新的新形势下，高职院校理应使科研走在教学的前面，把科研与教学有机结合起来，才能提高教师的学术水平，教学内容才能不断更新，也才能培养高质量的应用型、创造性人才，更好地服务社会。西方发达国家的高等职业技术教育的经验和湖南柳州职业技术学院产学研结合的成功已经雄辩地证明了这一点。高职教育是与经济建设和社会发展关系最直接、最密切的一类教育，担负着为经济发展和社会进步培养一线生产、建设、管理、服务所需要的高级技术应用人才，和把科学技术研究的新成果及时转化为现实生产力的重任，如果缺乏创新精神和创造能力，就不能高质量地完成这一关键性任务。因此，高职院校的办学职能和培养目标，客观要求我们在重视教学培养人才的同时，必须把科学技术研究放在重要位置，通过应用技术研究与开发、技术服务，帮助解决企业技术难题、改进工艺设备、生产流程。只有这样高职教育才能赢得企业的支持，形成校企互动发展，促进产学研结合向高层次迈进。

要培养学生具有将设计、方案、图纸转化为产品，为社会创造物质财富

的能力，就需要教师到生产建设一线去寻找课题，帮助企业解决生产过程中的技术问题，通过科研这根纽带把产学双方更紧密地联系在一起，这是高职教育发展的必由之路。地处我国西北的杨凌职业技术学院，积极面向"三农"，改革人才培养模式，与西北农村共建"杨凌产学研基地"要求教师进行"科技包村"，学院设立科研基金，重点支持实践教学中的技术难题攻关，促进新技术、新成果转化孵化省级重大、重点科研项目，努力提高教师的学术水平和科研能力。广大教师在参与产学研基地建设的工作中，了解了农村的生产需求，熟悉了生产环节，掌握了生产一线的动态和发展趋势，科研能力迅速提高，培养了一大批"双师型"教师，这些积极的探索确实值得学习和借鉴。

五 教学改革与素质教育篇

深化高职教学改革
全面提高教学质量

《世界高等教育大会宣言》明确指出：21世纪是更加注重质量的世纪，由数量向质量的转移，标志着一个时代的结束和另一个时代的开始，重视质量是一个时代的命题，谁轻视质量谁将为此付出沉重的代价。连年的高校扩招。一方面最大限度地满足了国民接受高等教育的强烈愿望，大大缩短了我国进入高等教育大众化发展阶段的历史进程；另一方面，规模超速扩张也制约了高校教学质量的提高。当前高职院校面临的这一问题尤为突出，迫使我们思考在现有的条件下如何通过教学改革进一步提高教学质量。以促进高职教育可持续发展。

一、进一步统一思想，提高认识，增强提高教学质量的紧迫感、责任感

（一）提高教学质量是学院发展永恒的主题

人才培养质量是高等学校的生命线，提高教学质量是确保人才培养质量的关键，是教学工作永恒的主题，也是学院发展永恒的主题。教学质量是教学过程各个环节质量的总和，课堂教学质量和实践性环节的教学质量都需要进一步提高。目前，学生报考大学，选择余地很大。以职业技术学院为例，安徽省有50多家，学生了解学校，不仅从招生广告、从网上，而且实地查看学校，询问教学情况，就业情况。如果没有良好的教育环境，没有较高的毕业生就业率，没有过硬的人才培养质量，要想在生源竞争日趋激烈的职业技术院校中生存、发展是不可想象的。高职院校要生存和发展，很大程度取决于自身的教学模式、教学手段、教学质量、学生的数量和质量。因此，我们要反复强调，教学工作是学校一切工作的中心，提高教学质量是高职院校发展永恒的主题，这个思想要长期地贯穿到各项工作中去。

（二）必须坚持规模扩张和提高质量并举，特别要重视教学质量的提高

在高等教育实现由"精英教育"向大众教育转移的过渡时期，数量上的扩张带来质量上的变化。扩招带来的教育教学质量方面的问题主要表现在教师数量明显不足，素质亟待提高，实验设备难以满足实验教学的需要等。随着学规模的扩大，如何处理好"规模、质量、结构、效益"协调展的关系，特别是如何保证并稳步提高教育教学质量，已摆到了我们的面前。因此，我们在坚持规模扩张的同时。着力抓好教学质量的提高。要提高教学质量，就必须进步深化改革，用发展来解决发展中遇到的问题。增加教学投入，将更多的经费投入到"重点专业"、"重点课程"、"师资培训"和实习实训基地建设上来，切实解决教学工作中突出的重点、难点问题。

二、坚持以服务为宗旨，以就业为导向，努力推进教育观念的根本转变

一要进一步树立以就业为导向的观念。就业是民生之本。事关人民群众的切身利益，要按市场需要办学，按市场要求育人。按市场需求开设专业，按就业岗位组建课程体系。按市场需要组织教学，课程设置要考虑岗位需求。并进一步改革教学模式，着眼于培养学生的就业能力。打造面向市场的核心竞争力。

二要树立科学的质量观念。高职教育的主要任务是培养具有良好职业道德和实践能力的高技能人才。这类人才既要动脑，更要动手，经过实践锻炼能够在工作中迅速成为高技能人才，成为国家建设不可或缺的重要力量。应该认识到，不同类型、不同层次的学校都能办出一流的教育，所谓一流教育，主要体现在先进办学理念，先进的管理与服务，优质办学条件和培养出高质量人才上。最根本的标准是要培养出国家需要和受社会欢迎的人才。只有培养的人才受社会欢迎，质量高，才能在激烈的社会竞争中立于不败之地，才能获得学生承认，家长承认，社会承认，才能声誉良好，生源充足。

三要进一步树立以人为本的观念。以人为本是科学发展观的本质特征。教育以人为本，就是学院发展坚持以人为本，办学以教师为本，教学以学生为本。以学生为本就是以学生为中心，围绕学生开展教学，一切为了学生，为了学生的一切。要尊重学生人格，尊重学生的学习与创新，提倡学生以创造性、研究性方式学习；以教师为本，就是实施人才强校战略，形成好的舆

论环境,建立好的激励机制,构建好的事业平台。培植好的专业团队。最大限度地调动教师工作学习的积极性。

三、深化教学改革,提高教学质量

以满足市场需求和岗位需要为目标,深化教学改革,构建科学的教学体系。是保证应用性人才培养质量的关键。

首先要瞄准市场需求,进一步调整优化专业结构。社会是发展的,市场需求是变化的,必须不断调整专业结构,才能不断满足社会需要和社会发展的要求。要确立以需求第一、适时调向、主干辐射、以点带面的专业建设的原则,不断增加社会急需的新专业,改造落后的旧专业,取消没有市场的老专业,使新旧专业相辅相成,合理搭配。一是每年都要组织市场调研,二是要组织专业建设指导委员会,对调研结果分析论证,以此作为确定专业调整和设置的重要证据。三是要考虑学校的师资情况和旧专业的基础情况,使新旧专业合理搭配,灵活转换,有利于打造精品专业,培育长线专业,发展短线专业,力争每年增加若干社会急需专业。

其次要深入进行课程体系改革。课程体系改革要对准岗位设课程,体现职业的针对性、先进性和科学性,使之符合学生知识、能力、素质培养的要求。要学习先进职业院校课程体系改革的经验,组织到相关行业、企事业单位实地考察职业岗位需要。发挥专业建设委员会的作用,组织院内外专业建设委员会的专家学者对课程体系改革进行论证。通过这些工作,有计划地对一些专业课程体系进行改革,使之不断优化,使各专业课程贴近职业岗位、贴近实际。

第三、要加强重点专业、精品课程和教材建设。要巩固发展重点专业和精品课程建设的成果,制定重点专业、精品课程建设的中长期规划,按计划组织好建设。重点专业和精品课程建设要高标准、高起点、严要求。要建立完善的精品课程建设验收制度,规范精品课程管理。要积极申办国家级、省级改革试点专业,争取在明年内再有一到两个专业并入国家紧缺人才培养基地行列,争取两三个专业被审批为国家级或省级试点改革专业,争取有两三个课程被评为国家级或省级精品课程,通过几年努力,形成国家级、省级、院级三级相结合的重点专业群和一批特色鲜明的精品课程。要结合专业调整,加快教材的更新换代。采取引进与自编相结合的办法,优化教材体系。尽量采用国家与有关部委组织编写的高职高专教材，特别注意运用获奖教材和能反映现代技术发展水平，特色鲜明，并能满足高职教学要求的教材。要设立教材建设专项经费，制订鼓励自编教材和讲义的激励政策，定期开展评选优秀教材的活动。建立科学的教材编写、评价和选用审批制度，以此保证自编教材和讲义的质量。

第四，要构建教学质量的保障和监控体系。教学质量保障体系是一个系统工程，它包括教学质量的指挥系统、教学质量的信息收集、教学质量的信息处理、教学质量评估与诊断以及教学质量的信息反馈等。要改革现有的教育教学管理模式，构建科学的三级教学管理质量组织保障体系，赋予系部更多的自主权，进一步明确各系部和教研室的责权利，使之紧密结合，充分发挥各系部、各教研室的主动性、积极性、创造性，发挥系部的教学组织运行、教学监控、人才培养质量保障作用，发挥教研室的教学组织和保证教学质量的基础性作用。进一步完善教师的业务考核，教学质量评估和教学工作督导制度，建立起科学的教学质量考核评价、监督和运行机制，把教学质量与教学管理责任者的岗位津贴，与晋职、晋级、聘用紧密挂钩，最大限度地调度广大教师和教学管理者的积极性。

第五、完善现代教育技术平台，为广泛使用现代化教学手段提供技术支撑。要进一步增加投入，完善校园网，增加多媒体教室，继续推进数字化图书馆建设，构筑较完善的现代教育技术平台；另一方面，要改革现代教育技术设施的管理体制，理顺关系，建立制度，强化管理，提高现代教育技术设施的完好率，降低事故率，使资源最大限度地共享。制订管理考核办法，对教育技术设施的完好率、事故率和使用率进行检查，把"三率"与管理单位的岗位津贴挂钩。同时继续开展多媒体教学技术培训，制定完善鼓励教师使用多媒体技术进行教学的政策，把课件使用与课程评估挂钩，广泛运用现代教育技术，促进教学质量的提高。

四、推进素质教育，注重全面提高学生的综合素质

加强素质教育，提高学生的综合素质，是教学改革的重要目标。只有主动适应社会经济对高职教育的需要，全面推进素质教育，使我们培养的人才，有良好的职业道德，能够爱岗敬业、踏实肯干、谦虚好学、善于合作，又有较高的专业技能和创新能力，才能受到社会的广泛欢迎，才有良好自9社会

信誉。

目前，生源整体质量不理想，给教育工作增加了难度，也对我们推进素质教育带来了新的课题。我们必须正视目前的问题，把素质教育摆上重要位置，将素质教育贯穿教学工作始终。为此，要树立素质教育观念，自觉担起教书育人的天职，不仅要传授文化、培养技能，还要着眼于教学生学会学习、学会做人、学会做事、学会生活，学会创造。高度重视学生的理想教育，使广大学生树立理想、树立立志成才的志气，增强学习的内在动力。同时把学生的思想道德教育、创新创业教育、就业教育、文明礼貌教育、心理健康教育、正确恋爱观教育、正确的世界观教育渗透到日常教学工作中去。要增设选修课，加强人文素质教育；积极开展第二课堂活动，拓宽知识面；积极组织课外活动，提高文化品位，鼓励一专多能，广泛开展各种学习技能及创业大赛；在教学方法上因材施教，推行分层次教学，鼓励个性发展。

五、实施产学合作教育，加快产学研一体化进程

产学研结合是培养高等技术应用型专门人才的基本途径，也是高校发展的必由之路，加快产学合作，一是建立产学结合的组织机构，建立产学研结合的体制和运行机制二是改革院内实习基地的管理体制，建立统管与专管相结合的实习实训基地管理组织体系和制度体系，使之职责明确，界限清楚，关系顺畅，运转高效，为实践教学提供优质服务。三是制定产学结合的激励办法，鼓励实习工厂、实验室面间社会进行生产经营和技术服务，在保证实践教学的同时，也同时创造收入，提高效益；四是继续加强校内外实习基地建设的投入。特别要重点建立起现代制造技术实训中心、医疗护理技术实训中心、计算机多媒体实训中心、建筑技术实训中心、服装加工实训中心、并充分利用现代技术，建立实习实训模拟仿真室，建立职教与职业中介一体化模式，把实习、实训与就业紧密结合；五是探索产教结合的教学模式，以强化实践教学，使理论与实践紧密结合。"纸上得来终觉浅，绝知此事要躬行"，踏平坎坷成大道，实践是成长的唯一途径。要把理论教学、专业教学、实验实习、教学实习与顶岗实践相结合，将部分主修专业课程安排在顶岗实践中进行，选拔技术理论与实践经验丰富的教师带队，聘请现场的工程技术人员为指导老师，把课堂设在现场。同时，组织学生参与学院的科研及生产营销活动。积极探索订单培养争取在订单培养上有新的突破。

六、进一步加强师资队伍建设，确保人才强校战略的实施

建立一支学历结构、职称结构、学缘结构、年龄结构比较合理的"双师型"教师队伍，是高职院校师资队伍建设的共同目标。要逐步增加教师专项培训经费，支持鼓励教师提高学历层次，鼓励教师自学，采取院内与送出培训相结合，加快教师知识更新；制定政策鼓励教师获取职业资格证书，通过挂职、顶岗等方式，送一些教师到企事业单位锻炼，着力增加实践经验；着力加强青年教师培训，完善与严格执行青年教师导师制，建立青年教师合格评估制度，建立青年教师说课制度，促使青年教师尽快胜任工作；继续抓紧做好高学历和有实践经验的技术人才的引进力度，既造血又输血，加速改善教师队伍的结构；严格执行"兼职教授、客座教授、名誉教授管理办法"，规范兼职教师的聘用和管理，改善兼职教师队伍结构，通过不求所有但求所用、借外脑等方式来加强教学工作，提高教学质量；完善教学质量评估办法，定期组织实施，建立评估档案，把教学质量评估结果与年度考核、评优、聘用挂钩，实现奖优罚劣、奖勤罚懒、表彰先进、鞭策后进；认真实施名师工程，开展评选优秀教师、优秀教育工作者评选活动，使之制度化；进一步加强师德师风建设，广泛深入开展师德师风教育，建立师德师风建设的长效机制。

高职院校教学存在的突出问题及对策

一、当前高职院校教学中存在的突出问题

（一）师资队伍建设不能适应高职教育发展的需要。

主要表现在：一是教师工作动力不足。主要原因在于教学管理缺乏真正有效的竞争激励机制。二是学历偏低、结构不合理。大部分高职院校是由部分中专、职业大学、成人高校和少数高专转型或合并组建而成，其教师的学历水平与《教师法》和高职高专院校人才培养工作水平评估标准要求达到的学历任职资格相比，存在较大差距。不仅如此，相当一部分高职院校理论教师偏多，实习指导教师不足。三是教师缺乏实践动手能力。无论是转型、升格、合并组建的高职院校教师，还是刚刚招聘补充的大学毕业生，实践动手能力普遍较弱。据北京高职教育教学质量检查组对北京地区14所高职办学点的调查统计资料表明，教师中平均只有25.75%的人获得了职业资格证书，下工厂实践过的仅占23.9%。教师的动手能力不强，高职教育以能力为本位的原则很难得到真正有效的落实。四是忽视兼职教师的作用。据对全国8省29所高等职业技术学院兼职教师的调查统计得出的结果，兼职教师总数占专职教师总数的14.4%。上述数据，仍然低于教育部在《高职高专教育教学工作优秀学校评价项目的内涵和标准》中所要求的"各专业从企事业单位现职高级技术管理专家中聘请的兼职教师占学校专业课教师的比例≥16%"的标准。

（二）教学方法比较单一，不利于学生创造性思维的发展。

讲授法，在向学生经济有效地传授大量的系统知识方面有不能替代的作用，也是学校教育中最普遍、最常用的教学方法。但是高职教育的根本任务在于要促进学生创造性思维的发展，培养生产、建设、管理、服务所需要的职业技术能力，所以在教学中要注意采用灵活多样的教学方法，如问答、讨

论、读书报告、口头演讲、动手设计、技术训练等。这样能使上课形式生动,学生在锻炼多种能力、训练多种技能的同时,也能积极主动地参与教学,参与社会实践和技术应用与创新。

(三)新专业的设置缺乏有效的调研、论证以及足够的教学条件。

高职院校适时调整和增加专业设置,是正常的和必要的,这不仅是为了适应当代科学技术迅猛发展的需要,也是为了更好地适应市场经济发展的需要。然而,一些高职院校存在着以下问题:一是既没有几名专业教授、副教授做学科带头人,也没有多位骨干教师组成一定规模的师资队伍。二是缺乏必须经过多年专业研究和知识积累才能编写的系统教学大纲、专业教材。三是缺乏与本专业相关的教学设施和实验设备。四是走马观花,蜻蜓点水,"跟着感觉走",所设专业并不一定有广阔发展前景,将来也并非有多大社会需求。五是旧专业换上新包装,"新瓶"装"陈酒",教师还是那几个教师,教材还是老教材,课程设置还是原来的老一套。

(四)课程建设水平较低,学生普遍不满意。

我国的高职教育由于缺乏必要的理论准备和相应的实践经验,课程一直存在着诸多问题。主要有:一是课程内容依然陈旧,不能及时反映"新知识、新技术、新工艺和新方法",学生感受不到经济社会飞速发展的时代信息。许多知识实用性不强,与现代经济、社会生活相脱节,理论过深、过难、容量过大,缺乏相应的职业技能训练内容。

课程内容的整合未能体现以能力为本位的课程观,一定程度上弱化和消解了学生职业能力和动手实践能力的培养。二是过分依赖教材,忽视课程开发。传统教育形成的以教师为中心、以课堂为中心、以教材为中心的课程观念、导致教学部门课程开发意识淡薄,过多地关注如何选教材,教师被动用教材,不善于开发利用校内外课程资源。三是课程结构不合理,忽视实践教学环节,忽视选修课。现在的高职院校仍偏重于理论教学,实践课所占比例达不到教育部规定的40%,虽然人们口头上强调加强实践教学,强调学生动手能力的培养,但是由于师资、设备、基地、学时、资金、管理、协调等常常不到位,实践教学得不到有效落实。由于课程较多,课时紧张,有的学校不开设选修课,有的虽然勉强开设,其实就是几次讲座。四在是课程实施上,理论与实践衔接不够紧密,学生常常顾此失彼,在进行实践操作时忘记了理论知识,一定程度降低了教学实践的效率。尽管教学改革的呼声很高,但实际教学依然如故。

(五)产学研合作办学仍然步履维艰。

主要表现在:一些地方政府对高等职业技术教育的技术支撑作用认识不到位,支持不够,不能为学校提供优惠的政策和足够的财力、物力支持。有的学校仍习惯、热衷于校内实验室模拟操作,为动手而动手,教而不产,更缺乏科研创新的机制和动力;有的学校虽有产学研合作办学的理念,但由于教学改革乏力,课程建设乏术,难以找到产学研合作办学的结合点;还有的学校虽然与企业建立了联系,只是挂几个牌子,派几个教师带一批学生到企业进行浅层次的见习,没有实质性的内容。由于不能全方位、多层次、多形式、脚踏实地、诚心实意地为企业生产和管理出创意、谋设计、搞技改、攻难关、创利润,很难赢得企业花大力气支持学校办学。因此,近年来许多学校反映的学生实习难,许多企业不欢迎,就不难理解了。

(六)"教书"与育人脱节,忽视学生人生观和价值观教育。

教书育人是教学工作一个问题的两个方面,两者相辅相成。但不少教师认为只要把专业知识和技能传授给学生就足够了,至于学生人生观和价值观的教育则是学校的思想教育工作,与教师的教学没有关系。更令人忧虑的是,由于职称、待遇、定位等问题,多年来,许多教师一般不愿担任辅导员。而辅导员本身既有繁重的教学任务、科研任务,又有继续教育和评职称的竞争压力,很少有时间、精力深入学生,了解学生,研究学生,帮助学生。不仅如此,由于市场经济的冲击,人们的人生观、价值观的变化,师生关系也不再像过去那样密切,教书育人严重脱节。有些教师上完课就走人;有些教师上课不认真;有些教师热衷兼职挣大钱。学生在学业追求上得不到认同的楷模与指导,加之课程设置不太合理,教学缺乏魅力,导致他们丧失学习的主动性和自信心。然而我们的教育仍然沿用过去那种非常传统的思维方式和观念教育学生,思想政治工作缺乏针对性、实效性,没有切实为学生的成长和发展发挥应有的作用。

二、高职院校教学改革的基本对策

(一)以科学发展观为指导,促进师资建设的和谐发展。

1. 在师德建设上,对中老年教师师德教育要注意典型示范、引导,对新上岗的教师实行青年教师导师制；建立健全师德制度，明确教师道德规范和要求；树立社会主义荣辱观，建立奖惩机制；对教师的考核评价要充分考虑学生对教师的评价。

2. 在教师入口、选调在职高级专业技术人员问题上，始终坚持专业急需、学历达标、优化结构的原则，实行教师资格制度，建立科学的人才素质测评标准，在引进考核中要注重教学与科研相结合，试讲与专家面谈相结合，专业知识技能与人文素质相结合，现在的成绩与潜在能力相结合，从源头上把住教师质量关。

3. 在教师继续教育问题上，要提高师资队伍建设的科学性、针对性和实效性，做到"三结合"：即外出培训和校本培训相结合；阶段性、功利性的学历教育和终身教育、教师持续发展相结合；更新知识和培养教学能力、实践技能相结合。

4. 在"双师"素质教师队伍建设问题上，应该充分发挥校内实验、实训场地的作用，鼓励教师进入实验室、实训场地多参加实践；采取激励和约束双管齐下的对策。对不同年龄段的专业教师，提出不同的专业技能要求，鼓励教师通过多种途径获取相应的职业资格证书；加强校企合作，积极开展产、学、研究活动。有计划地安排教师到企业、社会进行短期实践，或参加技术革新、技术开发、课题研究，切实提高教师的专业实践能力；优化教师结构，聘请部分企事业单位的技术、管理骨干担任兼职或专业教师，并加强对兼职教师的管理。

（二）以市场需求和学生就业为导向开发新专业。

市场经济的发展要求高职教育必须与社会、企业保持密切的联系。社会和企业最能说明需要学什么，而学校又最了解自己能提供什么。只有立足为地方经济和社会发展服务，以市场需求为导向，根据产业结构调整和社会发展的需要及自身教学设施、设备、师资等教育资源情况，及时开发新专业、改造旧专业，办学才能充满生机和活力。因此，必须以市场需要不需要学生、能否就业、就业后能不能获得持续发展为标准，开动脑筋、集思广益；充分发挥教研室的作用，广泛听取教师和学生的意见，把专业建设建立在充分利用现有教育资源、实现学院可持续发展、人才市场的广泛调查、反复论证科学预测的基础上，改造旧专业，开发新专业。

（三）以职业能力为本位，重构课程体系，推进课程建设。

课程体系的构建和教学内容的改革是实现人才培养模式的落脚点，也是高职教学改革的重点和难点。按照高职人才培养的目标和"实际、实用、实践"的原则，以理论知识的运用和实践能力培养为重点整合和更新教学内容。按照能力模块的设计，将相关学科和课程的内容进行重组，构建新的课程体系和教学内容。

课程内容要能够及时反映新知识、新技术、新工艺、新方法，跟上社会经济发展的步伐。突出专业课程的应用性，根据不同专业的特点，合理分配理论教学与实践教学的比例，加强实践教学环节，增强实践教学的针对性、实效性，真正体现高职教育办学特色。

经过几年的摸索，笔者认为，课程体系应该是以实践教学（职业资格证书）为核心的"模块式"体系；教学模式应该是以培养职业岗位能力为主的教学模式；课程改革应该是以理论密切联系实践的"一体化"教学方式。教学改革的基本思路应该是：（1）要建立一条主线，即以职业岗位能力要求为主线。（2）做好两个结合，即理论与实践相结合，学校与企业、行业相结合。（3）构建三大平台，即文化基础平台、专业基础平台、职业技术平台。（4）适应四个要求：教师的"双师素质"要求、以学生为主体的教学形式要求、以实践技能考核为主的考试形式要求；职业证书与学历证书并重的要求。

（四）按照高职教育特色和教学规律，不断创新教学方法。

教学中应该注意：（1）实施启发式、探究式、交互式、导学式、讨论式的多种形式教学。要充分发挥学生的主体作用，把着力点放在如何启发与引导学生更好地学、做，注重"授之以渔"，教给学生学习方法，养成学生自主学习、探究学习、合作学习、终身学习的良好习惯。专业课教学要注重运用案例教学、现场教学、讲练结合等，理论与实践相结合，培养学生在"学中做"，在"做中悟"，在悟中创造的意识和实践能力。（2）因材施教。要根据近年来学生水平差距较大的实际和学生个性发展的要求，对英语、数学等基础课程和一些专业课实行分层教学，促进学生循序渐进有效地学习，允许学生对任课教师进行选择，以增强教师的忧患意识，促进提高自身素质和教学水平。（3）加强对现代教学手段应用与普及的引导。一方面，我们要加大现代教学设备的投入，竭力为教师运用现代教育技术提供良好的教学条件；另一方面，要通过优质课评比、多媒体课件评比等措施引导教师积极采用投影、幻灯、录像、CAI等现代教育技术进行教学，提高教学质量。

（五）用科学发展观促进教学管理制度化，教学制度科学化。

这里要把握的几点是：（1）制定和完善教师教学考核评价体系，坚持全面、全程、动态地检查和评价。改变教师课时津贴不与教学质量挂钩的传统做法,增强教师竞争意识。考核评价不仅仅限于对教师课堂教学,还包括工作纪律、实践教学、教学活动、研究成果、学生评教等方面。(2)建立竞争激励机制,最大限度地调动教师的教学主动性、积极性和创造性。在公开、公正、全面、动态考核评价的基础上,要将考核评价结果与岗位津贴、职务聘任挂钩,打破平均主义,多劳多得,重视优质优酬,让那些敬业爱岗、精益求精、富有创造性、教学效果好的教师得到实实在在的好处。通过竞争上岗对教师优胜劣汰。(3)准确把握高职教育特点,改革考试制度。考试不仅考核学生对本课程知识的掌握程度,还要考查学生的独立理解和实际动手能力,考查出学生的优势和长处。把考试当做学生表现自我、展示自我的机会,考出知识、考出能力、考出优势和特长。要增强考试的选择性和多样性,减少试卷的强制性,增强考试的个性,考试方法可以采取闭卷、开卷、口试、习作、实验、现场演示、技术比武、模拟训练、动手操作、产品制作、论文等,特别是技术性强的课程,要适当提高成绩的比例,以促进学生技能的训练。有条件的专业如营销还可以采取实际工作岗位考核的办法。(4)大胆探索,试行学生选课制,督促教师改善教学质量。教师教学效果的好坏,学生最有发言权,怎样督促教师提高教学质量,没有比学生评价更好的方法。因此,可以开展选课制度,让学生来选择教师。

(六)以就业为导向,创新实践教学,让学生在"学中做"、"做中学"。

要从以下几方面着手建设:(1)各专业课的教学计划中,实践环节要占40%以上。实践环节包括实验实训、实习等几大方面,内容有大型综合练习、课程设计、模拟操作、社会调查等,这些实践教学环节应贯穿于常规教学之中,要按照教育部的要求,开足实践课,保证学生有充足的时间,按照职业岗位的要求真刀真枪地操作、训练。(2)坚持"做学"结合,突出学生专业基本技能的培养。要培养学生过硬的职业能力,为"零距离"上岗奠定基础,就要突出学生基本技能的培养,就要坚持在实践教学环节中让学生做到"做学统一",即以做(实践)带学,在"学"的过程中强调"做",通过"做"达到提高学生基本技能的目的。在实践教学中要减少演示性、验证性实验,增加工艺性、解剖性、综合性实验,实验设计、材料选用、实际操作、测试数据处理和结果分析,均可由学生独立进行。同时要注重专业实训与职业考证相结合,毕业设计与课题研究、技术开发、技术服务相结合,专业理论教学与专题培训相结合，专业技能考核与培养学生个性特长相结合，努力培养学生的应用思维、就业能力和创业能力。（3）加强校内实验实训基地建设，为实验实训创造良好的教学条件。目前很多高职院校的办学经费还比较紧张，必须坚持以教学为主的指导思想，通过多方筹措，每年投入一定的经费，按照统筹规划的原则，按照专业建设、课程建设的实际需要，新建和完善实验室。针对已经建成的校内实训基地普遍存在的管理薄弱，资源利用率低的问题，应着力解决人员问题、制度建设问题和动态管理问题，使现有设施设备，最大限度地发挥它的作用，让学生在实际操作训练中练出真正的技术。（4）要积极开发校外实践教学基地，稳定现有基地，按照计划分期、分批派学生到对应的企业、行业实习。

（七）坚持探索校企合作办学之路，进一步优化办学模式。

产学结合是高职教育发展的必由之路，也是培养高等技术应用型人才的基本途径。一些高职院校在这方面进行了宝贵的探索，取得了许多有益的经验，但是，必须看到，多数高职院校产学研结合的推进仍然面临诸多困难，东西部发展极不平衡，差距较大。如何扎实有效地推进，需要政府、企业和学校三方的共同努力。我们认为，政府的主导作用和有效支持不可缺少，学校也必须想方设法与相关企业建立良性发展的双赢互动机制，积极为企事业单位承担课题研究，搞好文化设计，探讨管理模式，开展技术服务和职工培训，派教师到生产一线锻炼，了解现代企业的新工艺、新方法，开阔教育视野，丰富教学内容，培养实践能力，让学生在真实的劳动情境中增长知识、培养技能，激发创造力。与此同时，我们要充分发挥新建实习车间的作用，积极探索和建立市场运作机制，不仅要获得一定的经济效益，促进校办企业的健康发展，更重要的还要为学生实践活动提高教学场所，培养学生的动手能力，这是我们当前面临的最紧迫的任务之一。

（八）树立"以人为本"的教育新理念，促进学生的全面发展。

只有坚持"以人为本"，高职教育才能造就出具有独立人格、平等待人，融知识、能力、技术于一身的、勇于探索和创新的服务于人民和国家的人。

坚持"以人为本"，要做到一切教育活动以人的发展为中心。人是一切教育活动的中心，学校的根本任务是培养人，学校的一切工作都应该以育人为本，以学生为主体，以教学为中心，全面建设和营造有利于学生成长和全面发展的育人环境。"以人为本"也包含着"以教师为本"。办好学校必须要把教师、干部、职工作为学校资源的第一要素来看待,尊重知识,尊重劳动,尊重人才,尊重创造,时时处处体现人文关怀,努力创造有利于广大教师员工干事业的宽松和谐的校园环境。坚持"以人为本",必须强调主动服务的意识,教职员工理应把服务育人当做教育教学工作的出发点,以平等和公正的态度对待每一个学生,以高度的责任感主动地服务于学生,把满腔的真诚、关爱洒向每一个学生。

  坚持"以人为本",必须重视将人文教育贯穿在课程、教学和实践中。爱因斯坦说过:"仅凭知识和技巧并不能给人类带来幸福和尊严。"当前在就业压力驱使下,"技能主义"至上,人文主义失落,人往往成为只懂技术而灵魂苍白的"空心人"。因此,在课程建设和教学过程中,我们要将人文教育的内容贯穿在各个教学环节中,不仅要教会学生学会学习,训练技能,更要教会学生学会生存,学会做人,学会做事,学会合作,使学生知识、能力等综合素质都得到协调发展和提高。

高职课程建设：成效、问题与对策

影响教学质量的三个核心要素是教师、学生和课程。课程是教学的基本单元，是落实教育目标的主渠道，是传授知识技能、形成思想信念、培养行为习惯、发展智力、培养能力的重要载体。其功能越来越受到关注。课程建设是确保人才培养质量的最重要的教育教学基本建设任务之一，是教学改革的核心，对教学质量的提高，具有十分重要的战略意义。近年来，高职院校把课程建设作为提高教学质量的一项基本建设来抓，特别是2003年教育部发布《高等学校教学质量与教学改革工程》后，课程建设得到了应有的重视，并取得了一定的成绩。但是，高职院校在课程建设的意义认识、课程结构、课程内容的更新整合、课程实施、课程模式的建构、课程管理、课程评价等方面还存在诸多问题。认真研究当前高职课程建设现状、问题和发展思路，解决教学改革的中心问题，是进一步提高教学质量，促进高职院校可持续强劲发展的重大问题。

一、高职课程建设的基本成效

近年来，高职教育培养的人才质量在经过社会一段时间的检验后，暴露出诸如解决问题的能力有限，技术应用能力与创新能力弱，人文素质下降等问题，人们开始反思课程问题，反思的结果促使高职院校形成了这样一个共识：多样化的高等教育有各自的培养目标和规格，有各自的特点和社会适应面。高职教育既不同于普通高等教育培养的理论型、研究型人才，也不同于中等职业技术教育技能性人才，而是培养与社会经济发展相适应的掌握本专业的基础知识、专业知识，具备从事本专业实际工作的全面素质和综合职业能力，在生产、建设、管理、服务第一线的高级技术应用型人才。高职教育是以就业为导向,以能力为本位,课程组织方式必须以学生的职业能力为中心,理论课程以应用为目的,注重各种理论的具体性、应用性和操作性。因此,只有探索建设高职教育的课程体系,按照高职教育规律建立新的教学模式,重新组合课程结构,编写适合高职教育的教材,造就具有高职教育特色的教师队伍,开发新课程,更新、整合课程内容,摸索总结出一套符合高职教学规律和学生认识规律的教学方法,才能从整体上提高教学质量。这是高职院校在课程观上的最大收获。在科学的课程观指导下,高职院校根据教育部《关于启动高等学校教学质量与教学改革工程精品课程建设工作的通知》精神,结合自身实际,找准立足点,按照技术应用能力、职业能力和内在精神品质三位一体的培养目标建构课程。经过课程设计者、建设者的共同努力,打造出一批具有高职特色的优质课程。有在"以学生为主体,教师为主导"的教学理念指导下,面向全体学生,因材施教,构建的个性化课程;有按照终身教育理念,为学生可持续发展打下基础构建的多样化课程;有与国家职业资格认证制度相衔接构建的实用性课程;有在产学研框架下构建的开放性课程;有学习借鉴国外先进课程模式构建的"双元制"、"CBE"等新型课程。作为龙头"产品","精品课程"为高职课程的全面建设起到了示范作用,为建设具有高职特色的课程打下了良好的基础。

在几年的课程建设实施过程中,高职院校初步建立了一支结构合理、素质优良、学术水平高、教学科研能力强、敬业爱岗、具有开拓创新精神的教师队伍。在课程建设实践中,高职院校普遍实行了主讲教师负责制,注重老中青结合,保证了教师队伍的整体水平的提高和课程建设工作的连续性。采取了切实可行的措施,促使中青年教师在教学科研中脱颖而出。坚持多渠道、多层次、全方位的培训原则,校内、校外并举,抓好教师的继续教育、技术培训和企业锻炼,努力提高教师的思想政治水平、师德修养水平、专业理论水平、实践操作水平和教学创新能力,为课程建设的可持续发展打下了良好的基础。

在课程内容及教材建设上,高职院校针对过去内容陈旧,许多知识实用性不强,理论过深,容量过大,缺乏相应的职业技能训练知识的现状,从社会经济和劳动力市场对人才的需要出发,广泛开展市场调查与研究,不断对课程内容进行修改、补充和更新,及时反映新知识、新技术、新工艺、新方法,增加课程的科技含量,课程内容基本与社会经济发展保持同步。根据高职教育教学规律和学生的身心发展要求,广泛征求专业课教师意见,了解职业岗位对知识结构的实际需求,对教学内容进行裁剪重组,知识与技能得到了有效的综合和统整。在对传统课程增加新内容和课程综合化的同时,高职院校积极适应信息化社会发展的要求,根据自身实际找准了方向,开发出与信息技术产业和第三产业相关的新课程。教材的选用和自编的校本教材能够紧紧围绕人才培养目标,符合教学计划和课程大纲要求。重视选用省部级以上优秀教材,"面向21世纪课程教材"、"九五"、"十五"国家重点教材和全国高职高专研究会推荐的教材。

通过构建"学习包"等形式,形成了文字教材、电子教材、辅助教材和参考资料相配套的系列教学用书和教学软件,基本上满足了高职教学的需要。以能力为本位,突出实践教学,培养学生技术应用能力和创新能力,是高职课程建设又一个重大转变。按照教育部、省教育厅关于高职课程设置的有关规定,高职院校及时调整基础课、专业理论课和实践课课时比例,将实践课课时提高到总课时的50%左右。与此同时,高职院校学习借鉴了德国职业教育"双元制"课程模式,加强了与企业的关系,聘请企业家、科技人员等参与教学计划的制定,并担任专业课教学和实践教学,采用分段式、阶梯式等课程模式,让学生在学校和企业交替学习,训练。积极适应当前岗位变换要求,培养不同的职业能力,将隐性课程和显性课程有机结合起来,创造性地借鉴了CBE模式。摸索构建了理论、实践一体化教学,产、教、贸相结合,教学、实践、服务相结合,仿真、模拟教学等"宽基础,活模块"课程模式,解决了过去课程内容重复和缺乏灵活性的弊端。

为了保证实践教学任务的完成,许多高职院校竭力加大资金投入,努力完善实验设施和实训基地建设,更新设备,培训教师,健全制度,努力减少验证性、演示性实验,增加了综合性、设计性和研究性实验,加大实验室开放力度,积极推进服务形式,鼓励和支持教师利用业余时间,开展实验实训辅导,保证了实践教学贯穿于人才培养的全过程。与此同时,根据经济与社会发展和市场的变化,修正和完善了实践课程的教学大纲、考核制度和考核标准,确保实践课程的开出率、开课条件和教学质量。

合理应用现代教育技术，改进教学方法是近几年高职院校课程建设的显著变化。在国家经费投入有限的情况下，千方百计改善教学条件，丰富课程资源，为课程建设提供最大的支持服务，充分发挥现代教育技术在教学中的作用，推进多媒体、网络课件的建设，许多专业的教学信息如教学大纲、课程简介、电子教案、实验指导等内容均上网。特别是理工类课程，多媒体和网络技术的应用，使枯燥的教学活动变得生动活泼，把单纯的文字转化为形象化的声音、图像、动画的合理组合，摆脱了过去粉笔加黑板、挂图加模型的传统授课方式。在一些优质课程建设过程中，我们发现，不同的专业，分别采用了启发式教学、案例式教学、问题式教学、讨论式教学、影像点评式教学等教学方法。

二、高职课程建设存在的主要问题

纵观高职院校课程建设的发展状况，成绩是喜人的。一些示范性高职院校和发达地区的高职院校，在课程建设方面已经取得了长足的进步。但是，整体来看，发展是不平衡的。在高职院校竞相发展、教学改革进一步深化的环境下，并非所有的高职院校都把课程建设纳入教学改革的重要议事日程，有些高职院校还没有充分认识到课程建设在教学改革中的核心地位和对人才培养质量所起的重大作用，对课程建设的目标缺乏准确的定位，对课程的内涵、外延缺乏正确的认识，对学校课程建设的规划缺乏深入的思考、整体的研究与具体的部署。有些教学管理部门仅仅"满足于孤立地完成一些上级布置的课程建设的硬性任务和面上的工作，或是机械地邯郸学步，对课程内容、课程结构只做一些小范围的修修补补，其管理工作还处于一种无计划、应付式的被动状态"，课程建设质量没有实质上的提高，这对于深化教学改革，提高教学质量是非常不利的。

课程建设是一项系统、复杂的教学创新工程，首先需要一批学术造诣高、教学经验丰富、实践能力强、具有敬业精神、组织协调能力和研究创新能力的主讲教师。有了出色的主讲教师，才能凝聚一个开拓进取的教师团队，形成一个课程研究中心，支撑一个优质课程或课程群。因此，是否拥有一批优秀的主讲教师，是建设优质课程、"精品课程"的关键。但是，由于众所周知的原因，高职院校中高素质的主讲教师相当缺乏。从目前课程建设的实际情况看，高职院校现有的主讲教师存在的突出问题是普遍缺乏课程论、教学论方面的本体性知识，对课程与教学的关系、课程的内涵、课程结构、课程模式、课程实施及其策略、课程资源、课程评价等问题认识不清，课程研究与开发能力较弱，远远不能适应优质课程、"精品课程"建设的需要和质量要求。

课程建设需要领军人物，但更需要建立一只结构合理、人员稳定、教学水平高、教学效果好的教师队伍。课程建设关键在实施，而实施的关键在教师。只有加强合作，发挥群体优势，才能完成这项复杂的系统工程。在纵横交织的课程建设系统中，大量的工作落实到了教研室、课程组，任务涉及许多教师。由于历史的、社会的、传统的各种因素影响，许多教师对课程建设不感兴趣，认为课程建设是教学管理部门的事、领导的事，认为课程建设要改革原有的教学内容、方法和习惯，改来改去，吃苦受累的是教师，受损害的是自身利益，与其瞎折腾，不如维持现状，顺其自然。逼紧了，就照葫芦画瓢，草率应付。他们没有从根本上认识到课程建设是转变人才培养模式，提高人才培养质量促进学校生存发展的必由之路，是苦练内功，积极面向市场的战略举措。

教师存在的另一个潜在问题是普遍缺乏课程意识。"课程意识是教师对课程系统的基本认识，是对课程设计与实施的基本反映。它包括教师对课程本质、课程结构与功能、特定课程的性质与价值、课程目标、课程内容、课程的学习活动与方式等方面的基本看法、核心理念，以及在课程实施中的指导思想"。具有课程意识的教师能够以自己对课程的独特理解为基础，从目标、课程、教学、评价等方面来整体规划自己的教学活动，成为课程的动态建构者和生成者。而没有课程意识的教师，总是把课程视为一种"法定知识"和不可变更的系统，并在课程系统面前无所作为。在他们看来，课程编制、设计是上级教育行政部门、教学管理部门和主讲教师的事，实施才是自己的事，而实施往往是按照既定的蓝本备课和上课，执行他们的意图，虽然一些教师会做一些发挥，但大的框架很少被打破，大多数教师唯教材是尊，把教材当成课程的全部，以完成教材规定的内容作为基本任务，思考问题往往从本本出发，脱离实际，导致教学观念和方式僵化。

教学改革相对滞后，力度小，也制约了课程建设的健康发展。教学作为

"进程"的课程有机环节,是课程实施的主要途径,也是课程生成的过程,教学改革的结果直接影响课程建设的质量。近年来,高职学生对教学改革的认同感和教学质量的满意度一直不高,学生反映的问题集中在课程内容陈旧,课程资源不足,教学方法落后等方面。课程内容陈旧主要表现在教材内容相对落后于经济与科技的发展变化,可供选择的教材,编写思想和体系与过去的学科型教材大同小异,实用性不强。由课程建设负责人主持的校本教材限于视野、水平、能力等方面的因素,往往价值不高。占教学时间50%的实践教学也没有多少合适的教材。教学方法上,许多教师不愿改变业已形成的教学模式,对教学改革存在着强烈的排斥心理,不愿花大力气研究学生,研究教法,积极主动创新教学方式,传统的讲授法仍然占统治地位。一些技术理论课虽然采用了案例教学(有的案例相当陈旧),但仅限于对案例的泛泛罗列与简单分析,深度不够,缺少学生的广泛参与,不利于学生创新思维的发展。课程资源方面主要问题在于,学生数量多,教学设施及其设备紧张,一些学校只能分组进行演示性、验证性实验。一些具有教改意识的教师利用现代多媒体辅助教学受到限制,挫伤了他们的工作积极性。此外受市场经济的影响,学校与实习单位之间的关系难以协调,实习基地建设比较困难,且收费较高,也影响了实践教学的开展。

作为教学管理部门,课程管理措施乏力,效率较低,是制约课程建设质量的又一个重要因素。在课程建设过程中,教学管理部门与教师基本上处于脱离甚至对立的状态,教师负责课程实施,管理部门则负责进行检查、拨发经费、组织评审等一些事务性的工作,课程的具体实施者与课程建设管理者双方各干各的,缺少必要的沟通与交流,没有形成课程建设的合力。课程建设是一项综合性的系统工程,涉及面广,不少环节的建设不但与教学有关,也与其他人员相联系。由于种种主观、客观原因,有些工作难于协调,难于落实责任制,难于准确地评价教师的工作水平,也难于制定科学的奖励政策,因此,课程建设的整体效率不高。

课程评价是课程管理的重要内容之一。从目前课程建设的实际来看,课程评价缺乏科学的评价体系、方法和程序。

主要表现在:一是一些系教研室、课程组和教师对课程评价的认识不足,态度不端正。他们认为评价只是一种形式,平时抓得不紧,临近验收时,进行突击建设，拼凑材料；二是课程评价的主体和范围缺乏开放性。高职院校培养的人才质量到底如何，市场最有发言权，然而我们的课程评价却没有社会的参与，致使评价的结果缺乏准确性、全面性和客观性；三是课程评价缺乏动态性，许多课程组无论获奖与否，课程建设验收工作一结束，立即停止建设，这种一次性终结性评价，不利于课程建设的循序渐进；四是缺乏高素质的专家评价队伍。高职课程评价需要教育评价学、课程与教学论等扎实的理论知识，需要丰富的教学经验，也需要熟悉高职教育特征、掌握高职课程特点，然而高职院校很少能够达到上述要求；五是评价程序不够规范。课程评价如何评，需要一套科学严格的管理程序，而实际操作中，课程评价大多从条条框框出发，以看书面材料或听汇报为主，缺乏多渠道、多方位、多层次的观察，调查，不能全面、细致、客观地、准确地分析课程教学质量和管理质量。

三、高职课程建设的主要对策

首先，要以就业为导向，科学设置高职课程。高职人才培养目标的定位，要求高职院校在筹划高职课程设置时，必须充分考虑市场需求，将课程设置与就业目标挂钩，瞄准相应职业乃至具体岗位，根据岗位需要的知识、技能来设置课程。随着市场经济的充分发育和逐步完善，企业对各种新型的不同规格的人才的需求与日俱增，具体地说，一类是操作型的技术工人，一类是管理和服务人员，还有一类是既能从事管理和服务，又能上岗操作的专业兼容技能复合型人才，这就必然要求高职的课程设置要与之相适应，只有从这一基点出发，才能有效地开展课程改革，从而达到课程改革的目的。

其次，采取行之有效的措施，加强教师队伍建设。课程建设，说到底是师资队伍的建设。无论是课程体系的构建、课程内容的更新整合，教学方法的改革，还是现代化教育技术手段的运用，课程模式的建构，教材的编写创新，都离不开高水平的师资队伍。"高职院校课程师资队伍建设应紧紧围绕'双师型'队伍的建设展开，形成以'双师型'教师为主体、高中级职称教师占一定比例、具有较强的教育教学能力、教学效果好的教师群体。高水平的主讲教师是课程建设的保证"。教育部关于加强高职高专教育人才培养工作的意见指出："抓好'双师型'教师的培养，努力提高中、青年教师的技术应用能力和实践能力，使他们既具备扎实的基础理论知识和较高的教学水平，又具有较强的专业实践能力和丰富的实际工作经验；积极从企事业单位聘请兼职教师，实行专兼结合，改善学校师资结构，适应专业变化的要求；要淡化基础课教师和专业课教师的界限，逐步实现教师一专多能"。要为主讲教师创造良好的工作和成长的环境，保护他们进行课程建设的积极性，不断地提高教学教研水平，对参加课程建设的青年教师应严格要求，给他们压担子，分配任务，在教学同时参加科研或生产实践，开展各种教学研讨活动，让他们在提高教学质量中发挥作用，形成稳定和合理的教师梯队。

第三，探讨、实行课程的标准化建设。课程的标准化建设是指使设置的课程内容科学合理，课程本身符合规范要求。一方面是指对专业课程体系的原有课程进行标准化建设。通过对这些课程的检查与评估，促使其及时更新教学内容、教学方法与手段，保证课程的动态发展和不断完善，使其符合人才培养对课程的基本要求。另一方面，对新设置的课程进行标准化课程建设。对新课程的标准化建设，目的是使新设置的课程教学能尽快达到人才培养目标和课程设置本身的要求。整体上，课程的标准化建设是指通过全面实施课程管理与评估，规范课程设置与课程教学，促进课程的整合、重组、发展与创新，提高课程教学质量。

第四，以精品课程建设为契机，构筑课程建设纵向体系。课程建设不是孤立的，它必须有重点课程建设为基础和支撑。因此，高职院校必须进一步拓展和深化课程教学改革与建设，建立具有多层次、多样化的课建设纵向体系。

课程建设纵向体系的总体思路是，以打造不同层级水平的精品课程为目标，在标准课程建设的基础上，与省和教育部的课程教学改革与建设接轨，形成"校级重点课程——校级精品课程——省级重点课程——省级精品课程——国家精品课程"的质量要求渐次提高、梯级逐步上升的金字塔形的纵向课程建设体系。通过课程教学改革与建设，依次建成一批教学质量较高的重点课程；一批教学质量高并在全校起示范作用的校级精品课程；一批教学质量高、教学方法与手段先进，能在全省起示范作用的省级精品课程以及一批教学质量一流的在全国起示范作用的国家级精品课程。

要重视学科课程单项建设与课群建设结合起来。课群即学科课程群，是指具有紧密联系的一组课程。诸如学科基础平台课群和专业课群等。课程建设与课群建设的有机结合是当前高职课程建设的发展趋势。要实现两者的有机结合，一是要使课程教学内容具有科学性和新颖性，即课程内容要体现人才培养目标的要求，兼顾知识与能力，能反映学科发展的新方向、新成果，使学科前沿的新内容、新思想、新观点占据课程内容的相当比例，保持课程内容的更新率；二是使教学方法与手段具有适宜性和先进性，即主动进行教学方法改革，运用有利于达到教学目的、能培养学生能力和发挥学生主体性的教学方式，积极运用现代化教育技术手段进行教学，提高教学效率与教学效果；三是使课程设置具有发展性和前瞻性，即课程设置要符合专业培养目标的要求，同时也应随学科发展而不断优化课程内容，并可以根据课程内容的深度和广度的需要生成新课程等；四是课程建设要实现优化组合，即课群的建设与改革要考虑课程与课程之间的相关性、课程整合的科学性，学科基础课群还要考虑对不同专业起支撑作用的基础性，最后实现课群中课程之间的优化组合，建成一批组合科学合理的优化课群。

　　第五，重视课程评价，优化课程评价体系。目前课程评价在高职教育领域还未受到应有的重视，这对高职教育的长远发展十分不利，因为不重视课程评价，不对课程进行诊断，就无法知晓课程建设与实施中存在的不足，就无法修正课程，无法鉴定和诊断教师与学生达到教育目标的程度，因此，构建具有高职特色的课程评价体系非常重要，比如，组建各专业指导委员会，聘请企业领导、行业专家和技术人员参加专业教学的指导工作，由专家首先对所设专业进行可行性论证，使专业建立在企业需要的基础上，再对该专业所面对的职业岗位群所需的岗位能力、岗位职责进行分析，以此为依据，制定专业教学计划，确定课程设置和教学内容，使教学计划和教学内容更加切合实际，能够实现社会需求和实践教学工作之间的融合。

　　课程评价应全面进行，分步实施。评价的重点首先是重要的专业基础课和专业主干课，专业实践课。这些课程对人才培养质量有着举足轻重的影响，其次是评价新开课程和年轻教师所开课程，保证课程达到标准要求。评价的内容应包括两个部分：一是课程档案建设评价，由学校拟定课程档案建设评价标准和方案，然后进行检查评价；二是课程的课堂教学评估，分专家、同行、学生评价，可结合平时教学检查和听课等进行，最后由专家综合考虑三方面评价意见,对课程做出综合性评价。标准课程建设,主要通过课程的规范管理、新课的试讲制度和课程的评价制度等方式实施。必要时可由学校组织,其目的,一是扩大影响,二是提高课程检查与评价的权威性,三是促进课程教学的校内交流。课程的标准化除了对全面的教学质量起保障作用外,也为进一步的课程建设提供一个起点平台。因此,课程必须达到标准课,才能考虑进一步的立项建设。

第六,按照高职课程的灵活性、适应性和实践性要求,进行专业教材建设。教材是教师从事教学所用的素材,是教学改革成果的固化。当前,"高职课程教材存在的突出问题在于,大部分教材以原理、概念来分类,以此为主线来构建高职教材体系,难于与岗位技能的培训达到有机统一",而且,相当一部分教师甚至仍然把教材当作唯一的教学依托,往往是教师讲教材,学生背教材,考核考教材。

显然,这种传统的以教材为中心的教学模式是难于实现高职的培养目标的。高职教材的编写应充分考虑人才培养定位,职业岗位要求和学生的学习特点,着力实现教学内容求新,求变、求异的特色,增强课程的灵活性、适应性和实践性,教育行政主管部门应规范高职专业教材评估体系,严把教材编审质量关,可依托业企业共同编写专业教材,高职院校也必须组织教师到市场、到企业去搞调研,与行业组织、学科专家共同编写内容符合教学目标和体系要求,能够引入本专业领域中的一些新科技、新工艺和新方法在本课程中的应用、教材的结构和内容便于学生自主学习的课程教材,以及实验、实训和多媒体等教材的配套教学参考资料等。

对提高系部教学质量评估工作有效性的思考

一、创新系部教学质量评估工作必须以科学发展观为指导

科学发展观是指导发展的世界观和方法论的集中体现，改进和创新系部教学质量评估工作，推动系部教学质量评估工作的健康发展，必须以科学发展观为指针。

在系部教学质量评估创新过程中贯彻和落实科学发展观，就是要遵循高职教育发展的客观规律，不断改革和创新系部教学质量评估，形成促进高职院校教学质量提高的长效机制，有效地提高高职教学质量。因此，必须加强对高职教育发展规律的研究，把握高职教育的发展趋势，不断改革和创新教学评估的内容、方式和方法，做到统筹兼顾，注重实效，把握关键，这是提高系部教学质量评估有效性的唯一正确途径。

提高教学质量是系部教学工作永恒的主题，具有长期性、艰巨性，关键在于形成一个促进教学质量提高的长效机制。而系部教学质量评估作为高职教学质量监控和保障体系的一个重要组成部分，对形成这样的长效机制则具有重要的作用。目前高职院校系部教学质量评估还处在探索发展阶段，其评估方案、体系、方法和制度等，都是在学习和借鉴本科教学水平评估方案的基础上，结合自身的客观实际形成的，在评估的内容、体系、方法和制度等方面有许多值得肯定的地方。但是，其中也存在不少问题，制约了评估功能、目标的有效实现。其中，最重要的问题就是，没有形成促进系部教学质量提高的长效机制，因此，必须加强系部教学质量评估的改革和创新，以此来促进高职教学质量的进一步提高。

二、系部教学质量评估必须坚持以人为本

教学质量评估工作的目的在于提高教学质量，提高教学质量的关键在于

教师。因此，评估工作必须以人为本，着眼于调动广大教师搞好教学工作的积极性。从目前评估的实际情况来看，教学评估工作的组织者和评估者有着极大的热情，而教师却处于被动状态，有的甚至采取消极乃至抵触的态度，使得教学评估在某种程度上流于形式。其原因主要在于，教师普遍重科研轻教学，不重视教学研究，甚至对评估工作存在片面认识，认为评估是针对自己的，造成个别教师产生一定的抵触情绪，导致只有教学管理人员及少数教师参与评估工作，其制定的指标难免存在一定的局限性，从而影响评估指标体系的全面性和科学性，在一定程度上影响了评估的效果。同时，由于有些教师对评估工作的认识存在一定局限性，也影响到评估工作对教学质量的促进。为此，评估工作首先要坚持以人为本，提高广大教师对评估工作的认识水平，调动其参与的热情；其次，要制定相应的政策，把评估的结果作为教师年度考核结果的重要依据，与教师晋职、晋级和奖励挂钩，提高教学评估在教师职务晋升和工资分配中的分量，从而提高教师从事教学工作的热情；第三，评估者也应从被评估者的角度出发换位思考，分析教师的处境和角色地位，站在被评者的立场对评估所涉及的各个方面作尽可能详细的客观描述从善意的角度进行"会诊"，提出改进教学工作的建设性意见，从而提高评估的有效性，促进提高教学质量。

三、要建立科学全面的教学质量评估指标体系

我院曾进行了两次系部教学质量评估工作。通过总结这两次评估工作，我们体会到，开展系部教学质量评估，首先要明确科学的"系部教学工作评估"的具体内涵，制定科学的评价标准，没有这个前提，评估就可能是盲目的、低效的。我们认为"，系部教学工作评估"的内涵及其评估标准应和全国高职高专人才培养工作水平评估体系相衔接，涵盖教学指导思想、管理能力、教学管理制度、专业及课程、产学合作、师资队伍、运行过程、教学方法、实践教学等方面的工作，评估结果可以分为合格、良好、优秀三个标准。具体指标信息如下表：

系部教学质量评估指标

评价方面	评价项目	项目内涵及其标准	评价等级			
			优秀	良好	合格	不合格
①教学指导思想	教学管理思想,教学改革意识	能学习先进的教学管理思想,制定具有先进管理理念的制度,有改革的措施和成果。	良好	良好	良好	良好
②教学管理者能力	管理者亲和力、决策能力、组织、协调能力	管理者具有较高的教学理论素养,有较强的凝聚力、亲和力,能审时度势科学决策,能协调班子成员团结合作,能发动和组织广大教师进行有效开展各项教育教学活动。				
③教学规章制度	教学管理的各项规章制度	教学计划、教学大纲、听课、评课制度、教研制度等是否健全。				
④专业及课程	专业建设,课程建设	善于调查研究,能根据市场变化和自身实际,进行专业建设,能准确把握社会对人才知识、技能、能力等素质等要求,进行课程建设。				
⑤产学合作	产学结合的思路和措施	能准确把握高职教学模式,有明确的产学结合的教改思路和实践,且取得了良好的效果。				
⑥教师队伍	知识更新、知识结构、发展理念,实践能力,改进措施	重视本系教师的知识更新,能根据课程建设,及时引导教师改善专业知识结构。采用校外校内相结合的方法,促进教师的学历水平,专业水平、教学水平、实践能力的同步提高。				
⑦教学研究	系部集体研究活动,教研室活动	全体教师教研活动、教研室活动计划、活动内容、活动效果。教学研究成果。教学改革成果。				
⑧运行过程	教学管理实施的动态过程	有严格的执行教学管理活动的常规记录,有计划、有检查,有记录,有改进、有发展的动态资料。				

评价方面	评价项目	项目内涵及其标准	评价等级			
			优秀	良好	合格	不合格
⑨课堂教学方法	课堂教学方法与教学手段的选择与改革	能够根据高职人才培养的目标和课程特点，科学合理地选择教学方法和教学手段。				
⑩教风学风建设	教师教书育人，为人师表；学生学习风气浓厚	重视教师的职业道德建设。教师敬业爱生，为人师表，严谨治学，注意不断提高自身的综合素质；重视学风建设，努力建设优良学风的机制，校园文化活动丰富多彩。学生积极性高。				
⑪实践教学	实践教学体系、制度、措施	形成了培养学生职业技能、职业能力等素质相结合的实践教学体系。教学时数符合教育部规定。实习基地满足教学要求。实习实训措施落实得力，有效果。双证书较多。				
⑫教学效果	课堂教学氛围、考试考查结果、实践活动成果	课堂教学师生互动，气氛活跃。学生观察能力、分析能力、动手实践能力、社会活动能力、组织创新能力等较强。考试考查成绩较好。				
⑬毕业生质量	社会评价、就业率	近年来社会对毕业生思想道德素质、文化素质、专业素质、身心素质评价较高。技术应用能力、创新能力较强。				

四、加强对系部教学管理能力的评估

教学管理作为一种有目的的管理活动，对提高教学质量有着十分重要的作用。在系部教学质量评估过程中，对系部教学管理能力的评估是整个评估活动的一项重要内容。评价系部教学管理能力的一个重要标准，就是要看其管理活动是否有效地服务于教学活动，是否达到了预期的工作目标。系部教学管理能力主要指：对教学宏观和微观情况的敏锐的洞察能力、对教师工作进行公平评价的能力、对教学行为快速的直觉判断能力、对教学管理的科学决策能力、对教学工作的指导能力，以及贯穿于整个管理活动中的恰当的政治智慧。随着高职教育改革的不断深入树立创新观念，提高创新能力和创新素质，已经成为现代教育管理对高职院校管理者的必然要求。但是，从目前的实际情况看，许多高职院校的系部管理者，由于其知识结构陈旧，主动接受新信息有限，缺乏创新意识，整个教学管理工作显得较为古板。比如，教学理念落后，仍然过于强调知识的灌输，虽然在口头上也在讲创新，但是所采取的管理措施和方法基本上无法真正激励教师的创新精神和创新意识，更谈不上探索崭新的教学方法。从总体上来看，系部的教学管理方法和管理思维，依然停留在传统教育理念上，存在片面性，管理缺乏辨证思维及系统论的思想。

在判断和分析教学活动时，往往局限于事件的某一方面，对事物整体的把握能力还比较弱，也缺乏对组成事物各因素的系统分析能力。例如，在分析教师的课堂教学时，往往只注重课程知识的传授，而忽视通过课堂教学对学生品德素质、身体素质、审美素质、劳动素质培养的评价，特别是没有足够的能力对教师在教学过程中将知识转化为学生职业能力进行正确的评估，不能对教师的课程建设进行科学评估。在处理教学事故时，只注意引起事故的直接原因，很少考虑间接因素，进行综合分析。很多情况下，存在"只见树木，不见森林"的管理倾向。因此，在评估中，必须通过典型的系部管理案例分析和广泛的问卷调查，对系部管理者的教育教学思想、创新能力、凝聚力、亲和力、科学决策能力和组织协调能力等方面进行综合考察，通过考察促进系部教学管理能力的提高。

五、要高度重视教研室工作的评估与改进

教研室是高职院校组织结构中最基层的单位，是教学质量保障的重要环节。它直接承担着计划、组织、实施教学和科研任务；直接面对学生开展教学科研活动，实施学科专业建设、课程建设、实验室建设、教学改革及师资培养等工作。教研室最重要、最基本的功能就是承担教学任务，开展教学改革与研究，保证并不断提高教学质量，培养国家建设和社会发展需要的合格人才。

教研室的性质和功能决定了教研室是系部教学质量评估的主要对象，其建设与管理水平直接反映了学校的教学工作水平。教研室工作也是系部教学

质量评估的主要对象。教研室工作的好坏，会直接影响到学校的整体教学质量。

对教研室的评估是系部教学质量评估中最基本、最重要的评估环节，为此应该建立教研室设置标准、评价指标体系以及教研室等级评定办法和奖惩制度，以此来引导、规范、约束教研室的行为，从而达到提高教学质量和科研水平的目的。教研室工作评估指标体系必须能够综合反映教学质量的状况，必须以优良的教学质量为最高标准，并从主要的教学环节去衡量和评估，强化过程管理。教学档案是系部教学管理中最为重要的部分，也是各项评估最直接、最原始的凭证。教研室的教学资料建设与归档，是专业教研室最基础的工作，是各个教学环节工作执行的重要依据和真实记载，包括专业教学计划、课程大纲、实验实习大纲及指导书、试题（卷）、总结、活动记录以及各种参考资料等等。

如果教研室一级的档案管理工作做好了，各种原始的、反映教研室工作过程的材料都保存好了，就可以避免许多不必要的重复和浪费。因此，应通过评估促进教研室基础工作和教学质量管理的改进。

六、要重视对实践教学的评估

实践教学是高职教学的重要组成部分。实践教学质量的评估是一项十分复杂的工作，在高职教学中有着十分重要的地位，这是由高职教学的性质所决定的。所以，必须把实践教学评估作为系部教学质量评估的一个重要内容，认真加以研究。它与传统的课堂教学质量评估有明显的差别，要在实践操作过程中进行，因此，实践教学质量的评估必须坚持以过程评估、动态评估为主。实践教学是教学系统的一个子系统，由实验实习、教学实习、毕业（课程设计）实习或称为生产实习三种实习类型，以及科研、生产劳动、社会实践和第二课堂活动等环节共同构成，这些教学环节是实践教学质量评估的主要内容。

实践教学的目的是为了验证教学理论，巩固教学内容，提高教学质量。要根据市场对人才培养的客观需求，明确人才培养的目标和要求，并根据实践教学的具体情况和存在的问题，有针对性地设计评估指标体系，使各种评估过程具有明显的可操作性。

通过评估，提高学生的创新能力和解决实际问题的能力。实践教学是一项系统工程，由诸多相关因素组成，要准确地反映其客观现状，必须科学、客观、全面、系统地设置评价指标和量化值，各项指标不仅要互容，也要做到相对独立，这样才能够从不同的侧面反映目标的要求，既不冲突，也不重复，评估指标要尽可能全面，但是也要突出重点。评估方法也要坚持定性与定量相结合。

七、要加强对毕业生的跟踪反馈工作的评估

对毕业生的跟踪反馈工作的评估，绝不单是对某位教师某门课程的评价，而是对系部教学质量进行检验的一个缩影，归根结底是为系部的办学思路、课程设置、教学计划的制定等提供信息和决策依据。

学生作为高等教育的直接消费者，其身份十分特殊，一方面，他们要求高等教育为其提供高水平的服务，因此，学生是质量要求的主体。但另一方面，学生本人由于受知识、经验、信息等因素的限制，又不能确切地知道自己对教育服务的需求程度及水平，因此，有必要通过对学生的学习、就业进行跟踪来检测学生、市场、社会等教育消费者对我们所培养的人才的满意度，以此来加强人才培养的目的性和适应性。

人们普遍认为高等教育的功能是集教学、科研和社会服务于一身的，那么，教学质量评估社会化也应是高职教育发挥和增强其社会服务功能的客观要求，缺乏有效的沟通就不可能有有效的行动。因此，从宏观上讲，教学质量评估也应考虑社会化因素，听取用人单位的意见和合理化建议。对毕业生进行必要的就业跟踪调查，在这一过程中获取有效信息，把脉市场需求，根据反馈的信息，及时调整相关专业的课程设置和培养方向，这是作为培养应用型人才的高职院校提高质量和教学水平的有效途径，是保证教学质量的新的切入点。

加强对毕业生的跟踪反馈评估，应着眼于以下两个方面：

一是检查评价系部是否组织专人，深入毕业生的工作岗位，搜集和整理毕业生走上工作岗位以后，根据工作体会和自身发展需要，对学校专业设置、课程设置、课程内容、实践教学、实习内容、技能训练等方面提出的意见和建议。

二是评估近年来用人单位对毕业生的思想道德素质、科学文化素质、身体心理素质、技术应用能力、创新能力的评价和建议。

八、要注意不断创新系部教学质量评估方法

（一）评估主体要创新。

目前，大多数高职院校的系部教学质量评估，主要是由领导、专家主导的评估，虽然领导、专家和督导组成员的评估能力较强，但由于种种因素，也可能对评估产生负面的影响。首先是他们接触教学实际相对较少，听课时数有限，对教师教学水平的了解不全面，同时，督导组的教师毕竟受其专业学科领域的限制、实践教学能力的局限等，不可能对所评估的每门课都熟悉，不可能对课堂教学的理论知识的正确与否、知识的前沿性程度等，都做出准确的评估。而且他们有可能对符合自己教学风格、思维模式的教师给予高于其实际值的评价。其次，情感因素也会影响评估的真实成绩，可能使结果产生偏差。再次，也可能存在一些负面的心理因素影响评估，如功利主义的评估观，使得评估带有浓厚的行政色彩，评估者自觉不自觉地扮演了裁判员，甚至是法官的角色，评估者似乎有决定被评估者命运的权力，若评估者再滥用这种权力，就会人为地拉大评估者与被评估者之间的心理距离，严重影响评估的效果，干扰教学工作。因此，在评估工作中应采取相应的措施加以调控，首先是评估者应该转变观念，摒弃传统的那种过分强调选拔和淘汰作用的"分等"评估，从提高教学质量的态度出发，不带个人的感情色彩，公正地进行评估。其次，要重视选择校外的同行专家参与评估，虽然在实际操作中有些困难，但是合格的校外专家是评估队伍中一种有益的、合理的补充。另外，还要建设稳定的高水平的评估专家队伍，按照分类指导的原则，分别组建评估不同专业、课程的评估专家组，通过多种形式开展专家培训工作，提高专家的理论水平和业务能力。应明文规定，只有经过培训合格的专家，才能正式参加评估工作，其评估工作才能令人信服。

（二）评估的方式和方法要创新。

科学高效的评估方式、方法是评估结果正确和合理的重要保证，评估的结果才能对学校教学工作的改进具有指导性。加强评估方式、方法的创新，一是要规范评估程序，制定严格的评估工作规范，明确工作程序和工作要求，严肃评估纪律，加强对评估工作的监督和检查，公开评估过程，坚持公开、公正、透明的原则，开展"阳光评估"。二是要优化专家考察内容，抓住重点，减少工作量，改进考察方法，提高效率。三是将行政性评估与社会评估

相结合，将定期评估与随机性评估相结合。四是定性评估和定量评估相结合。定量评估具有客观性，但教育活动是动态的过程，具有复杂性、模糊性，许多项目难以给出定量评价，需要以定性评估作为补充，这样，才能准确反映教学实际情况。五是自我评估和相互评估相结合。六是形成性评估和终结性评估相结合，既要重视环节的评估，又要重视最终结果的评估。七是自评和他评相结合。自评的过程，是教师按评估标准，自觉查找自己教学中存在的问题的过程，将成为促进和鞭策教师不断进取的力量，而他评则能使教师更客观地认识到自己的差距，只有两者结合才能真正推动教师教学工作质量的提高。

评估是手段，不是目的。在评估过程中，要坚持发展性评估的导向，把评估中发现的问题，及时反馈给系部，反馈给有关教研室和有关老师，帮助他们制订解决问题的科学方案，促进系部教学工作的改进和可持续发展。要通过激励机制，激励教师创新、激励教师进步、激励教师发展。

六 产学合作与实践教学篇

高职院校建立产学合作
教学模式的思考与实践

一、产学合作的有效互动，促进了我院的专业设置与结构的更新

　　加强产学合作是世界高等教育改革与发展的潮流，也是我国高职院校培养高技能人才的必由之路。高职教育培养的是"下得去，留得住，用得上"的本土型、"永久牌"的实用技能人才，它与地方经济和当地企业的发展具有良好的互动关系。几年来学院产学合作的互动发展，提高了我院关注人才市场变化的敏锐性，促进我们更加主动贴近社会，贴近市场，培养社会经济发展所需要的生产、建设、管理、服务的应用型技能人才。产学合作的发展，首先要求我们，按照《普通高等学校高职高专教育指导性专业目录（试行）》，一切从实际出发，结合我国经济发展特别是区域经济发展对人才的需求和岗位技能的变化，在充分市场调研的基础上，对现有专业进行重新规划和结构调整。并借此机会对相应的资源（如教师、设备等）进行整合，增设区域经济发展所急需的新专业，改造或停招就业率低的老专业，使专业设置与华东地区特别是安徽经济社会发展相适应，体现专业设置的自我调节机制和人才培养规格的多样化特色。为此，我院根据市场导向与产学合作发展的客观要求，几年来通过大幅度的淘汰与改造不符合市场需求的专业，增设"产品"适销对路的新专业，不断优化专业结构，形成了以工科为主体，与安徽及华东的经济发展需求相适应的专业格局。

二、按照产学合作的要求，以实践教学和职业技能训练为主线，不断优化教学内容和课程体系

　　实践性教学是培养实践能力、训练职业技能、提高综合素质不可替代的环节。因此，我院打破以学科为中心的课程体系，按照国家职业标准对高技

能人才培养的要求和突出应用性、实践性的原则,以实践教学和职业岗位技能训练为主线,重组教学内容与课程体系,重点突出学生的综合能力、实践能力、职业技能和创新精神的培养。将实验、校内实训、校外实训、毕业设计等实践环节加以统筹考虑,建立相对独立的实践教学体系或模块,：我们把技能训练整合为四大模块：基础训练模块,以培养基本实验技能、方法和手段,促进学生的思维能力和创新能力为主;专业技能训练模块,是根据专业特点进行技能训练,提高学生的实践动手能力;岗位实习模块,是根据职业岗位面向,使学生形成熟练的职业技能和职业素养;社会实践模块,是加强学生对社会的认识能力和适应能力．培养学生的综合素质,通过四大模块的技能训练,切实提高学生的技能水平和就业竞争力,使学生真正成为理论够用、实践突出、技能过硬、企业欢迎的人才。

三、积极探索产学合作的长效机制

由于政府职能和企业体制的转变,企业决策人对职业教育意义的理解不够以及职业院校实力不强等因素影响,校企合作、产学研结合的实质性进展十分艰难。我们想方设法采用多种途径和形式营造校企合作、产学研结合的双赢环境：定期开展公关活动,邀请企业界人士到校参观,宣传学校的办学思想、专业特色、培养模式和目标,使企业了解学校;建立产学研合作委员会、专业指导委员会等机构,与他们探讨人才培养模式、规格、目标等问题,与他们保持长期密切联系,让企业参与教改工作。几年来参加合作委员会、专业指导委员会的企业界代表逐年增加,起到了影响和引导企业决策人对职业学校和职业教育关注的作用,为学校开展专业调研、专业建设和专业教学改革等一系列工作创造了良好的机缘;与企业在人员培训、技术服务。学校师资"双师素质"培养、学生实习实训、聘请兼职教师、推荐优秀毕业生等多方面进行合作;与企业建立订单式、工学交替式、委托培养式等人才培养协议．使学生找到了就业单位．了解岗位需求后回校学习．同时学校也及时调整教学计划,针对岗位需求为学生提供条件。去年我校453位毕业生与淮北今一制衣有限公司、淮北人民医院、淮北矿工医院、徐州人民医院、中煤三建29处、中煤三建71处、中煤72处、淮北兄弟服饰有限公司、南京雨润集团、淮北盛世商贸有限责任公司签订合同,采取了工学交替、委托培养的方式,取得了良好的效果。

四、校企资源共享,提高实训基地建设质量

一是引入企业资源,在校内建立校企共用的实训基地。淮北市许多企业生产设备先进,生产技术代表了现代企业的先进水平。我们结合专业建设的实际,有的放矢地引入企业资源,在校内建立实训基地,既节约了学校的办学资金,又使学生不出校门就能接触到先进的生产技术,同时也为企业节约了人力资源,培训成本。如淮北金贝制衣有限公司与我院共建服装加工车间,这既保证了服装专业的学生在校内的实训,也为企业的生产提供了技术支持和应用型技能人才。

二是建立稳定的校外实训基地,拓展学生能力培养的空间。校外实训基地建设为学生职业素质的养成、职业能力的形成提供了有效保障。经过多年的努力,我们选择了规模较大、设备先进、技术含量较高的企事业单位作为学生的校外实训基地,如南京鼓楼医院、上海第二人民医院、泰州人民医院、中建八局、中建十局、江苏煤田地质勘探队、上海绍兴饭店、上海尼可贸易有限公司、淮北矿业集团、今一集团、联通公司等。目前,学院已建立遍布4个省市的校外实训基地82个,基本满足了学生的实习实训要求。

三是相关学校资源企业化,不断提高为企业服务的能力,学校的图书资料和校园网信息资源向区域内所有企业开放,实行信息资源的区域共享。积极为企业培训各类员工,学院为淮北口子集团、淮北供电公司、天地人集团有限公司、淮北啤酒厂等培训员工和高级管理人员,学院在提升企业人力资源的质量的同时,也提高了自己服务企业的能力,激发了企业参与实训基地建设的积极性。

四是竭力完善院内实践教学场所。近年来,学院先后建立和完善了现代制造技术实训中心、医学与高级护理技术实训中心、建筑技术实训中心、计算机与多媒体技术实训中心、服装加工制作实训中心等。

五是加大资金投入,注重改善产学条件。培养新型高技能人才,学院必须保证一些基础的设备、设施条件。我院千方百计自筹资金,投资2000多万元,重点建设了现代制造技术、医学高级护理技术、计算机与多媒体技术实训基地。现代制造技术实训中心建成之后,就面向学生全天开放.由2名实习指导教师进行指导学习与实验。据统计,每周开放时间在18个小时以上。该实训中心的建立,对提高学院数控专业、机械制造及相关专业学生的操作能力，特别是推动学院产学结合，发挥了积极的作用。

五、以产学结合为机制，推行订单式人才培养模式

　　近年来，我院探索、实践了多种产学合作教育模式，其中订单式培养模式是培养高技能人才的最有效的一种。我院医学系先后与上海、南京、泰州、徐州等9家医院；机电系与中建八局、中建十局、中煤三建、国投新集集团、淮北金冠玻璃厂等；财经系与上海尼可贸易有限公司、无锡新零点公司、雨润集团、阿里巴巴网站等；人文社科系与上海避风堂酒店餐饮有限公司、上海绍兴酒店等；工艺美术系与江阴伊美服装有限公司、淮北金贝制衣有限公司、淮北市兄弟服饰等单位共同制定人才培养方案，在学校、企业两个教学地点交替进行教学与实践，实习的学生毕业后，企业择优安排就业。例如：今年上海尼可贸易有限公司、无锡新零点公司分别与财经系订单50人和30人，国投新集能源股份有限公司、苏州军莒国际集团分别与机电系订单80人和150人，江阴伊美服装有限公司与工艺美术系订单50人。值得一提的是，目前我院工民建、机电工程、应用电子技术、酒店管理专业、电子商务、市场营销、物流等专业的毕业生已经被订购一空。

　　在这种双向参与式合作模式中，企业直接介入我院的教学计划制定、专业设置、课程与教材建设等过程与环节，并在师资、技术、设备、信息等方面开展合作与交流，使我院、企业和学生三方实现"共赢"。对学院来说，人才培养目标明确，教学内容具有针对性，教学方法上，理论与实践、课堂与现场紧密结合。学院根据订单单位的需要培养出"适销对路"的人才。对企业来说，学院直接为他们培养急需的人才和后备员工，毕业生做到"零距离"上岗，直接为企业创造经济效益，节省了大量的员工上岗培训费用。对学生来说，订单式培养使他们在真实工作环境中学习和锻炼，在工读交替中了解企业、培养能力、训练技能，且学以致用，很快适应了岗位需要。学生在学习期间也消除了就业的后顾之忧。实践证明，我院的订单培养教育实践很好地调动学院、企业和学生三方的积极性，从根本上化解了学院办学、企业用人和学生就业三方面的矛盾，实现互惠互利，共同发展。

实现教学与实践的有机结合
——对高职教学形式的思考

高等职业教育目标是培养高科技术应用性专门人才，表现为技术型、操作型、应用能力强、高职培养模式的基本特征要求必须有自己特色的教学形式与之相适应。

传统的教学形式，强调教师中心课堂中心，采取班级授课制，同一专业、统一教学内容、同时毕业。它与强调重视实践教学环节的现代教学理论相比，显然不适应高职教学客观性要求。广泛开展以学生为主体的实践活动，实现教学与实践活动的有机结合，是实现高职培养目标的必由之路。首先，实践活动可有效促进学生的全面发展，因为"个体的发展实际上是练习、经验、对环境的作用等意义上的大量活动的产物"，实践出真知，实践出智慧，实践出才干。第二，实践是认识的动力，实践活动是以推动主动学习为特征的，实践过程也是认识、体会、探索、发现和解决问题和积累经验的过程，它可以调动人的主观能动性，增加能力培养的动力。第三，它符合程序性知识和技术应用能力掌握的规律，现代认知心理学的广义知识观，将知识划分为陈述性知识和程序性知识，程序性知识是关于"为什么"和"怎么办"的知识，主要涉及概念、规则原理的理解与应用，解决问题的技能、方法、策略的形式，以及情感体验等。这类知识不能单靠讲授、告诉的方式为学生掌握，只有通过学生自己的操作、运算、探究、体验等活动才能占有内化这类知识。也就是理论与实践结合才是培养技术应用能力的基本途径。总之，组织以学生为主体的各种实践教学活动，体现了以能力培养为核心，以素质整体发展为取向，可以有效改变传统高等教育重视知识学习，而忽视能力培养的弊端，改变传统的教学形式，加强实践教学，实现教、学、实践的有机结合，关键是全方位地把各种实践形式与"教"与"学"三位一体统一起来，发挥教师的主导作用，以达到培养高等技术实用型人才的目标。

把教、学、思统一起来："学而不思则罔同，思而不学则殆"。思是对所学知识的消化，是教师教授知识与实际联系起来的途径，同时思考也是思维实践。教师要教、导结合，以导为主，引导学生思考，启发学生思维，鼓励学生提问题，辅导学生解决疑难问题，学生要努力培养思考能力，形成良好的思维习惯，把教、学与启发思维，培养思维习惯的教学方法贯穿教学始终，在学与思中，巩固学习知识，总结科学思维经验，提高学生思维能力。

把教、学与观察性实习结合起来。观察可获得感性认识，加强对课本知识的理解，在学习中穿插安排观察性实习、可以加强教学与实践的结合，也可以培养提高学生的观察能力。法国一些高校就把有机安排学生以企业单独进行观察性实习作为学生实习的重要内容，以增加对企业单位状况的了解。在教学中，教师把课本知识与观察的认识与教授的内容联系起来思考，可使教学得到事半功倍的效果。

把教、学、做结合起来，做就是实际操作，顶岗学习。有条件的院校应积极创造教学环境企业化的条件，除了建立工业训练中心、模拟车间外，也可与企业联合举办一些实体，实行"三明治"式教学方法，将相当部分传统文化课变成"教、学、做"相结合的特殊课堂，在这样的课堂里，学生要能看、能摸、能操作，做到在学中做，做中学，边做边学，教学做合一，手口脑并用，同时加强校外实习实训基地建设，建立稳定的校外实习、实训基地，让学生在真实的职业环境中顶岗实习，或安排社会调查，通过了解社会，接触实际，增强责任心、事业心及基本技能。

学校也可组织各种社团、文化活动小组，鼓励学生参加，以鼓励有专业特长的学生发挥自己的特长，把学与做实际工作有机结合起来，要根据不同学科的特点和学科实际情况，积极探索教、学做相结合的方式，凡是有条件的都应积极实行。

把教、学与科研活动结合起来，学校要加强科研机构的建设，与企业签订科研合同，为企业承担科研任务，把大学生作为一种科研力量，有计划安排学生参加科研项目开发和技术改造，技术更新任务，美国的一些著名大学都有自己创设或和企业联合建立的产学合作研究中心，组织师生从事科研工作，如麻省工学院就有3000多个研究项目，从事研究的教员1000多人及大量在校本、专科生，通过组织大学生参加科研活动不仅创造了巨大的价值，贡献了社会，而且培养了一批又一批有创新精神的高素质科研人才。我国东南大学以课外兴趣小组为主体，以开放形式接纳自愿参加活动的学生的创新题目，至今已有几百名学生进入实验室，参与科研实践，取得不少成果。高职院校也应从自己情况出发，通过有计划进行科研项目开发，把教、学、研紧密结合起来，既加强了理论与实践的紧密结合，培养学生开发创造能力，又可使培养的学生走在现代科研技术最前沿，受到用人单位欢迎。

  把教、学、创业结合起来，培养学生的创业意识及创业能力，在大学生中开展创业计划竞赛是一种很好的方式，南开大学创业团队的"微生物采油创业计划"到去年11月中旬所在几家油田已增产2.7万吨，增创产值3200万元，这不仅创造了可观的经济效益，更重要的是经过演练培养了学生的创业能力，高职院校有条件的应把教与学、学与创业结合作为办好高职院校的有益尝试，积极开展推广新技术、新产品、推销商品，兴办企业等创业活动及竞赛。

高职教育实践教学存在的问题与对策

一、问题

（一）实践教学观念陈旧，职教特色认识不清

高职院校多为新建院校，是由专科学校、职工大学、教育学院、中等专业学校通过"三改一补"等途径合并组建而成。这些院校的前身，办学基础条件差，教育观念陈旧，实践教学原本就存在着严重的先天不足。改制后，原来形成的办学思维定式和传统的教育观念根深蒂固，仍继续沿袭那种脱离生产实际，脱离社会需求，只注重理论知识传授，忽视能力培养的旧的教学模式；总认为高职教育与成人教育、专科教育在培养目标和教学管理上没有多大区别，只不过是学校翻牌而已，对高职教育突出实践教学的特色认识不清。

在最近召开的全国大学教学实习与社会实践研讨会上，普遍反映高职院校学生理论知识较扎实而动手能力、应用能力、实践能力太弱，学生毕业后工作适应期较长，用人单位报怨学校输送的是"半成品"，这足以说明学生实际能力差是重视实践教学不够，对职教特色认识不清所致。

（二）实践教学环节薄弱，专业计划执行不严

高职教育的实践教学在整个专业教学计划中应占据"半壁江山"的地位，要逐步形成基本实践能力与操作技能、专业技术应用能力与专业技能、综合实践能力与综合技能有机结合的实践教学体系。现在不少高职院校使用的仍是成人教育、专科教育的专业教学计划或本科教育的"压缩饼干"，理论教学时数仍然偏重，专业技能课时安排较少，职教特色不明显。有的院校虽对专业教学计划进行了重新修订，确实也加大了实践教学的比例，但由于受各种条件的制约，专业教学计划执行不够严谨，往往把实验、实习、实训的学时

挪作他用，实践教学环节尚薄弱，这很不利于学生实践能力和创新精神的培养。

（三）专业实习大纲缺乏，实习实训质量较差

毕业实习是学生所学知识进行验证、巩固和提高的重要实践教学环节，也是培养学生动手能力的重要阶段。学生毕业实习必须要有大纲，实习大纲则是指导实践教学的文件，学生按照大纲的要求和规定完成实习实训任务。因此，实习大纲必须具有专业针对性和实用性，确实能对毕业实习起到指导性作用。现在较多高职院校因适应市场经济需求，专业设置偏多，变化较快，不少专业缺乏实习大纲，即使制定也较为粗糙，没有经过充分论证，总带有一定的盲目性和片面性，更缺乏针对性、实用性和科学性。

另外，有的高职院校校内基本无实习场所，校外缺乏相对稳定的实训基地，给实习实训工作带来较大的困难。少数学校基于实习压力和实习经费的吃紧，干脆"放羊"，撒手不管，让学生自己联系实习单位，以致点多面广，难于管理，更无法保证实习质量。还有的企事业单位不愿接收实习生，认为麻烦，即使勉强接收也是应付了事，实习收获甚微。

（四）教师现场经验不足，理论与实践脱节

现在高职院校大都已翻牌多年，但教师力量基本上未作调整，原本从事成人教育或专科教育的教师尚很难适应职业技术教育的需要，他们当中大多数是从校门到校门，理论水平较高，实践能力很弱，缺少或根本没有企事业工作单位的经验。尤其是"双师型"教师缺乏，不能做好学生实习实训的指导工作。有些教师知识老化，技能单一，新知识、新技术、新设备了解甚少，更缺乏现场经验，根本不能保证实践教学质量。

（五）教育经费短缺，实训基地建设薄弱

独立设置的高职院校多为地市办大学，它的发展除其他因素制约外，往往受地方财政的影响大。时下，由于财政收入普遍不足，对学校经费的投入也相应减少，一些学校只能发放人头费，根本就没有资金添置教学设施，实验设备老化、陈旧，不能更新，实验开出率较低，更没有资金去扩充实习实训基地建设，充实其内涵。笔者曾考察多所由成人高校和重点中专改制而成的职业技术学院，大都因资金短缺，实践教学条件跟不上，无法适应实践教学需要。

二、对策

(一) 更新观念, 提高认识, 增强实践教学的紧迫感

当前我国经济快速增长, 体制急剧变革, 经济结构、产业结构、技术水平发生前所未有的变化, 高新技术产业、第三产业蓬勃发展给我国的人才结构和人力资源市场带来重大变化, 呼唤要培养大批高等实用型专业技术人才。因此, 必须转变观念, 提高认识, 同不适应高职教育的办学旧观念决裂, 增强实践教学的紧迫感和自觉性。学校可以通过开展大讨论、研讨会、作报告、办培训班等形式, 进行强化实践教学观念的教育, 形成重视实践教学的氛围, 使全体教职工从思想到行动上都高度重视实践教学。

(二) 重新构建课程体系和优化教学内容

笔者认为, 当前高职教育课程体系应该由以下三部分构成: (1) 综合理论课程, 包括综合基础理论和专业理论; (2) 专业技能课程, 包括专业技术和相关职业技能及实践环节; (3) 素质教育课程, 主要培养职业精神及创新能力等。在教学内容上, 积极吸收当今世界上最新的科学技术成果补充适合社会和经济发展实际的新技术、新知识, 让学生一学就能用, 一学就会用。要鼓励教师到实践一线收集材料编写教学案例, 反映最新成果, 最新信息, 使教学内容跟上时代步伐。要改革实验教学内容, 减少演示性、验证性实验, 增加工艺性、设计性、综合性实验, 以强化实验教学的实践性。

(三) 运用"三位一体"教学手段, 促进教学与实践相统一

所谓"三位一体", 是指教、学、实践必须相结合, 也就是说把实践环节与教师教、学生学有机统一起来, 这是培养高等技术应用性人才的重要手段。

实践环节包括: 观察实践活动、思维实践活动、动手操作实践活动、科研实践活动、社会实践活动、表达演讲活动、技能竞赛活动等。在教学方法上, 改变单一的注入式, 根据不同学科(专业)、不同年级、不同学生的特点把传授知识与各种实践活动有机结合起来, 不但可以启发学生的学习兴趣, 加深对知识的理解, 还有助于培养学生的观察、思维、表达、动手、协调、组织及创新能力。

要大力提倡启发式教学, 做到引而不发, 导而不讲, 启发学生积极思维。推行观察性实习, 开展社会实践及各种科研活动, 鼓励学生踊跃参加社会调

查,敢于承担科研项目。

还可组织学生开展各种辩论会、演讲比赛、专业技能竞赛,促进教学与实践紧密结合。

(四) 制定双向考核制度,构建实践教学保证体系

教与学是对立的统一,教为主导,学为主体。要调动教师与学生两个方面的积极性,以强化实践教学为导向,以培养高等技术应用性人才为目的,制定适应高职培养模式的考核考试制度,实行多证书制,要求毕业生不但要取得毕业文凭,还要取得技术等级和岗位及操作或专业实习证书。黄冈师范学院近几年实行"五证换一证"取得很好效果,学生只有在成绩合格的前提下,并取得计算机、技能、英语、教育实习和普通话合格书后方可颁发毕业证书。这种考核模式找准了强化实践教学、加强学生基本能力基本技能与培养综合素质的切入点,使毕业生100%就业。

要与高职独特的学生考核模式相适应,把以培养技术应用能力为主线,设计学生的知识能力、素质结构与教师的教学工作联系起来,对教师的基础理论知识、专业知识、基本能力、基本技能教学进行量化考核,并把考核结果与个人的工资奖金挂钩,以调动广大教师开展实践教学的积极性。

另外,为提高毕业实习质量,可邀请有丰富教学经验的教师和丰富现场经验的专业技术人员,按照人才培养目标的要求,共同编写专业实践教学大纲,使实习大纲更具有针对性、职业性和实用性。

(五) 加强教师队伍建设,适应实践教学需要

根据高职教育的特点和专业建设的实际需要,高职院校应尽快调整、充实、培训师资队伍,实行与地方、行业、企业密切联系的开放式办学模式,选派教师到生产、管理、服务、经营第一线进行实践锻炼,鼓励教师参与技术、管理、组织和开发工作以及任职资格证书、技术等级证书的考试培训等。大力培养、引进、聘请"双师型"教师,提高教师自身动手操作能力是当前高职院校师资队伍建设的一项重要工作。要通过多途径、多方式引进人才,充实教师队伍。一是有计划地从重点高校以优惠条件选拔一批硕士、博士到校任教;二是从企事业单位调进一批有实践经验、具有本科以上学历的中、高级职称的专业技术人员任教;三是从企业、高校中聘请一批中、高级职称的教学人员、技术人员、管理人员与维修人员到校兼职任课;四是选派有培养前途的中青年教师到重点高校进行培养或攻读研究生课程,不断改善教师

知识结构，提高教师的教学能力和应用新技术、新设备的能力，以适应高职院校实践教学的需要。

（六）加大资金投入，横向联合，搞好实习实训基地建设

现有的学校办学条件普遍不理想，教学仪器、实验设备的添置和实习、实训场所的建立都较困难，这些资金的来源靠学校自身的力量在短期内是难以解决的。因此，各级政府应加大对高职院校的资金投入，社会各界也应积极赞助。政府还应在政策上给予适当的照顾和倾斜，扶持高职院校尽快改善办学条件。作为学校也要积极挖潜，拓宽办学门路，按市场经济规律运作，以成果利益共分，资源共享为纽带，加强校企合作，校校合作，充分利用校内现有师资、技术、设备、场所及校外的各种教育资源，搞好实习、实训基地建设，这已是世界上很多国家与地区的成功经验。另外，要根据学校与周围企业的实际情况，加强产学研结合，建立教育工作站、实验室、大学科技园、教学工厂或成立股份制办学实体。

学校把企业的人才培养、技术服务、项目开发、产品经销当作自己的责任，通过签订合同或实行科技成果转让，为企业承担科研或服务项目；企业也可利用自身资源优势，与学校合作，在享受科技服务成果的同时，除了出资外，还可提供实习、实训基地，解决学校实践教学基地的薄弱问题。

七 煤炭应用型技术人才培养篇

敦煌壺風堂一些未入下普羅藏

高职煤炭类专业人才培养
模式与教学改革的研究

引 言

  煤炭是我国重要的基础能源和原料,在今后相当长时期内,煤炭不仅在我国能源消费结构中仍然居于主导地位,对整个国民经济也有着重要影响。然而,近年来,煤炭工业发展过程中存在着结构不合理、增长方式粗放、科技水平低、安全事故多发等突出问题,直接影响到煤炭工业的可持续发展。大量资料表明:煤炭企业普遍缺乏煤矿开采技术、矿山机电、地质测量、通风与安全管理等方面的专业人才,尤其缺乏从事井下生产、技术及管理的高技能人才。尽快建立完善的煤炭行业紧缺人才培养机制,加快煤炭紧缺技能型人才的培养,是一项十分紧迫而艰巨的任务。

  高职院校(特别是与煤相关的高职院校)应当抓住机遇,紧紧围绕市场导向,适时地、大力地开发煤炭相关专业,并积极进行传统煤炭相关专业的人才培养模式与教学改革的研究和探索,切实培养出大批适合未来煤炭企业发展的高技能实用型人才。

一、更新教育观念,推动高职煤炭类专业人才培养模式研究与改革

  煤矿机电、采矿工程、矿井通风与安全等专业是煤炭类传统专业,已有几十年的办学历史,为煤炭生产输送了大量技术人才。然而,随着煤矿高新技术应用的日益广泛和深入,其教育观念和培养模式已逐渐不能适应现代化煤炭企业对高级技能型人才的要求,因此,充分认识并树立现代教育思想观念,对推动人才培养模式的研究和改革有重要的先导作用。

（一）要树立市场需求导向的观念

煤炭高职院校应面向煤炭行业生产、施工、管理、加工第一线，为煤炭企业培养最需要的懂技术、善管理的技术型、技能型人才，针对煤炭生产高新技术的不断发展和煤炭深加工技术的广泛应用，及时调整专业设置和教学模式，从而保持高职教育的前瞻性，更好地服务于经济的发展。

（二）要树立素质教育的观念

针对当前煤炭高职教育过弱的人文社会科学教育、过窄的专业教育、过重的功利导向，树立素质教育的观念有着重要的现实意义。从培养目标、培养方案、课程体系、教学内容、教学方法乃至教材、教学管理都要以素质教育的要求重新审视、构建、选择、改革，才能真正实现人才培养模式的改革。

（三）要树立创新教育的观念

高职教育要实现从传授已有知识为中心的传统教育转变为着重培养学生创新精神和实践能力的现代教育。在传授有效的专业知识的同时，更重要的是指导学生如何应用知识创造性地解决问题，要注重培养和发展智力因素和非智力因素，要重视学生个性发展和责任教育，在全面发展的基础上培养学生独立性、创造性、责任感。

（四）要树立整体知识教育的观念

现代煤炭科技发展的特点是在高度分化基础上的高度综合，因此，煤炭高职教育要推行学科结构综合化改革，注重学科交叉，拓宽专业面，增强适应性，加强课程综合化改革，培养学生综合运用多种学科的知识，去分析和解决实际问题的能力。

二、高职煤炭类专业人才培养模式与教学改革的主要内容

（一）正确定位专业培养目标，明确人才培养规格要求

正确定位专业培养目标是人才培养模式改革的重要环节。高职煤炭类专业的培养目标应是"培养热爱煤炭事业，综合素质高、实践能力强、有较强创新意识和一定创新能力，能适应煤炭生产、施工、管理、加工第一线需要的，德智体美全面发展的高技能应用型人才"。因此，要求煤炭类专业的毕业生既要掌握"必须够用"的专业理论知识，又要掌握煤炭生产、加工的基本

专业实践技能,关键是要具有综合职业能力和全面素质。

(二) 以高新技术提升建设传统专业,科学地构建课程体系

科学地构建课程体系是人才培养模式改革的核心内容。高职煤炭类专业的课程体系既要吸取先进采矿国家及国内传统煤炭高校相关专业课程体系的优点,又要结合我国煤炭行业当前生产及管理的实际情况,具有前瞻性和实用性,形成一套有自我特色的课程教学模式。通过调研分析国内外煤炭高校同类专业的现状,确立了构建高职煤炭相关专业课程体系的指导思想:按照"立足煤炭,面向市场,拓宽口径,提高质量"的原则,以高新技术提升建设传统专业。

1. 突出学科重点,进行课程综合化、实施化改革

根据我国煤炭企业中大量传统的技术、理论、设备仍然应用较为广泛的现状,在设置课程时保留了主要的传统理论课程,但对课程内容进行了科学地整合与重组。例如,长期以来,采矿工程专业设有《煤矿开采技术》、《矿山压力及控制》及《采矿优化与设计》三门主干课程,分别讲授。这些课程有些内容交叉重复,有些内容陈旧、过细,不利于对学生综合能力的培养,可将它们优化整合为《采矿技术》,减少了学时,并实现了教学内容的有机融合,使之更有利于教学实施。

2. 突出煤炭新技术应用,进行课程教学内容的更新

随着煤炭新技术的应用日益广泛,学校教学内容与生产现场脱节的现象更加突出,因此在课程体系优化改革中要注意课程教学内容的更新。例如,在采矿工程专业增加《采矿新技术应用》课程,主要讲授综采放顶煤技术、大型矿井深部开采技术、煤巷、半煤岩巷快速掘进技术、重大瓦斯煤尘爆炸事故的预防与控制、煤矿突发性灾害监测及防治等,在《采矿技术》课程中增加"采动治理"的内容,介绍减少破坏生态环境的绿色开采技术,形成了"掘、采、治"三元一体的教学新内容。

3. 突出技术应用能力培养,建立完善的实践教学体系

实践能力的培养一般包括三个方面:一是基本技能训练,二是技术应用能力的训练,三是综合技能的训练。因此,应建立完善的实践教学体系,对各项技术技能进行训练,并通过岗位实习及毕业设计锻炼学生利用所学理论

知识解决现场实际问题的能力,为就业上岗奠定基础。此外,为适应社会对就业人员职业资格准入的要求,应将"双证书"制度纳入教学训一划,积极加强理论联系实际,增加现场实习的时间。

为此,煤炭高职院校应与煤炭企业建立十分密切、深入的合作关系,在煤矿建立了大批牢固、稳定的实践教学基地,同时注重校内实训场地的建设和管理,提高利用率,为保证实训教学的开展,提高训练质量提供可靠的保证。

4. 突出创新能力培养,精心选择、科学设置选修课程

如:采矿工程专业开设采矿 CAD、成本控制、工程概预算、最新矿山安全监测仪表、矿山灾害预测预报新技术、系统工程理论和方法等专业选修课;煤矿机电专业开设矿井通讯与信息传输、现场总线技术、数控技术、先进的数据采集方法和手段等课程。此外,开设"兴趣小组"或"创新课堂"等,也对学生创新能力的培养具有积极的意义。

(二) 采取各种有效措施,为专业培养目标的实现提供保障

1. 加大校企联合,拓宽人才培养渠道

在进一步巩固和加大"订单式"培养范围的同时,积极探索和尝试校企联合式培养、"工学交替制"培养、校企股份合作培养等新的办学模式,充分调动企业参与教学的热情,加大企业参与教学的深度和广度,既能很好地解决实践性较强课程师资和实验实习场所短缺的问题,也有利于增强学生学习的目的性、方向性和针对性,激发学生学习的积极性和主动性。

2. 建立激励机制,加快"双师型"师资队伍建设。

安排采矿类专业教师参加专业培训或利用假期到煤炭企业挂职实习,引进理论水平高、实践能力强的煤炭企业中高级技术人才来校任教,聘请煤矿企业高级工程师或煤炭高校知名学者做"兼职教授",即可充实学院的师资队伍,又能促进教学及科研水平的提高。

3. 贴近生产实际,切实加强教材建设。

职业教育教材的内容组织既要考虑课程的逻辑结构,更要注重与生产实际紧密的结合。为此,可选聘煤矿现场经验丰富的技术人员与校内教学经验丰富的教师共同组成教材编写组,编写既适合高职教学或培训又能切实反映煤矿常用设备和流技术以及发展趋势的特色教材。

三、结语

高职煤炭类专业的人才培养模式和教学改革的研究是一项长期的系统工程，它应以专业培养目标为出发点，紧紧围绕煤炭企业的生产现状及科技发展，从课程设置、课程模式、课程内容以及教材、教学方法和教学手段等多方面进行不断的研究和探索。只有切实把握高职教学的本质特征，准确定位专业培养目标，紧密结合生产实际，合理构建课程体系，科学制定培养方案，才能真正培养出煤炭行业所急需的"大批下得去、留得住、用得上、实践技能强、具有良好职业道德的高技能应用型人才"，为我国煤炭行业的发展和现代化建设提供必要的人才支撑和智力贡献。

高职煤炭相关专业课程体系存在的问题及对策

一、目前高职煤炭相关专业课程体系存在的问题

采矿工程、煤矿机电、矿井通风与安全、煤矿地质测量是煤炭生产技术的传统专业,国家教育体制改革后,煤炭院校转由地方管理。由于地方需要和市场导向的作用以及煤炭行业条件艰苦等因素,煤炭院校专业结构发生了很大变化,煤矿主体专业萎缩,忽视了对煤炭主体专业课程建设,致使煤炭相关专业课程体系改革滞后、课程内容陈旧,已不能适应现代化煤炭企业对高级技能型人才的要求。主要表现如下:

1. 课程体系单一,专业面窄,适应性差。如煤矿机电专业的教学内容仅仅拘泥于煤矿运输、提升、通风、排水、压气等机电设备的运行、调试和维修,将学生的就业面局限于采掘及传统的"煤矿四大件"。另外,采矿工程专业教学内容主要面向煤矿地下开采,也大大限制了学生的就业范围。

2. 缺乏高职特色。不少课程的内容是本科煤炭院校的"压缩饼干",或者照搬煤炭专科院校的传统教材,没有体现高职教学的特色。

3. 少数课程内容缺少必要的整合与重组,存在重复教学或内容脱节的现象。课程的教授以传统理论为主,部分内容较为陈旧,未能融入现代煤矿生产过程的新理论、新技术、新工艺,科技含量偏低,跟不上煤炭科技的发展。

4. 实践教学环节薄弱,学时偏少,理论教学与实践教学脱节现象较突出,与高职教育人才培养目标存在一定的差距。一些院校由于在制订教学计划时过多地考虑煤矿实习安排较困难及学生实习过程的安全,岗位实习安排时间较短,部分实践环节以参观代替实训,学生的动手能力未能得到真正训练。

5. 缺乏对学生创新意识和能力的培养。教学计划在课程设置上过于注重

对专业领域内基本理论和技术的教学，在一定程度上忽视了对学生创新意识和能力的培养。

要解决上述问题，就必须进一步明确煤矿主体专业培养目标及人才培养规格，构建合理的知识、能力、素质结构，建立有效的理论、实践教学体系，优化专业培养方案，并在教学中加以实践、完善，努力探索一条具有鲜明高职特色的适应现代化煤矿生产需求的课程体系。

二、高职煤炭相关专业课程体系改革的主要内容和保障措施

1. 充分考虑煤炭行业背景对人才培养和课程体系的影响。高等职业技术教育有很强的职业定向性和行业依赖性，课程体系的构建必须适应行业当前的生产技术水平及其发展的需要。如在改造传统的"采矿工程"专业时，应充分考虑采矿业的基本特点：

（1）地下作业，生产工艺复杂，生产过程受煤层贮存状况的限制，受瓦斯、煤尘及矿山压力的威胁；

（2）地质构造变化大，采矿方法层次多，技术含量高低不一；

（3）市场经济发展对采矿技术的影响日益突出，所有制不同的煤矿企业具有不同的经济特点，对采矿技术有不同的要求；

（4）采矿工程专业的毕业生在煤矿企业主要从事开采技术、巷道施工、通风安全等方面的技术及管理工作。针对这些特点，采矿工程专业人才培养的目标应是：热爱煤炭事业，能适应21世纪社会主义现代化建设需要，德、智、体全面发展，具有较扎实的采矿理论基础和专业知识，综合素质高，实践能力强，有较强创新意识和一定创新能力，能在矿山开采领域从事生产、施工及管理的高技能实用型技术人才。围绕这个目标应拓宽整合"采矿工程"专业的专业方向，使采矿工程专业涵盖煤矿开采技术、巷道施工技术及通风与安全技术三个专业方向，同时考虑到毕业生今后就业方向的拓展，建立起采矿工程专业"宽口径高技能"的复合型人才培养计划及课程体系，把知识、能力、素质、创新协调发展贯穿于教学全过程。

2. 更新教学理念，进行专业课程体系结构的优化和重组。

（1）突出学科重点，进行课程综合化改革。根据我国煤炭企业仍大量沿用传统的技术、理论、设备的现状，在设置课程时应保留主要的传统理论课

程，但要对课程内容进行科学的整合与重组。如长期以来，采矿工程专业设有《煤矿开采技术》《矿山压力及控制》及《采矿优化与设计》三门主干课程，课时总计200多学时。这些课程有些内容交叉、重复，有些内容陈旧、繁琐，不利于学生综合能力的培养。新的课程体系可将它们优化整合为《采矿技术》，学时约减少1/2，并能实现教学内容的有机融合。煤矿机电专业《矿井提升与运输》《采掘机械》《流体力学与流体机械》等专业课程一直分别开设，也存在部分内容交叉重复和陈旧的弊端，可整合为《矿山机械运行与检修》，学时数由200多缩减到100左右，使之更有利于教学实施。

（2）将煤炭行业新理念、新技术融入专业课程教学。在采矿工程专业增加《采矿新技术应用》课程，主要讲授综采放顶煤技术、大型矿井深部开采技术、煤巷、半煤岩巷快速掘进技术、重大瓦斯煤尘爆炸事故的预防与控制、煤矿突发性灾害监测及防治等专业知识；增加《采矿信息与计算机应用》课程，介绍计算机技术在煤矿科学化管理中的应用。此外，考虑到传统的矿井开采技术只注重"掘、采"两个方面，存在忽视煤矿开采对环境及资源的损害等问题，如开采造成地表沉陷、破坏水体、矸石侵占土地、污染环境和大气等，有悖于矿区的可持续发展规律，可将整合扩充后的《采矿技术》课程在以往采煤方法、准备方式、矿井开拓等内容的基础上，增加"采动治理"的内容，介绍减少破坏生态环境的绿色开采技术，形成了"掘、采、治"三元一体的新的教学内容体系。煤矿机电专业的《矿山机械运行与检修》除介绍典型的煤矿传统机械设备外，应加入新型矿山机电设备如大功率电牵引采煤机、交—交变频提升机等的运行与检修技术。此外，还应增加《现代电力电子与电力传动技术》《机电一体化技术》《计算机控制与网络技术》等课程，介绍机电行业新技术、新设备。同时，通过多种途径把煤炭生产最新理论和技术研究成果转化到专业课教学实践中，如通过自编讲义的方式及时更新主干课程教学内容；不定期地开设由知名学者、现场专家、学科带头人主讲的煤矿生产新技术讲座，开阔学生的视野、启迪学生的创新思路，进一步提高学生的专业素质。

（3）建立相对独立的实践教学体系，突出技术应用能力培养。实践能力的培养应包括三个方面：一是基本技能训练，二是技术应用能力的训练，三是综合技能的训练。目前，我国高职煤炭各专业均增加了实习实训时间，有的院校采用"2+1"的教学模式,前两学年在校内进行课堂教学并穿插相关实习实训,最后一学年在煤矿现场以产学研结合方式开展岗位实训,同时完成毕业设计。根据能力、技能培养的规律,遵循由浅入深、循序渐进、逐步提高的原则,合理安排进程,使实践教学与理论教学有机结合。第一学年为基本技能培养阶段,开设公共技能及专业基础技能训练课,如钳工基本操作、电工基本操作等;第二学年为技术应用能力培养阶段,开设专业技能训练课,如采矿工程专业开设采煤工作面工艺实训、矿井通风与安全实习等;煤矿机电专业开设电动机变压器检修实训、煤矿固定机械安装和维护实训等;第三学年为工程应用综合能力培养阶段,对各项技术技能进行综合训练,并通过毕业设计锻炼学生利用所学理论知识解决现场实际问题的能力,为就业上岗奠定基础。此外,为适应社会对就业人员职业资格准入的要求,应将"双证书"制度纳入教学计划,结合职业技能鉴定开设实训课程。同时,高职院校应与煤炭企业建立密切、深入的合作关系,在煤矿建立牢固、稳定的实践教学基地,并注重校内实训场地的建设和管理,提高利用率,为实训教学的开展,训练质量的提高提供可靠的保证。

(4)精心选择、科学设置选修课程,努力反映当前科技、经济和社会的最新发展。公共选修课应开设信息检索、公共关系学、大学美育等;采矿工程专业应开设采矿CAD、成本控制、工程概预算、矿山灾害预测预报新技术、系统工程理论和方法等专业选修课;煤矿机电专业应开设矿井通讯与信息传输、现场总线技术、数控技术、先进的数据采集方法和手段等课程。按照这样的课程设计,不仅能保证教学质量,而且还可为学生很快适应生产岗位技术工作奠定基础。

3. 采取各种措施保证课程体系的有效实施,促进学生综合素质的整体提升。

(1)加强教学研讨,探索适应高职教学的新的教学方法,提高学生的主体地位,注重学生的个性发展。例如推行案例教学,在专业课教学中尽可能地选取和设计煤矿生产中的实例,把这些实例当作研究对象,让学生观察、实验、分析,启发学生多角度、全方位观察分析问题,在此基础上增长煤矿生产需要的知识和技能。

(2)建立讲练一体的专业教室,配置体现煤炭生产与加工主流技术的关键设备，并借助仿真教具或教学软件模拟实际生产过程或工作流程，将煤矿的生产现场搬上课堂。选择一些动手能力要求较高的课程采用单元化教学的模式，将理论教学和实践教学融合、交织在一起进行，以突出对学生实践能力的培养。

（3）制定专门的政策，加大"双师型"师资队伍建设的力度。例如安排采矿类专业教师参加专业培训或利用假期到煤炭企业挂职实习，引进理论水平高、实践能力强的煤炭企业中高级技术人才来校任教，聘请煤矿企业高级工程师或煤炭高校知名学者做"兼职教授"，以充实师资队伍，促进教学及科研水平的提高。

（4）加大实践教学基地建设力度，一方面利用煤炭职业院校的区位优势在煤矿建立大批稳定的校外实训基地，并聘请现场人员参与实训教学，引入制约和保障机制，确保实践教学的顺利实施，提高教学效果；另一方面应积极筹措资金扩大校内实训场地的建设，同时考虑采用"校企共建，互利互惠"的方式，吸引校外资金，改善办学条件。此外，还可与各煤炭企业签订"合作办学、订单培养"的协议，既可扩大办学规模，又促进了办学水平的提高。

（5）教材建设逐步科学化、系统化、规范化。职业教育教材的内容组织既要考虑课程的逻辑结构，更要注重与生产实际的紧密结合。为此，要进行科学合理的规划，组织煤矿现场经验丰富的技术人员与校内教学经验丰富的教师共同组成教材编写组，编写既适合高职教学或培训又能切实反映煤矿主流技术和常用设备以及发展趋势的专业课程教材，形成适应高职人才培养目标的独立的教材评价体系。

三、结语

高职煤炭相关专业的人才培养模式和课程体系的优化改革是一项长期的系统工程，应以专业培养目标为出发点，紧紧围绕煤炭企业的生产现状及科技发展，从课程设置、课程模式、课程内容以及教材、教学方法和教学手段等方面进行不断的探索，这样才能确保课程诸要素之间的协调性，使课程系统功能达到最佳，不断为煤炭行业培养大批"下得去、留得住、用得上"、实践技能强、具有良好职业道德的高技能应用型人才，以促进煤炭企业的可持续、协调发展。

煤炭行业技术性应用型人才
需求分析与解决问题的对策

煤炭工业为新中国经济的腾飞提供了 2/3 以上的一次能源,有效地支撑了国民经济的持续快速发展。《中国可持续能源发展战略》研究报告指出:我国到 2010 年煤炭在一次能源生产和消费量中将占 60% 左右,在相当长时期内煤炭工业在国民经济中的基础地位将是稳固的。但是制约煤炭行业健康发展的矛盾依然突出,不仅产业集中度低,结构性矛盾突出,长期投入不足,技术装备落后,事故多发,安全生产形势严峻;人才匮乏和流失也严重制约着煤炭企业的发展。

为此,积极探索产学结合培养人才的办学模式,为煤炭行业培养所需要的技术性应用型人才是十分必要和紧迫的,也是高职院校义不容辞的责任。

一、煤炭行业人才短缺状况

最近由山西煤炭职业技术学院完成的《山西省煤炭行业从业人员队伍现状的调研课题报告》表明:煤炭行业已面临人才严重短缺和断档现象,尤其缺乏从事井下安全生产、技术和管理的高技能人才和高级技术工人。相当多的煤炭企业生产一线技术员数量不及安全生产最低要求的半数,个别大型煤炭企业现在几个采煤队才有 1 名技术员。如山西省煤炭行业从业人员总数 101.25 万人,各类专业技术人员 7.93 万人,所占比例不到 7.8%。其中,国有企业从业人员总数约为 63.96% 万人,专业技术人员 7.63 万人,专业技术人员仅占从业人员总数的 11.93%;具有大学本科及以上学历(含后续学历)占总数的 1.34%,大专学历的占总数的 3.16%,中专学历的占总数的 2.39%。乡镇煤矿有 3360 余座,从业人员约 35.74 万人,绝大多数技术人员是在摸索中积累经验的"土"工程师。全省有 17.5% 的技术员是高中以下学历。这与专业技术人员应占从业人员总数 30% 的要求相距甚远。

在专业技术人才中，从事管理、卫生、教育和后勤服务工作的人员比重偏大，从事煤炭一线安全、生产、技术、管理的人员所占比例则很小。煤矿采掘区技术人员中，接受过大专、中专等正规专业技术教育的比例很低，采掘区队人才短缺现象更为严重。

煤炭行业人才短缺问题，是一项带有全局性、普遍性的问题，已明显影响到当前企业发展，对今后的发展也会造成长期影响。据统计：全国 30 万吨以上大中型煤矿中，初中以下文化程度的矿工占 62%（全国国有煤矿安全保障能力调研报告），高级工程技术人员仅有 3%。30 万吨以下中小型煤矿中，中专学历以上职工平均每个矿不到 3 人。多数煤炭企业专业人才补充量不足需求的 10%。目前国有煤矿中，大专以上程度的技术人员仅占职工总数的 3% 左右，而发达国家为 60% 以上。在近 40 个年产 500 万吨以上的大中型煤炭企业中，工程技术人员不足 2000 人。

二、人才短缺原因剖析

（一）煤炭专业无人报考，学校招不到人

上个世纪 90 年代煤炭行业萧条，大学生就业政策由包分配改为双向选择，煤炭专业毕业生就业难。虽然现在煤炭行业经济效益好转，但大学生就业观、价值观已发生显著改变，煤炭行业艰苦、高危，使得报考煤炭院校的人数骤减。

煤炭部撤销后，煤炭类院校由行业管理转为地方管理，资金投入减少。全国原有 15 所煤炭专业院校，为适应市场需求，都大大压缩甚至取消煤炭类专业。这些学校纷纷改"名"换"姓"，被科技大学、理工大学所取代。例如，淮南矿院改成了安徽理工大学，从原来单纯为煤炭行业服务改为面向全社会服务。1998 年，15 所原煤炭院校招生数为 1.5 万人，其中地矿类专业仅 2500 人，比例由原来的 70% 下降到不足 10%。到 2005 年，这 15 所院校招生人数虽然增加了许多倍，但地矿类专业人数却少得可怜。

现在全国有独立设置的煤炭高职院校 5 所，合并设置的高职院校 11 所，并入高等学校后继续开办高等职业学院的 13 所,继续办有煤炭专业的中专学校 8 所。但是大多数都与煤炭系统脱钩,如北京煤校改为北京工业职业技术学院、徐州煤校改为徐州建筑职业技术学院、淮北矿务局职工大学合并为淮北职业技术学院、这些学校均以培养地方人才为主。

原隶属煤矿企业的技工学校全国共有 100 多所,其中高级技工学校 20 多所。随着现代企业制度的实施,这些学校正在与企业脱钩,如淮北煤炭高级技校升格为淮北技师学院,从单一为企业服务转变为以企业为主,兼顾社会,实行企业内招生与社会招生相结合的双轨制。技校采矿专业持续萎缩,其社会招生部分基本被数控、电子技术应用等专业取代。大部分学校出现了专业教师流失,教学实验、实习、实训设施陈旧或被淘汰,无法满足煤炭急需人才培养的需要。

(二)煤炭院校毕业生改行,企业进不了人

1997 年以前,煤炭高校毕业生的 70%、地矿类专业毕业生的 90% 都分配到了煤炭行业;而自 2003 年以来,每年培养出来的地矿类专业人才绝大多数通过各种途径,脱掉"矿衣"转行就业。山西省煤矿自 1997 年至今,接收大、中专毕业生人数逐年减少。以 2003 年为例,山西省高校(含大专)煤矿工程类专业毕业生为 1599 人,其中到煤矿企业工作的不足 100 人。据 9 所原煤炭高校的不完全统计,1999—2002 年共有毕业生 37931 人,到煤炭行业就业的只有 3538 人,占 9.3%。

(三)煤矿企业人才流失,留不住人

由于煤炭行业艰苦,不仅大中专学生不愿前往就业,而且煤炭企业原有的科技人才也流失严重,本科以上技术工程类人才流失高于调入人数,以致有的企业出现无人可任区队长、矿上无人可任总工程师的尴尬局面。产煤大省河南,全行业自 1998 年至今没有引进过一名采矿专业的本科生,而工程技术人员流失却多达 2200 人;鸡西矿业集团从 1992 年以来,企业共流失工程技术人员 849 人,其中高级工程师 87 人、工程师 282 人、助理工程师 480 人,企业现在仅有工程技术人员 1846 人,占职工总数的 1.28%。

三、煤炭行业人才需求分析

经济发展的根本问题是人才问题,经济结构调整、社会的全面发展和进步,取决于人才的数量和质量。

(一) 宏观需求

煤炭行业正在进行产业结构调整,组建以煤炭企业为主体,以优势企业为龙头,以资本为纽带,以现代企业制度为目标,以产业多元化为特征,以煤种特点、地理位置、铁路流向为依据的产、运、销一体化产业集团。大规模的战略重组必然带来对各类高级技术应用型人才的大量需求。在这一关键时期,劳动者的素质、各类高级技术性人才的质量和数量将直接影响经济和社会可持续发展。

十一五期间,是煤炭行业实施"大投入、大开发、大跨越"发展战略的重要历史时期。根据党的十六届四中全会以及全国人才工作会议关于实施人才强企和科技兴企战略的精神,各大企业集团都结合地区综合开发规划,制定与实施了"百千万人才工程"。中国煤炭教育协会调查统计和预测显示,到2010年,煤炭行业共需各类人才约12万人,而当前人才补充数量不足需求的40%,供给严重不足,缺口巨大。

(二) 微观分析

以淮北矿业集团为例,集团现有在职职工近10万人,矿区2005—2010年规划新上8对大型矿井,年产均在200万吨以上,按其2005—2010年"开发人才"计划,每年需培养和引进600名左右大专以上层次的各类人才,至2010年,集团公司净增各类人才3800人左右(其中,煤炭主体专业约1500人,年均增加300人;地面主体专业约200人、经会统专业约600人、其他类专业约1300人),本科以上专业人才需由目前的2500人增加到4500人左右,年均增加400人;工人技师由目前的1500人增加一倍以上,年均增加300人。各专业人才需求情况见下表:

淮北矿业集团公司 2006 年各类专业技术人才引进计划表

专业类型	具体专业	学历要求	计划人数	性别要求
煤炭主体专业 （220 人）	采矿工程	大专以上	30	男
	矿建工程	大专以上	30	男
	通风安全	大专以上	30	男
	矿山机电	大专以上	90	男性为主
	地质工程	大专以上	20	男
	矿山测量	大专以上	20	男
其他主体专业 （145 人）	矿物加工	本科	15	男性为主
	热能与动力	本科	20	男性为主
	电厂化学	本科	5	男性为主
	化工工艺	本科	20	男性为主
	土木工程	本科	15	男
	测控技术	本科	10	男性为主
	铁路技术	大专以上	60	男
经济管理类专业 （50 人）	企业管理	本科	15	男性为主
	市场营销	本科	10	男性为主
	财务管理	本科	25	男性为主
综合应用类专业 （85 人）	计算机科学	本科	25	男性为主
	电子信息工	本科	25	男性为主
	环境工程	本科	10	男性为主
	其他社科类	本科	25	男性为主
合计			500	

四、解决人才短缺问题的对策

煤炭行业紧缺人才的培养问题关系到国民经济发展的能源保障、和谐社会的构建、煤炭行业的可持续发展和煤矿安全生产等方方面面，必须采取"国家出政策、企业出资金、学校出力气"三管齐下的办法，加速人才培养，构建煤炭行业健康发展的新局面。

（一）国家出政策

国家应增加对煤炭行业的投入，尤其加大科技投入和装备投入（据《中国煤炭科技展望》显示，我国科技对煤炭经济增长的贡献率只有23%，低于全国28.3%的平均值；全国国有煤矿累积的安全欠账达500余亿元）；要采取特殊政策，大力发展煤炭高等教育，如继续执行地矿类专业"对口单招"、实行煤炭艰苦专业奖学金制度、恢复一些地矿类学校和专业尤其是高职高专院校，并给予经济投入和政策倾斜，等等。

（二）企业出资金

当前煤炭价格一直维持在高价位，扣除税收增加，不合理收费及钢材、木材、电力等材料价格上涨等因素，每吨煤至少也有50—60元的利润。目前，全国每年煤炭产量近20亿吨，若从中提取5元/吨用于安全投入那就接近100亿元，提出3元/吨用于人才培养和人员培训，就是60亿元，既改善了煤炭企业的形象，提高了职工队伍的科学文化技术素质，又缓解了人才不足。企业应为学校提供实习基地、为立志煤炭建设的学生提供在校学习期间的生活补助费、为到煤矿工作的大中专学生提供高于其他行业的待遇、对第一线的工人强化技术培训，等等。总之，让出一点利，把钱花在安全生产这一刀刃上、花在改善企业形象上、花在人才培养与提高技术含量上，对煤炭行业健康、和谐、可持续发展是十分有益和完全必要的。

（三）学校出力气

学校出力包括：组织开展有关煤炭类专业的课程体系和教学内容课题研究；加快制订煤炭专业技能型紧缺人才培养培训指导方案（近几年主要针对煤炭主体专业，2008年以后要开发以洁净煤技术为主的其他主体专业的培养方案）；落实建设煤炭专业职业教育实训基地；与企业专家、技术人员一起了解煤炭生产新技术、新设备、新工艺、新方法，熟悉煤矿安全规程，编写合适的教材；选派教师到煤炭企业挂职锻炼等。学校还要花大力气做好学员的职业指导，深入开展全过程思想政治教育工作，通过入学教育、专业思想教育、开设第二课堂、加强专业实习、毕业实践，引导学生到祖国最需要的地方去实现人生价值；制定完善的规章制度，从政策上鼓励学生到艰苦行业、艰苦地区去工作；努力实践对口单招和定向招生的办学模式，实行校企合作的"2+1"教学模式等，为煤炭企业培养一大批"下得去、留得住、上手快、技能强"的技术性应用型人才，为我国煤炭行业健康发展，为构建和谐社会和奔小康社会做出应有的贡献。

八 大学生思想政治教育与两课教学篇

大学生思想政治工作机制创新的思考与实践

一、以提高实效性为宗旨，进行大学生思想政治工作机制创新

加强和改进大学生思想政治教育，提高高职院校思想政治教育工作的针对性、实效性是目前大学生思想政治教育的热点和难点。我们认为，要实现高职院校思想政治工作新的突破，必须创新思想政治工作内在的运行方式。这种创新，一是领导机制的创新，要针对实际工作中存在的一手硬、一手软的问题，建立党委统一领导，党政部门和学工处、团委等齐抓共管，各负其责的高校思想政治工作体制，建立健全高校思想政治工作责任制。二是评价机制的创新。要充分考虑到高校思想政治工作效益的特殊性，坚持物质利益与精神利益相统一，定性分析与定量分析相统一，在此基础上，建立和完善激励机制。三是保障机制的创新，要建立规范、有效的资金投入和保障制度，完善高校思想政治工作的投入机制。近年来，我院在思想政治工作运行机制上进行改革实践，有效地推动了思想政治教育工作的健康发展。

（一）建立健全领导体制和工作机制，做到组织落实

大学生思想政治教育，领导是关键。院党委不断加强和改善对思想政治教育工作的统一领导，建立和完善党政齐抓共管、专兼职队伍相结合、全院紧密配合、学生自我教育的领导体制和工作机制，把大学生思想政治教育工作列入党委的重要议事日程，经常分析大学生的思想状况和思想政治教育状况，坚持定期和不定期对大学生思想政治教育工作进行安排和部署。为加强对大学生思想政治教育工作的领导，我院2001年成立了大学生思想政治教育工作领导小组。《中共中央、国务院关于进一步加强和改进大学生思想政治教育的意见》（中发［2004］6号）和《中共安徽省委、安徽省人民政府关于进一步加强和政进大学生思想政治教育的意见》（皖发［2005］8号）下发后，

我院对思想政治教育工作领导小组进行了调整和完善，成立了以院党委书记为组长，分管副书记和副院长为副组长，相关部门负责人为成员的大学生思想政治教育工作领导小组，各系部也成立了以党总支书记为组长，系部主任、分管副书记为副组长的系部思想政治教育工作领导小组。根据中央16号文件精神，结合我院实际，制定出台了《淮北职业技术学院思想政治教育工作五年规划》、《淮北职业技术学院关于进一步加强和改进大学生思想政治教育工作的实施意见》、《淮北职业技术学院思想政治教育实施细则》进一步明确了党委领导、院长、学院有关部门和基层党政工团组织思想政治教育的职责和任务。在此基础上，进一步建立健全思想政治教育工作组织体系，形成了以院党委为领导核心，以机关有关部门、系部党政领导、共青团干部、"两课"教师、辅导员为主体的党政工团齐抓共管，全体师生员工积极参与的思想政治工作体系，建立了以院系党组织、共青团和学生组织、专职辅导员和兼职班主任、公寓学生思想政治教育工作管理组织和关工委"五位一体"的思想政治工作网络，形成了比较完善的思想政治教育工作体系，为我院的思想政治教育工作提供了有力的组织保障。

（二）建立健全大学生思想政治工作激励机制

建立健全大学生思想政治教育和管理的制度体系，构建和完善大学生思想政治教育工作和激励制度，是做好我院大学生思想政治教育工作的重要保障。近年来，院党委把建立健全思想政治教育的工作制度和激励制度作为一项系统工程，有计划、有步骤地逐步完善大学生思想政治教育的工作制度和激励制度，不断推进大学生思想政治教育工作保障体系建设。

一是不断建立健全大学生思想政治教育的各项工作制度，初步形成了思想政治工作制度体系。院党委结合我院实际，制定和出台了加强和改进大学生思想政治教育的工作制度，先后下发了《素质教育实施方案》、《关于进一步加强和改进大学生思想政治教育的实施意见》、《关于加强和改进大学生思想政治教育工作目标的任务分工意见》、《关于进一步加强和改进大学生思想政治教育理论课、形势政策教育的实施意见》、《思想政治教育实施细则》、《关于思想政治工作人员配备的若干规定》、《专职辅导员工作实施细则》、《班主任工作条例》、《三育人工作条例》、《大学生心理健康教育实施意见》、《大学生思想道德素质测评和学生综合素质测评办法》院级领导干部联系学生、机关处科级领导干部联系年级、班级制度和教师联系学生制度，毕业生就业工作目标管理责任制、就业工作领导小组成员单位就业工作职责和对口联系等制度，初步形成了符合我院实际的工作制度体系。

二是不断建立健全思想政治教育的考评和奖惩激励制度。院党委在组织制定思想政治教育工作考评标准、教职工职业道德考评规范、三育人考评标准、大学生思想道德素质考评标准等一系列评价规范的基础上，努力建立健全思想政治教育各项考评制度，先后制定出台了优秀学生和班、团干部表彰奖励办法、优秀学生标兵、学生先进个人表彰奖励办法、三育人先进工作者、先进集体评选奖励办法、思想政治教育工作考评办法、教职工职业道德考评制度、毕业生就业工作考评办法及奖惩政策等一系列考评制度，并把考评与学生、教职工及各级领导干部的评先评优、晋职晋升、选拔任用和奖励有机结合起来，通过考评促进了大学生思想政治教育各项工作任务的落实。

（三）努力加强专兼职队伍建设，做到人员落实

思想政治教育工作队伍是加强和改进我院大学生思想政治教育工作的组织保障，院党委一贯重视大学生思想政治教育工作队伍建设，尤其是重点抓好党政干部和共青团干部、思想政治教育理论课和哲学社会科学课教师、辅导员和班主任这支队伍的建设。选拔优秀干部充实到宣传部、学工处、团委、就业处等职能部门，健全了各系部党总支和学生支部，配齐了学生支部书记。有计划地选送一批思想政治教育工作干部到上海挂职锻炼、到中青年干部班和县处级干部班学习、培训，不断提高他们的业务素质和组织协调能力。重视两课教师队伍建设，公开招聘引进了一些研究生和优秀的"两课"教师。对一些有培养前途的"两课"教师送出去当访问学者，支持"两课"教研室和"两课"教师承担科研课题，支持他们提高学历和职称层次，对参加研究生学习获得硕士学位的学费全部报销，鼓励他们读研读博，努力培养一批以马克思主义为指导、理论功底扎实、队伍结构合理的哲学社会学科带头人和两课骨干。

同时，按照"政治强、业务精、纪律严、作风正"的要求，着力加强辅导员和班主任队伍建设，按照"高进、优出、明责、严管、培养、提高"的原则，努力打造一支政治坚定、思路开阔、数量充足、结构合理、素质精良的学生专职辅导员队伍和兼职班主任队伍。按照1:200的比例共配备各专兼职辅导员43名，其中专职辅导员38名，兼职辅导员5名，每个班级配备了一名兼职班主任（共125人）。做到了每个年级都有1名以上的专职辅导员，每个

班级都有兼职班主任。在加强辅导员、班主任队伍建设的同时，从政治上、思想上、生活上、工作上关心他们，制定出台了一整套的政策，把辅导员的培训列入教师培训的经费计划，鼓励他们在职进修和脱产培训，对参加研究生班学习的给予报销80%的学费，拿到硕士学位的学费全报；在辅导员岗位津贴待遇方面，把辅导员津贴待遇和学生人数挂钩，使其岗位津贴略高于同职称的教师待遇，同时，对年度考核不合格的，扣发辅导员岗位津贴，实行待岗、警示谈话、扣发工资等处罚，把奖惩有机地结合起来，较好地调动了专兼职辅导员的工作积极性。

（四）加大资金投入，做到经费落实

思想政治教育工作要落实，经费必须保障。我院在每年经费预算中都单独立项列支，做到了经费落实。2005年和2006年思想政治教育经费预算安排分别为138万元和171万元。2005—2006学年度，思想政治教育工作经费共计114.5万元，占年度财政拨付事业费及学生培养费的2.8%。其中，校园文化建设经费5.4万元，学生社会实践经费8.2万元，"两课"教学经费8.5万元，网络运行经费1.5万元，心理健康教育经费10.5万元，学生就业教育经费42.3万元，团委和学生会开展活动经费14.1万元，思想政治教育队伍培训经费4.1万元，大学生思想政治教育表彰奖励经费1.5万元，辅导员班主任岗位津贴经费12.9万元，思想政治教育研究会及学生社团活动经费3.5万元，有效地保证了思想政治教育工作的开展。

二、围绕主要任务，全方位立体化地开展思想政治教育工作

院党委遵循中央16号文件指出的加强和改进大学生思想政治教育的指导思想和基本原则，结合我院大学生思想政治教育的实际情况，努力探索开展大学生思想政治教育的新方法、新途径，创造性地开展思想政治教育工作，坚持大学生思想政治教育的课程教育途径和非课程教育途径相结合，思想政治教育和社会实践活动相结合，教书育人和环境育人相结合，传统思想教育阵地建设与网络教育阵地建设相结合，思想政治工作与心理健康教育相结合，解决思想问题与解决实际问题相结合，全方位、立体化地推进大学生思想政治教育工作，做到了围绕一条主线，实施六个工程。

（一）以"两课"教学为主线，发挥育人的主渠道作用

"两课"教学是对大学生进行世界观、人生观、价值观教育的主渠道。我

院一贯重视"两课"教学,确立了政治教育与人文教育相结合、必修课与选修课相结合、课内教学与课外教学相结合、理论教学与实践教学相结合,全面加强"两课"教学以促进全院思想政治教育工作的思路,几年来,以教学方法和教学手段的改革来推动"两课"教育教学,做到了教学内容专题化、教学方式多样化、教学手段现代化、教学科研制度化,增强了思想政治理论课教学的针对性、实效性和吸引力、感染力,教学质量明显提高,较好发挥了"两课"教学在育人方面的积极作用。

教学内容专题化。加快从体系教学向专题讲授和案例教学转变的步伐,在分析研究学生思想问题的基础上。经过集体讨论后选取、确立有助于解决学生思想问题的题目,找准所讲题目与现实问题的最佳结合点,对每个题目究竟该如何进行再分析、再讨论,最终确定专题讲稿。这样的教学内容贴近实际、贴近生活、贴近学生,受到学生的普遍欢迎,取得了良好教学效果。

教学方法多样化。不断改进和创新"两课"教学方法,积极尝试运用启发式、探究式、讨论式、专题讲座、案例教学、主题演讲、情境教学等多种方式、方法进行教学,活跃了课堂气氛,增强了互动性和实践性,促进了师生之间的交流和沟通,受到了学生的欢迎和好评。

教学手段现代化。适应现代化教育教学的需要,充分发挥现代教育技术在"两课"教学中的作用,我院"两课"教师自制了多媒体课件,运用多种媒体和网络进行教学,丰富了教学内容,扩大了信息量,增强了"两课"教学的针对性和实效性。

教学科研制度化。切实抓好"两课"科研工作,并形成制度,每周召开一次教研工作会议,每位老师每学期都有科研任务,承担一定的科研课题。鼓励"两课"教师及广大教育工作者以"三个代表"重要思想为核心,开展对重大问题的研究,撰写研究论文,申报研究成果,以科研指导和推动教学。近年来共发表论文46篇,并汇编成册,省级、国家级及重点核心期刊上刊登了数十篇我院教师的研究成果。《邓小平理论》和《思想道德修养》两门课程被确立为院级重点建设课程。张立今同志担任第一主编编印的《形势与政策概论》作为教育部重点课题研究成果,已公开面向全国推广与发行。

(二)全面实施六个工程

一是把大学生思想政治教育教学和大学生的社会实践活动相结合,积极推进大学生社会实践活动基地建设工程。我院成立了大学生社会实践活动领导小组,经费单独列支,不断加强校企和有关事业单位的合作。根据学院的发展,不断开拓和加强社会实践基地的建设。在加强毕业生实习基地建设的同时,积极推进爱国主义教育实践基地、三下乡社会实践活动基地、军政训练活动基地和社区活动基地建设,初步形成了社会实践活动基地体系。我们把社会实践纳入了教学计划、教学大纲,有计划地组织学生深入社会,开展丰富多彩的社会实践活动。成立了大学生青年志愿者协会,开展了大学生青年志愿者注册工作和优秀大学生青年志愿者评选活动,开展了"争做志愿者,建设社会主义新农村"、"关注专利,弘扬志愿精神"、"关爱弱势群体,从我做起"、"美化校园,美化相山",义务教育,义务交通岗,义务维修家电等特色活动。

二是把教书育人和环境育人相结合,努力实施校园文化建设工程。努力建设体现社会主义特点、时代特征和学院特色的校园文化,形成了具有我院特色的办学理念。努力加强院报院刊和广播站建设,2005 年,2006 年学报被评为安徽省高等学校优秀学报,全国高职高专优秀学报二等奖。学院被评为市绿化先进单位、省园林式单位。按照"加强引导、严格监管、重点扶持、逐步规范"的原则,加强学生社团建设,目前我院有各类学生社团 15 个,在册会员 2000 多人。我院还常年坚持开展以育人为宗旨,形式多样的学术、科技、体育、艺术等特色鲜明、富有时代特点的主题实践活动。如以实施大学生素质拓展计划为主题的"实践归来话成就"、护理知识、网页设计、计算机硬件组装、CS 电子竞技等实践技能大赛活动;以展示学生才艺为主题的"放飞梦想"、"青春风采"等文艺演出活动;以四五普法为主题的 M 模拟法庭、"个案分析"、"送法进社区"等活动,在潜移默化中使大学生的思想素质和实践技能得到进一步提高,精神生活进一步充实。道德境界进一步升华。

三是坚持传统阵地建设和网络思想阵地建设相结合,积极实施网络教育阵地建设工程。全面加强网络思想教育阵地的建设,使网络成为弘扬主旋律,开展思想政治教育的重要手段。我院投资由宣传部直接领导的思想政治教育专题网站,建立了专兼职相结合的网络管理员队伍。学院各系部都建有思想政治教育专题网页和党团活动阵地,制定和出台了网络管理的一系列制度,建立了以学工在线辅导员主页、手机短信校园网、QQ 群等为主要载体的"一线一网一群"在线交流中心,拓展了师生交流渠道,促进了双向、多边交流,为师生之间、教师之间、学生之间的交流互动搭建了广阔平台。我院主页辟有学工在线,各专业辅导员均自做了辅导员主页,利用公告栏进行工作安排和信息发布，学生则可以利用实名注册的留言板给辅导员留言；辅导员还可以利用手机校园网，通过手机短信息与学生建立不受时空限制的交流网络；为加强节假日及课外时间与学生沟通交流，针对当前学生都有QQ的现状，建立了以辅导员为管理员的班级QQ群，不仅拉近了师生之间的距离，而且有利于辅导员及时掌握、跟踪学生的思想动态，做好班级管理工作。

四是把思想政治教育工作与心理健康教育相结合，积极实施心理健康教育工程。我院率先在全省高职院校成立了心理健康教育领导小组，配备了专职心理教师，在各校区都设置了心理咨询室，建立了心理咨询制度，开设了心理咨询讲座，把心理健康教育和心理咨询工作纳入了思想政治教育工作的重要日程，形成了课内与课外、教育与指导、咨询与自助相结合的心理健康教育工作体系，确保了心理健康教育的顺利开展。各系部坚持开展深入细致的谈心活动，定期不定期开展学生心理健康摸排活动，积极做好心理问题高危人群的预防和干预工作，做到心理问题及早发现、及时预防、有效干预。组织开展学生心理健康教育宣传日、宣传周、心理沙龙、心理知识竞赛等活动，开办网上心理健康教育专栏，举办心理健康教育讲座，做好心理辅导和咨询工作，通过个别咨询、团体咨询、电话咨询、网络咨询、书信咨询、班级辅导、心理行为训练等多种方式，提供及时、有效、高质量的心理健康教育服务，为学生解疑释惑，缓解来自经济、就业、学习和生活等方面的压力，培养良好的心理素质。同时积极开展心理健康教育科学研究，为加强和改进大学生心理健康教育提供理论支持和决策依据。2005年，我院承担的研究课题《高职生心理状况及对策》在全国学生工作会议上进行交流，《淮北职业技术学院心理健康教育规划（2006—2010）》于2005年在《高教领导参考》第13期上发表。

五是把解决大学生的思想问题与解决大学生的实际问题相结合，积极实施帮困助学工程。把教育人、引导人与关心人、帮助人融为一体，全心全意为学生搞好服务。我院坚持以人为本的原则，十分重视帮困助学工作，专门成立了帮困助学中心，建立了贫困生档案，辅导员随时关注学生经济情况变化，实现了帮困助学的系统管理。根据学院现状，结合学生实际情况，经过几年的探索与实践，逐步形成了"以助学贷款为基本帮困渠道，以勤工助学为主要帮困方式，以奖学金为激励手段，以学费减免和临时困难补助为辅助措施"的多元化帮困助学体系，采取"奖、贷、助、勤、免"等多种形式，努力解决贫困学生的学习和生活困难，为他们解除了后顾之忧。助学贷款工作受到了省助学贷款中心的高度评价和奖励。同时，加大对优秀学生的奖励力度，在综合素质测试的基础上，一年来评出优秀奖学金获得者519名，奖金共）9.62万元，适当降低贫困生参评奖学金的标准，激发贫困生的学习热情；对通过英语四、六级、国家计算机二级考试、专升本及获得各类技术资格的学生兑现奖金16600元。努力拓宽勤工助学渠道，增加勤工助学岗位，在校内设立固定勤工助学岗位180多个，临时勤工助学岗位800多个。加大帮扶力度，做好困难补助发放工作，仅2005年9月至2006年9月就发放校内勤工助学金199140元，有2200多人次得到补助。学院积极推进助学贷款，并拿出学费总额的3%用于特困学生学费的减免，拓展了保障贫困生成才的途径。2005—2006学年度资助贫困大学生经费共计320万元，占学生培养费的10.58始。另外，还按每生40元的标准为全院学生购买了人身保险，2004年共有16名学生获得疾病和意外伤害保险赔付金11154元，2005年有49名学生获得赔付金52593元，2006年截至目前共有25名学生获得赔付金30476元。在不断为学生办实事、做好事、解难事中及时解决了影响学生思想认识的实际问题，做到了管理育人、服务育人。

六是把大学生就业指导教育和提高大学生综合素质、促进就业相结合，积极实施人才培养模式改革工程。我院坚持以科学发展观统领毕业生就业工作，确立了以市场需求为导向，以教学为中心，以专业建设为核心，积极调整优化专业结构，改革教学组织形式，强化学生职业能力培养，探索出人文思想道德素质教育、专业技能教育、创新创业能力教育和实习就业一体化的"三位一体"人才培养模式，构建了毕业生就业工作与综合素质培养的互动良性循环格局。提高了我院学生的综合素质和就业竞争力，大大缩短了毕业生与社会及企业的距离，有效推进了毕业生与用人单位的对接。在高校不断扩招，毕业生不断增加，就业压力不断增大的形势下，我院就业率始终较为稳定，2004年和2005年就业率分别为95—82%和96、25扒，2006年毕业生就业率截至目前达95—69扒。毕业生就业质量和社会满意度不断提高，赢得了学生、家长、用人单位和社会的广泛赞誉，新华社、《中国教育报》、《中国青年报》、《安徽日报》、《安徽工人报》、《安徽青年报》、《大众科技报》等媒体相继报道了我院毕业生就业工作的先进经验。在2003年、2005年两次高校毕业生就业工作评估中均获得先进集体荣誉称号。

通过思想政治工作的机制创新，我院思想政治工作取得了突出的成绩。2006年4月，我院建筑工程技术（1）班荣获"安徽省先进班集体"称号；

2006年5月，人文社科系2004级文秘（1）班荣获市级先进集体；2006年6月，财经系学生志愿者服务队荣获安徽省优秀青年志愿服务先进单位。2005年8月，共青团中央、中国残联联合授予我院医学系2003级付伟伟同学"百万青年志愿者助残行动"先进个人称号；2005年12月，工美系2004级学生李元武荣获安徽省2005年度大中专学生志愿者暑假"三下乡"社会实践活动先进个人称号。2004年我院师生陈莉、王娟共同创作的作品荣获"生态安徽环保青少年环保手工制作大赛"一等奖，学生刘静静、刘楠的作品荣获三等奖，受到国家环保总局和省政府的联合表彰；2005年9月，2003级机械电子专业学生卓智斌参加全国SOLID3000设计作品大赛荣获工业造型三等奖；2005年11月，我院代表队在"动感地带杯"安徽省第六届大学生篮球联赛中，获女子丙组第三名、男子丙组第三名和体育道德风尚奖；2006年5月，孙杰琳、陈诚诚、杨姨帧、曲志贤等同学在全国大学生英语竞赛中荣获B级一等奖；2006年10月，我院学生在安徽省教育厅、团省委组织的"蜀王怀首届安徽省大学生职业规划大赛"中获组织奖。

高职高专学生思想政治
教育工作创新与实践

高职院校的培养目标是为社会主义现代化建设第一线输送合格的高技能型人才,培养的学生不但要有较高的专业技能,而且要有过硬的思想道德素质。党中央"加强和改进大学生思想政治教育工作"会议召开之后,我院持续加强和改进大学生思想政治教育工作,做了许多有益的尝试,收到了较好的效果。

一、思想政治教育工作体系的创新与实践

党中央《关于进一步加强和改进大学生思想政治教育工作的意见》发布后,我院把大学生思想政治教育工作摆在重要位置,首先对学院原有的工作体系进行了分析研究,在肯定原有工作体系优点的同时,重点研究了工作中存在的问题及薄弱环节,并在此基础上建立了新的工作体系。

存在问题及薄弱环节:一是对思想政治工作的认识有片面性。有些部门的干部和教师认为思想政治工作是党委部门、政工干部的工作;认为做思想政治工作没有作为,不愿意从事思想政治工作;有的对思想政治工作的理解不全面,把思想政治工作停留在搞搞活动、开开会、写写文章上,没有从思想深处认识到此项工作的重要性。认识上的错误或不全面,是做好思想政治教育工作的最大障碍,也造成了工作上的不深入,或敷衍应付。

二是对学生中深层次的思想问题认识不足。由于种种原因,高职院校的部分学生在人生观和价值观方面,价值定位目标不高,价值判断和实际选择存在着一定的矛盾;有的学生集体观念淡薄,过分强调自我,缺乏集体主义观念和奉献精神;有的学生受社会负面影响,缺乏精神支柱,学习没有动力,精神萎靡。许多教师对学生的这些问题认识不足,或是认识到了但不知道如何帮助学生去解决问题。

三是教师和政工干部队伍力量薄弱。部分青年教师政治观念淡薄，关心国家与民族的前途较少，强调个人的自由较多；在价值取向上，重个人本位轻国家和集体利益，重钻研业务轻政治表现，重教书轻育人，重科研轻教学；年轻政工干部担任管理工作，经验不足，对在新形势下如何有针对性地开展思想政治工作缺乏研究，工作方法和手段不适应；一些辅导员因承担了管理方面的大量具体事务，对学生的思想政治教育投入精力不够，思想教育弱化，在管理与考核方面，还缺乏科学、完善的方法体系。

针对以上情况，我们积极探索，努力实践，创造性地开展工作，建立起了适应高职院校特点、符合我院实际的大学生的思想政治教育工作新体系。主要是围绕大学生思想政治教育的任务和原则，坚持育人为本，德育为先，把人才培养作为根本任务，把思想政治教育摆在我院工作的首要位置。坚持教书和育人相结合，教育与自我教育相结合，政治理论教育和社会实践相结合，解决思想问题与解决实际问题相结合，教育与管理相结合，继承优良传统与改进创新相结合的原则，加强学生思想政治工作队伍建设，建立了一支有一定数量和质量保证的专门队伍，它主要包括党政工团干部、思想政治理论课和哲学社会科学课教师、辅导员和班主任三支队伍。

主要做法是按照专兼结合的原则，首先抓好专职队伍建设。做好大学生思想政治教育工作，光靠经验和热情是不够的，必须有一批从事思想教育的高水平的专家，要培养一批这方面的学术带头人和政治领头人，以此来带动学院整体工作水平的提高。因此，我们按照专业化、专家化的标准加强了辅导员、班主任队伍建设。根据中央的要求，总体上按1：200的比例配备专职辅导员，每个班级配备一名兼职班主任，在全院建立起统一的专兼结合的辅导员队伍体系。多渠道、高标准的选拔优秀教师担任政治辅导员，鼓励与支持德才兼备、具有奉献精神的同志从事学生管理和辅导员工作，加强对辅导员的培训，鼓励支持辅导员攻读研究生，促使他们真正把这项工作当作一门学问，当作一个可建功立业的岗位去钻研奋斗。制定了专职辅导员和兼职班主任职责和各种待遇政策，形成了新的辅导员管理体制。建立了辅导员考核激励机制和淘汰机制，对考核优秀的给予评先评优、晋升职称职务和必要的物质、荣誉奖励，并注重从中选拔培养党政管理干部；对考评不合格者，高职低聘或转岗。通过规范化、科学化、制度化考评，促进了辅导员工作的专业化、规范化、职业化。

其次是抓好团组织和政工干部队伍建设。完善共青团的机构设置，保证共青团的人员配置和经费投入，选拔优秀青年教师做团的工作，学院各级团组织把大学生思想政治教育摆在突出位置，组织开展丰富多彩的思想政治教育活动，积极实施"大学生素质拓展计划"，竭诚为大学生成长成才服务。加强完善了政工干部队伍的选拔机制，把更多的优秀人才吸收充实到政工干部队伍中，建立完善了政工干部的培养机制，提高他们的各种收入待遇，制定了学生思想政治教育岗位工作规范和工作实绩考核办法，每年定期评比表彰思想政治教育工作先进集体和个人。

经过几年的探索与实践，我院建立了以院党委为核心、学院党政干部和共青团干部、"两课"教师、辅导员、班主任为主体的党政工团紧密结合，教职工积极参与的思想政治工作体系；建设了一支思想素质好、工作能力强、不计名利、勤勤恳恳、常年工作在大学生思想政治教育工作第一线的专兼职辅导员队伍，为做好新形势下大学生思想政治教育工作提供了坚实的组织保障。

二、思想政治教育工作模式创新与实践

创新思想政治教育工作模式，首先从树立新理念入手。学院要求各级领导班子牢固树立"育人为本，德育为先"和"育人为本，全员参与"的理念，把搞好学生思想政治教育工作当成学院的重要任务和中心工作。按照这个理念建立了全员育人、全过程育人、全方位育人的思想政治教育工作新模式。新模式的主要内容是，齐抓共管，任务分解，全员共同做好大学生思想政治教育工作。

具体做法：一是明确责任，加强领导。大学生思想政治教育工作任务的落实关键在各级领导班子，把加强大学生思想政治教育工作摆到重要的位置，切实加强领导。二是分工明确，齐抓共管。各级党组织统一领导，院和各系部行政负责人对学生的思想政治教育工作全面负责，学院各部门及人员承担相应的责任，共同面向学生，服务学生。三是改进作风，狠抓落实。再好的思路和措施不落实也是一纸空文。院党委每学期都从学院实际出发，对大学生思想政治教育工作任务进行周密部署和安排，并要求各单位和部门以高度的责任心履行自己的职责，结合实际拿出具体的落实措施，加强督促检查，狠抓落实兑现。学院定期对各单位任务落实情况进行检查考核，以促进工作落实。实践证明这个模式是适合高职院校学生思想政治教育工作特点的。

三、思想政治教育工作渠道创新与实践

为适应高职院校学生思想政治教育的新形势，我院从学生的思想实际出发，积极拓宽思路，开辟多层次的思想政治教育渠道，形成了五大思想政治教育工作阵地。一是社会实践阵地。建立了徐州淮海战役烈士陵园、双堆淮海战役烈士陵园、淮北市社会福利院、淮北市特殊教育学校、淮北市董庄小学等多个社会实践基地。通过开展"永记丰碑"、"送法进社区"、"义务交通岗"、"春运志愿服务"、"特教一对一帮扶"、"情系敬老院"、"义务支教"等特色项目活动，不断深化青年志愿者行动，为学生从实践中汲取营养、提高认识搭建了平台。我院的"科技文化三下乡"活动多次被新闻媒体报道，并在省教育厅编发的《工作简报》上刊登，许多部门和思政工作人员荣获省级以上思想政治教育工作先进集体和先进个人称号。

二是学生公寓阵地。这一阵地的特点是思想政治教育工作做到学生宿舍，学生住到哪里，思想政治教育就拓展到哪里。在辅导进驻学生公寓的基础上，各系部分别在男女生公寓建立了党团组织机构、学生自律委员会及文明宿舍建设机构。形成以系部为单位，驻学生公寓辅导员——学生公寓党团组织——公寓自律委员会——楼长、层长、室长，这一主体纵深的学生思想政治教育工作网，并明确各组成要素的职责范围。通过这一阵地及时反映学生在学习、生活中的各种情况、要求和意见；为学生提供学习、生活等方面的服务；协助监督公寓管理机构落实公寓管理制度；协助辅导员、宿管员排解学生间的矛盾；组织开展各种公寓文化活动等，实现了学校管理和自我管理、自我服务、自我教育的有机结合，并使学生在服务他人的同时得到自我提高。

三是社团阵地。通过制定社团管理办法，理顺社团管理关系，建立健全学生社团管理机构，把好社团审批关、社团负责人资格关、社团活动内容审核关，突出重点，分类指导，加大对"双学（学理论、学党章）小组"等学习型社团和科技服务型社团的扶持力度，选派政治业务素质高、责任心强的教师担任社团指导教师，加强了对社团的建设、监督、管理和指导。

四是网络阵地。通过建立"思政教育"主题网站和系、部、处、室思政教育主题网页，利用主题网站、主题网页、网上新闻、论坛、信箱等手段，积极开展学生思想政治教育工作。加强网络安全管理，及时封堵有害信息，保障网络安全；掌握网络舆情，引导网上舆论，使思想政治工作更加贴近学

生的生活实际,发挥了网络作为思想政治教育工作的新阵地、新渠道、新手段的作用。

五是心理咨询阵地。建立了心理健康教育咨询工作机制,设立心理咨询室,每周定时接待学生来访。每年在新生进校后,对全体新生进行心理健康测试,建立心理健康资料档案,对心理问题高危人群提前做好排查和重点预防工作。在学院各网页上设立"心理驿站"模块,把心理调适的有关知识传递给学生。学院高度重视心理咨询指导教师的业务培训工作,每年选派教师到全国著名的心理咨询培训基地参加培训,提高指导教师的业务水平。经过多年探索,逐步形成了以向大学生普及心理卫生知识教育为中心,以个体心理辅导为重点的心理健康教育模式,心理咨询工作走上了正规化、科学化轨道。

在开辟新渠道的同时,我院还积极改造原有教育渠道,对"两课"教学进行改革,取得了显著成效。"两课"教学是解决学生思想问题,树立正确的政治信仰的关键。近几年,我院贯彻执行中共中央宣传部、教育部《关于普通高校"两课"课程设置的规定及其实施工作意见》和《关于进一步深化"三个代表"重要思想"三进"工作的通知》精神,保证"两课"课程的教学时数,严格"两课"教学政治纪律,杜绝了"两课"教学中的非政治现象。鼓励支持"两课"教师参加教育部、教育厅举办的"两课"教学培训班,鼓励支持"两课"教师在职攻读研究生或参加研究生课程学习,设立"两课"教学专项基金,投资数十万元用于"两课"教学改革和购置"两课"教学参考用书。加大"两课"教学改革力度,实行"两课"青年教师导师制度,集体备课、评课制度,创新和改进"两课"教学的内容、形式、方法和手段。"两课"教师根据具体情况制作多媒体课件,使用多媒体进行教学,丰富了学习内容,扩大了信息量,增强了"两课"教学的针对性、实效性。鼓励"两课"教师以"三个代表"重要思想为核心,开展对重大问题的研究,多项研究成果在省级、国家级核心期刊上刊登。《邓小平理论》和《思想道德修养》课被确立为省级重点建设课程。必修课与选修课相结合、课内教学与课外教学相结合、理论教学与实践教学相结合,形成了一套科学的教学效果考核体系,较好地发挥了"两课"教学在大学生思想政治教育方面的积极作用。

四、思想政治教育工作载体创新与实践

根据高职院校学生的身心特点,我们依托丰富多彩的活动和帮困助学平台,积极探寻思想政治教育工作新载体。近年来,我们紧紧围绕爱国主义、集体主义和学习"三个代表"重要思想这条主线,加强校园文化建设,开展丰富多彩、积极向上的学术、科技、体育、艺术和娱乐活动,开展特色鲜明、吸引力强的主题教育活动,发挥实践育人和文化育人功能。如:以"三个代表"重要思想为主题的征文、研讨活动;以党团教育为主题的党团知识、学理论、学党章活动;以纪念毛泽东同志诞辰110周年和纪念邓小平诞辰100周年征文、演讲活动;以培养学生集体主义观念为主题的"学雷锋、爱集体、做文明大学生"活动;以爱国主义教育为主题的观看百集电视系列片《激励永远》和"庆祝建国55周年群众歌咏大会"活动;以实施大学生素质拓展计划为主题的"实践归来话成就"、护理知识、网页设计、IT知识、计算机硬件组装、CS电子竞技等实践技能大赛活动;以展示学生才艺为主题的"放飞梦想"、"春之声"、"青春风采"等文艺演出和大专辩论会、主持人大赛、书画作品展等活动;以四五普法为主题的"模拟法庭"、"个案分析"、"送法进社区"活动等,使思想政治教育工作具有知识性、参与性和实效性,在潜移默化中使大学生的实践技能进一步提高,精神生活进一步充实,道德境界进一步升华。

学院还把解决大学生思想问题与解决实际问题结合起来,把教育学生与服务学生结合起来,努力为大学生健康成长创造良好的环境。

一是采取"奖、贷、助、勤、免"等多种方式,解决贫困学生学习和生活困难。仅2004年一年,就支出勤工助学金11万元。学院还争取财政拨款给全院大中专学生买了人身保险,全年共有23名学生获得疾病和意外伤害保险赔付金17726.15元,学院拿出了学费总额的3%用于特困学生学费的减免。加大对优秀学生的奖励力度,对通过英语四、六级、国家计算机二级考试、专升本及获得各类技师级技术职称的学生兑现奖金16600元,在综合素质测试的基础上,评出优秀奖学金获得者519名,共奖励19.62万元,适当降低贫困生参评奖学金的标准,激发贫困生的学习热情。

二是学院坚持以市场和社会需求为导向,认真实施毕业生就业工作"一把手"工程,落实系部就业工作责任制,加强毕业生就业指导教育。引导大

学生增强自主择业、自主创业意识，树立正确的择业、就业观念，依托"安徽省大中专毕业生就业市场淮北分市场"和"苏州就业基地"，每年举办近百场人才招聘会。同时，加强毕业生就业服务体系的信息化建设，加入了全国大学生就业指导卫星专网，安装了可视面试系统，实现了网上远程招聘，并在实际工作中，总结提炼了"三三三五"就业工作模式，我院毕业生就业率在全省同类院校中连年位居前列，受到省教育厅的表彰和奖励。

三是学院非常注重后勤服务中出现的新情况、新问题，想方设法改善服务手段，减轻学生负担。正是在不断为大学生办实事、做好事、解难事中及时解决了影响学生思想认识的实际问题，做到了教书育人、管理育人、服务育人，真正把思想政治教育工作落到了实处。

通过以上创造性地工作，我院的思想政治教育工作出现了蓬勃向上的新局面，在2006年全省高校思想政治教育工作评估中，获得了优秀等级。

关于把马克思主义中国化的最新理论成果转化为教学内容的思考

中宣部、教育部下发的《关于进一步加强和改进高等学校思想政治理论课的意见》（以下简称《意见》）和《〈意见〉实施方案》指出，高等学校思想政治理论课"05 新方案"从 2005 级学生开始在少数高校进行试点，从 2006 级新生开始在全国普通高校普遍实施。[①] 高校教师肩负着学习和传播马克思主义中国化的最新理论成果的历史责任。在实施"05 新方案"这一政治性、政策性和科学性很强的工作过程中，我们认为，为了更好地把马克思主义中国化的最新理论成果转化为教学内容，必须要以与时俱进、开拓创新的姿态，牢固树立以下四个方面的理念：

一、政治理念

把马克思主义中国化的最新理论成果转化为教学内容，首先要树立坚定的政治理念。具体地说，作为高校教师，就是要通过学习，充分认识把马克思主义中国化的最新理论成果转化为教学内容的重大意义。

1. 把马克思主义中国化的最新理论成果转化为教学内容，是我们党在思想战线领域坚持马克思主义的指导地位，坚持解放思想、实事求是、与时俱进、开拓创新思想路线的一个重要环节。"三个代表"重要思想和科学发展观战略思想是马克思主义中国化的最新理论成果。"三个代表"重要思想赋予了党的性质、宗旨、指导思想以新的时代内容，揭示了党的解放思想、实事求是、与时俱进、开拓创新思想路线的时代特征。科学发展观战略思想创造性地回答了我国为什么发展、怎样发展的根本问题，是马克思主义基本原理与

[①] 中国共产党中央宣传部教育部关于进一步加强和改进高等学校思想政治理论课的意见，参见 http://www.moe.gov.cn 2005 年 2 月 7 日。

当今时代特征和中国具体实际相结合而形成的马克思主义中国化的又一理论成果,用一系列新的思想、新的观点丰富和发展了包括辩证唯物主义和历史唯物主义、政治经济学和科学社会主义在内的整个马克思主义理论体系。在新世纪新阶段,把马克思主义中国化的最新理论成果转化为教学内容,用马克思主义中国化的最新理论成果武装当代大学生,就是要进一步以"三个代表"重要思想和科学发展观战略思想教育当代大学生。大学生群体是我们党思想战线不可或缺的重要领域,据统计,目前要求入党的大学生占在校大学生总数的一半以上。以"三个代表"要思想和科学发展观战略思想教育当代大学生,正是我们党在思想战线领域坚持马克思主义的指导地位,在新的时代条件下坚持解放思想、实事求是、与时俱进、开拓创新思想路线的一个重要环节。

2. 把马克思主义中国化的最新理论成果转化为教学内容,是充分发挥大学生思想政治教育工作主渠道作用、加强和改进新形势下大学生思想政治教育工作、充分发挥高等学校哲学社会科学课程思想政治教育功能的根本举措。大学生作为宝贵的人才资源,是我们祖国的希望、民族的未来。目前,我国在校大学生包括专科生、本科生和研究生逾 2000 万之众。加强和改进大学生的思想政治教育工作,充分发挥大学生思想政治教育工作的主渠道作用,提高大学生的思想政治素质,把他们培养成中国特色社会主义事业的建设者和接班人,对于全面实施科教兴国战略以及人才强国战略,力保我国在激烈的国际竞争中始终处于不败之地,加快推进社会主义现代化的宏伟目标,确保中国特色社会主义事业的兴旺发达,具有长远的战略意义。思想政治理论课作为大学生的必修课程,是帮助大学生们树立正确的世界观、人生观和价值观的必由路径,体现了社会主义性质大学的根本要求。把马克思主义中国化的最新理论成果转化为思想政治理论课的教学内容,充分体现当代马克思主义最新成果的要求,是加强和改进大学生思想政治教育工作的重大举措,是全面加强思想政治理论课的学科、课程和教材建设及教师队伍建设,进一步推动"三个代表"重要思想和科学发展观战略思想进教材、进课堂、进大学生头脑工作的根本要求,是充分发挥大学生思想政治教育的主渠道作用的必然选择。哲学社会科学的一大特征,就是其中的绝大部分课程都具有鲜明的意识形态性质,对于帮助大学生坚定正确的政治方向,正确认识和分析复杂的社会现象,提高大学生的理论思维能力和时事认知能力、思想道德修养和精神境界等具有十分重要的意义。坚持和巩固马克思主义在意识形态领域的指导地位，就必然要求在哲学社会科学的教学中充分体现马克思主义中国化的最新理论成果，用"三个代表"重要思想和科学发展观战略思想武装大学生，用哲学社会科学各学科部门的优秀文化培育大学生。只有如此，才能与时俱进地继续发扬理论联系实际的优良学风，最充分地发挥社会主义哲学社会科学的强大优势，并紧密围绕大学生们普遍关心的改革开放和现代化建设中的重大问题，做好释疑解惑和教育引导工作。

3. 把马克思主义中国化的最新理论成果转化为教学内容，是克服哲学社会科学教材建设滞后，形成具有中国特色、中国风格、中国气派的哲学社会科学学科体系和教材体系的必由路径。实施马克思主义理论研究和建设工程，是党中央在新世纪开端的一个重大举措，这对于坚持和巩固马克思主义在社会主义意识形态领域中的指导地位，用发展着的马克思主义指导中国特色社会主义新的伟大实践，具有重大而深远的理论意义和历史意义。而实施马克思主义理论研究和建设这项伟大工程，关键的环节，就是要努力构建具有中国特色、中国风格、中国气派的哲学社会科学。长期以来，学校思想政治理论课实效性不强，哲学社会科学的一些学科教材建设严重滞后，思想政治教育与大学生的思想实际结合度不高，一些高校并没有真正把大学生的思想政治教育工作摆在首位并贯穿于教育教学的全过程。把马克思主义中国化的最新理论成果转化为教学内容，密切结合实施马克思主义理论研究和建设工程，精心组织编写全面反映毛泽东思想、邓小平理论、"三个代表"重要思想和科学发展观战略思想的哲学、政治经济学、科学社会主义、中国共产党党史以及政治学、社会学、法学、史学、新闻学和文学等哲学社会科学重点学科的教材，正是克服哲学社会科学教材建设滞后的根本措施，是形成以当代中国马克思主义即以马克思主义中国化的最新理论成果为指导的具有中国特色、中国风格、中国气派的哲学社会科学学科体系和教材体系的需要。

二、科学理念

把马克思主义中国化的最新理论成果转化为教学内容，还要树立科学理念。因为要把最新理论成果转化为教学内容，使最新理论成果为大学生群体所掌握，一方面取决于最新理论成果本身的正确程度，另一方面取决于理论教育的科学程度。马克思主义中国化的最新理论成果的科学性和真理性，这是不容置疑的。树立科学理念，也就是要求我们教师要在真学、真懂、真信、真用马克思主义中国化的最新理论成果的前提下，按照科学的精神、原则和方法来实施最新理论成果的教育教学工作。最新理论成果的科学性为其转化为教学内容工作的科学性提供了理论支撑；然而，最新理论成果并不会自然而然地赋予转化工作以科学的理念和鲜活的生命力。转化工作的生命力来源于对最新理论成果的科学的宣传和教育，其中包括对最新理论成果的理解掌握、对教学方法的科学运用、对教育规律的深刻把握等。

例如，必须严格按照马克思主义理论学科内在的逻辑体系来加强马克思主义中国化的最新理论成果的转化或"三进"工作，以此来展现马克思主义中国化的最新理论成果的系统性和科学性。"05新方案"是在深入实际、充分调研、广泛论证的基础上确定的，是一个得到中央批准和学界一致赞同的科学的方案。科学的方案要求我们教师要以科学的理念来把握。《意见》规定开设的四门必修课，以马克思主义中国化的理论成果为中心内容，吸收了理论和实践发展的最新成果，体现了马克思主义与时俱进的理论品格。整体上看，四门课程结构合理，功能互补；而且每门课程自身又具有完整的、科学的逻辑体系。以"毛泽东思想、邓小平理论和'三个代表'重要思想概论"（简称"概论"）课为例，"概论"名称本身就要求其基本内容必须把三大理论成果分别表现出来，要求其基本内容必须包括毛泽东思想、邓小平理论和"三个代表"重要思想这三个独立的理论体系的最主要内容。但"概论"并非"98方案"以来"毛泽东思想概论"课和"邓小平理论和'三个代表'重要思想概论"课内容的简单组合，否则这门课程就达不到用发展着的马克思主义武装大学生的教育目的。根据《意见》精神，"概论"课程要全面反映中国共产党把马克思主义基本原理与中国实际相结合的历史进程。也就是说，"概论"要表现出历史的进程，即具有合乎历史自身逻辑的理论发展进程。换言之，"概论"必须反映马克思主义中国化的历史，而非将毛泽东思想、邓小平理论和"三个代表"重要思想的内容作一简单加和。这样才能够使大学生通过这一理论不断进步和发展的进程，更加深切地体会理论联系实际的思想方法，进而坚定中国特色社会主义事业必胜的信念。鉴于许多教师和同学对"拼盘式"教学内容多有诟病（例如：过去曾把"马克思主义原理"分解为哲学、政治经济学和科学社会主义三大块，看似一门课，实际上是三门课，由三部分教师合作完成。在理论上看不出多少内在联系，对教师的教和学生的学也不方便，因而成效不佳，这当然是必须改变的），就"概论"课而言，不能简单地把三个部分看作是拼盘，而是要在三个部分的理论概述中充分体现三大理论成果之间所具有的内在逻辑关系。这就要求我们，在"05新方案"的实施中，应该着重从我们党把马克思主义基本原理与中国实际相结合的历史进程的高度，深刻把握课程的内在逻辑体系，以及马克思主义中国化的最新理论成果在课程的内在逻辑体系中的地位，并在此基础上重点讲述最新理论成果的形成、发展、内涵和现实指导意义，以及最新理论成果既一脉相承而又与时俱进的理论品质，以达到用发展着的马克思主义武装当代大学生的教育目的。

另外，科学理念还要求，必须按照马克思主义理论学科发展的内在要求来强化最新理论成果教学的思想性、政治性、意识形态性与学术性的统一，在教学活动过程中以知识、学术为依托对大学生进行思想和政治的引导，使他们能够真正信服马克思主义；必须根据马克思主义理论学科发展的整体规律来进行最新理论成果的"三进"工作，同时把握住教学的特殊性，遵循教学的原则和规律，使最新理论成果的教学融入提高大学生思想素质、把他们培养成中国特色社会主义事业建设者的过程之中，从而有效地提高新形势下思想政治理论课的教学实效。

三、时代理念

马克思、恩格斯指出："人们的观念、观点和概念，一句话，人们的意识，随着人们的生活条件、人们的社会关系、人们的社会存在的改变而改变。"① 把马克思主义中国化的最新理论成果转化为教学内容，要弘扬马克思主义与时俱进的理论品质，紧紧把握住时代发展的脉搏，根据时代发展的要求和社会实践的变化优化最新理论成果的教学，不断赋予教学内容以鲜明的时代特征和时代风格，这也是使转化工作富有生机与活力的关键所在。

首先要彰显最新理论成果教学的时代感。在转化工作中，要突出马克思主义中国化的最新理论成果在把握时代主题、顺应时代要求、解答时代课题和体现时代精神等方面的鲜明时代特色，不断拓宽最新理论成果的教育教学视域，大力挖掘符合时代要求的现代思想和观念，切实注重从时代变迁中提炼出鲜活的教育教学理念，敢于并善于结合充满时代气息的思想和精神来教育、说服、激励当代大学生，结合新信息的传达、新知识的传授、新观念的

---

① 《马克思恩格斯选集》第2版第1卷第291页。

传递、新思想的传播，使马克思主义中国化的最新理论成果富有时代感，让大学生感觉富有亲和力，以求感同身受之效。随着大学生接触社会渠道和手段的多样化，良莠不齐的知识会充斥学生的视听，如果不加以关注和正确引导，不仅不能使最新理论成果的教育教学产生应有的积极效果，相反，还可能形成抵制学习的反作用。在这种情况下就要做到因势因时而施教，如贴近学生的关注热点，借助科学理论因势利导。可在授课前、授课中，通过随堂调查问卷或课后留作业的形式，了解学生最关心的社会热点问题和社会热门话题等，开展有针对性的理论指导，从而搭建起师生沟通的话语平台。时代感强了，实效性也就能彰显出来。如密切联系经济全球化、社会信息化和我国社会主义市场经济体制的发展、改革开放、体制机制转轨等国际国内条件发生深刻变化的实际，有针对性地融入全球化、信息化、市场化等重大现实内容，用生动活泼的实际案例阐发理论在帮助认识上述深刻变化中的指导地位和作用，把最新理论成果的教学内容融入大学生对时代特点的把握之中，这样不仅能拓宽大学生学习的视角，开启其创新思维能力，而且能极大地提高其学习兴趣，最新理论成果的理论指导价值也会得到彰显，从而使最新理论成果的教学更具现实性和感召力。

其次要彰显最新理论成果教学的针对性。最新理论成果教学的针对性，指的是教学内容要密切联系大学生的思想脉搏和实际问题，从大学生的思想实际和切身利益出发，及时充实、调整和增加一些具有大学生个体特殊性，能有效缓解和解决其思想矛盾、心理冲突、情感困惑等问题的相关内容，使最新理论成果的教学既解决方向原则问题，又解决个人现实问题，以满足大学生成长、成材、成就、成功的内在需求。有调查显示，经济问题、能力弱势问题、心理健康问题和择业就业问题是大学生中存在的四个最为突出的问题。近年经济上明显困难的大学生有显著增长的态势，有的甚至连维持起码的一日三餐都有问题。能力弱势问题表现在学习困难和人际交往困难方面。近年来大学生心理问题也呈上升趋势。据北京市高校大学生 SCL-90 统计，存在中度以上心理健康问题的学生占16.51%，其中女生的比例（17.34%）高于男生（16.07%）；不同年级的学生中二年级的比例最高（17.56%），其他依次为三年级（17%）、四年级（16.04%）和一年级（15.75%）；来自非城市家庭的学生存在中度以上心理问题的比例高于来自城市的学生，其中边远农村的学生比例最高（19%）。① 就业择业问题，也是大学生普遍感到压力较大的主要问题。面对上述问题，在坚持用最新理论成果教学的同时，学校相关部门要密切配合，建立健全贫困生的保障机制，制定相应的经济扶助政策；加强与能力弱势和心理健康问题学生的交流与沟通，引导他们学会处理生活中遇到的问题和挫折；加强大学生的创业教育和创业实践，健全大学生就业指导机构和就业信息服务系统，为大学生提供优质的就业择业服务。概而言之，在最新理论成果的教学中，要教育引导大学生明确时代对他们在思想政治素质、科学文化素质、业务素质、心理素质、身体素质等方面的要求，学会用正确的观点和方法来认识世界、认识社会、认识自己，树立正确的世界观、人生观和价值观，尤其要注意教育引导他们热爱生活、热爱生命，树立乐观向上、积极进取的人生态度；加强自强不息的精神教育和艰苦奋斗的精神教育，大力宣传在中国特色社会主义建设实践和全面建设小康社会中那些顽强拼搏、自强不息、积极进取的优秀人物典型，使大学生充分认识到困难也是一种人生的历练，重要的是建立起挑战自我的勇气和精神。

四、改革理念

《意见》指出：要"切实改进高等学校思想政治理论课教育教学的方式和方法"。把马克思主义中国化的最新理论成果转化为教学内容，还要树立改革理念。

树立改革理念，是素质教育大理念大方向的必然要求。据我国长期从事素质教育研究的权威人士、中国人民大学哲学院陈慕泽教授的概括，所谓素质教育，在目前的中国，从中小学教师全员培训所必修的《新世纪教师素养》到研究生招生考试，均强调要用我们的学生所极度缺乏的批判性思维理念武装头脑。"批判性思维运动"始于20世纪70年代的美国，影响遍及北美和欧洲，20世纪末通过能力型考试模式影响到我国。这场运动深刻地影响了西方的教育理念和教育模式，而关注和研究这场运动，正是在我国发展素质教育的一个重要课题。"批判性思维"理念所关注的核心问题，就是我们常常挂在嘴边的知识与能力之间的关系。问题肇始于美国这个公认的教育大国对自己教育模式所存在缺陷的警觉。20世纪80年代的统计显示，既具备必要知识又

---

① 参见孔燕《微笑成长：大学生心理健康教育案例》安徽人民出版社2003年版。

具有创新能力的"科学知识分子"在美国总人口中的比例，从20年前的5%，下降到当时的3%。正是美国教育包括其高等教育的缺陷，使之丧失了数百万株社会栋梁！问题是如何产生的？美国人这样总结："我们应当教学生如何思考，但我们只是在教学生思考什么。"教学生思考什么是传授知识；教学生如何思考则是培养思维能力，即能有效地理解、评价和运用知识的能力。这种能力，即批判性思维能力。"批判性思维运动"在美国产生的结果是：第一，在高等教育中出现了一门以教学生"如何思考"，即以培养训练学生的批判性思维能力为主要目标的基础课程：批判性思维。目前全美上千所高校开设此课程，不同版本的教科书多达数百种；全美成立了"批判性思维"学会；国际批判性思维学术研讨会每年召开一次。第二，出现了一种全新的能力型考试模式，如 GMAT——工商管理硕士入学考试、SAT——大学本科入学考试、LSAT——法学硕士入学考试等。

20世纪末，上述运动及批判性思维理念通过能力型考试模式影响到我国。体现在：第一，从1996年起，比照美国 GMAT 考试模式，我国开始实施工商管理硕士全国联考。这种全新的能力型考试模式一经在我国出现，立即产生了巨大影响。目前，已从 MBA 扩展到 MPA（公共管理硕士）和 GCT（一般职业硕士，如工程、农林、会计、教师等）的全国联考。我国每年逾20万人通过这种类型的考前准备，经受着批判性思维的强化训练。这种考试对于选拔高素质能力型人才已起到令人瞩目的效果，正在积累重要的经验。第二，能力型考试模式一经传入我国，我国学者就敏锐地感觉到，这种模式的背后，存在着一种深刻的理念反思：我们以前究竟是怎样填鸭灌输的？究竟怎样进行能力培养的？这就要求我们：

1. 要大力进行教育教学方式的改革，对教学内容进行有效的审美再造大力进行教育教学方式的改革，对教学内容进行审美再造，符合中央关于加强和改进大学生思想政治教育的指导思想和基本原则，具有重要的理论支撑。中央16号文件指出："要坚持以人为本、贴近实际、贴近生活、贴近学生，努力提高思想政治教育的针对性、实效性和吸引力、感染力。"① 对教学内容进行有效的审美再造，正是这一原则的生动体现。

对教学内容进行有效的审美再造的理论支撑是：既定教学内容中大量的

---

① 中国共产党中央国务院《关于进一步加强和改进大学生思想政治教育的意见》，参见2004年10月15日《人民日报》。

还是非美形态的知识、理论。它们作为专门的科学文化知识可能有着很高的真理度和巨大的善值，但是它们不具备明显的美的形态特征，难以直接成为人们进行审美感知的对象。教师要抱着明确的以美来启真求善的教学目的，对教学内容进行有效的审美再造。对教学内容进行审美再造，还要遵循以下再造原则：形象性原则——达到强烈的视角冲击；趣味性原则——追求轻松愉快的课堂；情感性原则——提升学生的情感体验；简约性原则——少讲精讲不重复；渴望性（或主体性）原则——活动依托，不越俎代庖；思想性原则——留有余地，启发思考。对课程进行审美再造的资源来源或获取思路一般有：学生关注的各类社会问题、重大事件；学生自身的思想实际和个体发展实际；以典型案例诠证教学内容；以"结合"为机制，大胆创新课堂结构和讲授方式；经典美文、主要媒体上的相关节目事件报道等。

2. 必须注重实践教学环节的有效实施

思想政治理论课的实践教学环节是以建构大学生的学习参与机制，形成"实践体验"与"内化践行"的学以致用能力为目标导向的。通过思想政治理论课实践环节的教学，使大学生在积极主动的参与中验证书本知识和思想理论，让学生亲身体验，主动探究和发现现实生活中的问题，并运用所学理论研究和解决问题，在"解决问题"中分辨善恶是非，坚定理想信念，自觉砥砺品性，不断完善自我。把马克思主义中国化的最新理论成果转化为教学内容，我们认为，"基于问题的探究式学习"应该成为实践教学环节的一种主要方式。"基于问题的探究式学习"，就是从现实出发，密切联系大学生的生活经验，密切联系社会现实生活及国内外时事，在生活中找问题，在教师指导下让学生主动地去探究问题，在探究问题的过程中学习理论、澄清认识，以提高觉悟、增长才干。

"基于问题的探究式学习"的教学方式，其具体的教学步骤如下：创设问题情境（考察参观、案例体验和任务指向）——驱动探究（独立思考和合作探究）——获得体验（认知性、情感性和操作性）——交流经验——梳理整合。现代教育理论也认为，学习一般可分为三个层次：一是针对知识的接受性学习，二是针对技能的体验性学习，三是针对现实的探究性学习。如果通过引进课题活动，使教学有活动依托，并力求向现实拓展，这样，学生们就会唱着歌向未知出发，书本知识就自然而然地成为学生所急于知道的，所主动探求的。真正的学习是在全部教学过程中同时包含以上三个层次的学习。①有效的实践教学环节的实施,正是包含以上三个层次的真正的学习,也是把马克思主义中国化的最新理论成果转化为教学内容的题中应有之义,是这一转化工作的须臾不可忽视的重要实现途径!

把马克思主义中国化的最新理论成果转化为教学内容,需要有新的精神状态和新的思维。这其中,政治理念、科学理念、时代理念和改革理念,是在"05新方案"实施过程中所必须牢固树立和坚持的。

---

① 王宏甲《走向新教育》,载于《新华文摘》2004年第19期。

高职教育"两课"教学方法的创新

加强两课教学工作，是高职院校培养德智体全面发展的高等技术应用人才的客观要求，也是推进素质教育全面提高教育质量的客观要求，是实现高职教育人才培养目标、人才规格的客观要求。两课教学是促进高职院校教学改革、提高教学质量的一项系统工程，在教学方法上必须创新。为此，笔者认为当前两课教学工作应明确一个目标，坚持六个结合。

一、明确一个目标

明确一个目标，就是明确两课教学的总体目标。两课教育是对学生进行马克思主义理论和思想品德教育的主渠道、主阵地。新时期两课担负着知识传授、能力培养和科学价值观教育的重任，发挥德育功能，整体推进，高质量完成这三项任务，是两课教育的总体目标。科学价值观教育是两课教学主要目标，科学价值观教育离不开知识的传授和能力的培养，三者相辅相成，是辩证的统一。只有从整体理解与把握两课教育目标的内涵及相关内容，才能正确实施两课教学方案，高质量完成两课教学任务，更好地促进总体培养目标的实现。

二、坚持六个结合

（一）坚持理论教学与实际紧密结合

马克思主义与思想政治理论教学的目的，不仅是要学习掌握其基本观点、基本理论和基本方法，更重要的是运用马克思主义的基本观点原则及方法，分析社会发展中出现的新情况新问题，这也是增强教学内容吸引力、说服力的根本途径。为此，两课教师在备课之前要有计划收集社会上干部群众提出的一些热点及难点问题，也可采用问卷方法收集大学生提出的问题，针对这些问题,采用案例教学法理论联系实际的有效手段,组织引导两课老师结合案例进行理论教学。

在教学中不仅要讲清基本理论,还要联系国内外、校内外实际,用马克思主义理论分析回答社会上和同学们关注的重大理论及实际问题,以增加教学的现实感及针对性。

(二) 坚持第一课堂与第二课堂结合

利用课外时间组织学生开展形式多样的马克思主义思想政治教育活动是课堂教学的有益补充,它对巩固教学成果具有重要意义。学校各级党群组织,要结合高职学生思想实际和特点不断开展丰富多彩的爱国主义、社会主义、集体主义、革命传统、道德法律等学习活动。学习活动结束后,要总结经验,要评选学习先进个人。还可利用入党积极分子学习班、知识征答、抢答、歌咏、文艺演出、马克思主义学习小组等形式继续深入开展大学生思想教育活动。

两课教学应根据教学计划,有计划地安排一些社会实践活动,使学生感受火热的社会实践,增加学生的感性认识,这对实现两课教学目标至关重要。可以组织参观工矿、农村的改革开放典型,参观博物馆、烈士纪念馆,利用假期组织学生参加党建活动,开展社会调查、撰写调查报告,使学生了解社会,感受改革开放的巨大变化,增强对马克思主义理论的深刻认识。

(三) 坚持把课堂讲解与学生共同讨论相结合

老师讲学生听是传统的教学方法,也是重要的教学方法之一。如果一味应用这种简便省事的教学方法,事实上现在很多大学生已经厌倦一块黑板,一支笔,滔滔不绝讲到底的讲课方法。因此在采用传统课堂教学方式的同时,引进探讨和共同讨论的方法可以把教为主导,学为主体有效结合起来,增强学生的参与意识,发挥学生的学习积极性、主动性。因此,两课理论教学,要以教学班为单位适当组织课堂讨论。讨论可分若干讨论题,组织老师共同参与,也可让学生对社会热点问题进行深入研究,写出专题报告,回答与解决迫切解决的问题。这不仅可以加深对马克思主义的理解,而且有利于提高学生的思维、创新和研究能力。

(四) 坚持两课教学与两课科研相结合

加强两课科研,是提高两课教师素质和教学质量的重要措施。在高等教育领域,一个没有科研能力和科研成果的教师在学生心目中的地位是有限的,而一个毫无学术素养的两课教师，也必然会削弱他对学生的说服力。因此，提高两课教师科研水平，对加强两课教学不仅十分重要，而且十分必要。美国、德国等大学，都重视成立老师牵头、学生参与的科研攻关小组，不但能出成果，发挥服务社会功能，而且有利于出人才。作为高职院校必须把两课科研摆上重要议事日程，建立两课科研体制，并借鉴同行教学科研模式，才能抓出成效。

（五）坚持传统的科学教学方法与充分利用现代化教学手段相结合

在继承传统的科学教学方法的同时，必须跟上时代的步伐，重视和充分利用现代化教学手段。在这方面，有的高校恰恰比较薄弱，一些教师不仅缺乏利用现代化教学技术的意识，也缺乏现代化教学操作的技能，必须要加以改进。

在现代化教学设施建设的同时，两课教师要加强利用现代教学设备进行课堂教学操作能力的培养，以充分利用先进教学手段，发挥形象直观作用，增强教学效果。

要发挥局域网在两课教学中的作用。适应网络时代思想政治工作的要求，占领网络阵地，构建思想政治及两课教学平台。充分挖掘网络教育功能，扎实构建网络教育园地，建设网络文化，正确引导网上舆论，制作网页使之在两课教学中发挥积极的作用。

（六）坚持提高两课教师积极性与提高两课教师素质相结合

从政治思想生活上关心两课教师队伍，建立调动两课教师积极性的激励机制，最大限度挖掘两课教师才智，是搞好两课教学的关键，有关各部门都要关心支持两课教师，帮助他们解决一些问题和困难，还要通过建立两课教案、教研论文、精彩一课、优秀两课教师评选，形成竞争态势，真正把

两课教学质量与晋职晋级晋升挂起钩来，打破大锅饭，形成优胜劣汰。

两课教学水平的提高不仅要调动教师积极性，还要逐步提高教师个体素质。两课教学要求教师不仅要具有专业性，还要具有通识性。既要有马克思主义理论的基本素质，还要通晓相关理论知识、背景资料、交叉学科和边缘科学基本知识、理论研究及教育科研能力。众所周知，有较宽知识面，扎实专业知识是社会上"T"字型人才的内涵，而对两课学科建设来说，教师应首先是"T"字型人才。因此，我们必须创造条件，加强两课教师培训，不断提高两课教师的整体素质。

九 大学生马克思主义教育热点理论问题篇

坚持党的思想路线是贯彻"十六大"精神的根本要求

江泽民同志在"十六大"报告中指出:"坚持党的思想路线,解放思想,实事求是,与时俱进,是我们党坚持先进性和增强创造力的决定性因素。"解放思想,实事求是,与时俱进,这一党的思想路线新的概括和新的阐述,是对马克思主义思想路线的丰富和发展,是继承、丰富和发展毛泽东思想、邓小平理论的一个极其重要的思想成果,是党的"十六大"的一个重大的理论贡献。深刻理解和坚持这一思想路线,是学习贯彻"十六大"报告的根本要求所在。

"十六大"报告中关于建设中国特色社会主义的一系列新思想、新认识、新论断,是中国共产党人坚持解放思想、实事求是、与时俱进思想路线的结果。在这一思想路线指导下,以江泽民同志为核心的第三代中央领导集体,以改革开放和现代化建设的实际问题,以我们正在做的事情为中心,着眼于马克思列宁主义理论的运用,着眼于对实际问题的思考,着眼于新的实践和新发展,提出了一系列新的思想,新的论断和新的举措。如:关于党的性质和历史方位的论述;关于人类社会发展规律的论述;关于在中国特色社会主义道路上实现中华民族伟大复兴的论述;关于建设中国特色社会主义基本经验的论述;关于贯彻"三个代表"重要思想的根本要求和"三个代表"重要思想是发展的、前进的论述;关于实践基础上的理论创新是社会发展和变革的先导的论述;关于把发展作为党执政兴国的第一要务的论述;关于党的先进性是具体的、历史的论述;关于最大多数人的利益和全社会全民族的积极性创造性,对党和国家事业的发展始终是最具有决定性的因素的论述;关于全面建设小康社会奋斗目标的论述;关于坚持和完善公有制为主体、多种所有制经济共同发展的基本经济制度的论述;关于文化在综合国力竞争中的地位和作用的论述;关于加强党的执政能力建设,改革和完善党的领导方式和执政方式的论述;关于社会主义物质文明、政治文明和精神文明协调发展的论述；等等。这一系列新的论述，构成了"十六大"报告的最基本内容。"十六大"提出的新思想、新论断、新举措，绝不仅仅是文字上作出了新的表述，它们都是党带领人民群众取得的实践经验的新总结，是思想理论上的新成果，反映了我们党在建设中国特色社会主义一系列重大问题上的新认识，体现了全面建设小康社会、开创中国特色社会主义事业新局面的新要求，是坚持解放思想、实事求是、与时俱进的产物。"十六大"报告坚持解放思想、实事求是、与时俱进的思想路线，明确指出了在新的世纪新的阶段我们党举什么旗、走什么路、实现什么奋斗目标的重大问题，确立以"三个代表"重要思想作为党必须长期坚持的指导思想，详细论述了我国社会经济、政治、文化建设和党的建设等方面的历史任务和战略部署，这一切，对于全面推进中国特色社会主义事业，实现中华民族的伟大复兴将产生深远的影响。党的十三届四中全会以来，我们党所取得的一系列举世瞩目的伟大成就，充分证明和显示出坚持和贯彻解放思想、实事求是、与时俱进思想路线的巨大威力。我们学习领会"十六大"精神，要注意领会贯穿报告全篇的马克思主义立场、观点、方法，注意掌握报告研究新情况、解决新问题的科学态度和创造精神，始终保持与时俱进的精神状态。

"十六大"报告中关于"三个代表"重要思想的精辟论述，也是中国共产党人坚持解放思想、实事求是、与时俱进思想路线的伟大成果。"三个代表"重要思想在继承马列主义、毛泽东思想和邓小平理论的基础上，深刻总结了国际共产主义运动正反两方面的历史经验，特别是改革开放以来的新鲜经验，科学揭示了在新的历史条件下共产党执政的规律、社会主义建设的规律和人类社会发展的规律，在内容上包括了中国特色社会主义经济、政治、文化的基本方面，理论上涵盖了马克思主义哲学、政治经济学、科学社会主义的基本领域。"三个代表"重要思想是马克思主义与当代中国实际和时代特征相结合的新成果、新飞跃，是中国共产党人坚持解放思想、实事求是、与时俱进，把马克思主义中国化的新创造、新结晶。而且，江泽民同志在报告中还指出："三个代表"重要思想是发展的，前进的。只有坚持和贯彻解放思想、实事求是、与时俱进的思想路线，才能在思想上不断有新解放，理论上不断有新发展，实践上不断有新创造；才能把"三个代表"重要思想贯彻到社会主义现代化建设的各个领域，体现在党的建设的各个方面，以使我们党始终与时代发展同步伐，与人民群众共命运。

江泽民同志作为我党第三代领导集体的核心，一贯强调坚持邓小平同志倡导的解放思想、实事求是的思想路线，强调党的全部理论和工作要体现时代性、把握规律性、富于创造性，要与时偕行，与时俱进，并且指出，能否始终做到这一点，决定着党和国家的前途和命运。"十六大"报告把与时俱进的观点概括在党的思想路线的内涵之中，深入了我们对党的思想路线的理解和认识。党的思想路线的这一进一步拓展和升华，是实践发展、时代进步的要求，是中国特色社会主义不断前进的需要。这一新的概括和新的阐述，成为第三代中央领导集体认识和实践活动鲜明而突出的特征和一系列理论论述的精髓和实质，反映出中央领导集体对思想路线内涵在新的历史条件下认识上的深化，是中国共产党人理论成熟的重要标志。党的解放思想、实事求是、与时俱进的思想路线，将成为党的事业兴旺发达的根本保证，成为中国共产党人把中国特色社会主义事业全面推进、全面发展的强大思想武器和行动指南。我们学习贯彻"十六大"报告，必须在深刻理解解放思想、实事求是、与时俱进这一思想路线上下工夫，必须毫不动摇地坚持解放思想、实事求是、与时俱进的思想路线。只有这样，才能把握报告的实质和精髓，才能跟上时代发展的步伐，提出适合新的实践要求的路线、方针、政策，把中国特色社会主义事业不断推向前进。

"三个代表"重要思想的实践特质

实践是马克思主义中国化的必由之路。作为对马列主义、毛泽东思想和邓小平理论继承和发展的"三个代表"重要思想，是中国共产党第三代领导集体在国际和国内新的形势下提出的党建思想，是与时俱进的产物。"三个代表"重要思想的落脚点是实践，我们必须从实践的高度深刻领会和理解"三个代表"，在实践中贯彻落实"三个代表"。实践是"三个代表"重要思想的灵魂。

一、"三个代表"重要思想"是我们党艰辛探索和伟大实践的必然结论"

江泽民同志在系统总结党的十三届四中全会以来我们党领导人民推进中国特色社会主义伟大事业的十条基本经验时深刻地指出："这些经验，联系党成立以来的历史经验，归结起来就是，我们党必须始终代表中国先进生产力的发展要求，代表中国先进文化的前进方向，代表中国最广大人民的根本利益。这是坚持和发展社会主义的必然要求，是我们党艰辛探索和伟大实践的必然结论。"这说明，"三个代表"重要思想有着深厚的实践基础。这些实践基础包括：我们党领导人民进行革命的实践，进行社会主义建设的实践，进行改革开放的实践，而十三届四中全会以来国内外形势发生的巨大的变化，十三年来党领导人民建设中国特色社会主义的艰辛探索和伟大实践，是"三个代表"重要思想最直接的实践基础，是催生"三个代表"重要思想最深厚的现实土壤。

20世纪90年代以来，国内外形势发生了巨大的变化。国际方面，以苏联解体为标志的两大阵营对立的消失，冷战结束，世界出现多极化趋势。共产主义运动进入低谷，中国社会主义还能走多远的疑问盘绕在人们的头脑中。如何避免东欧剧变、苏联解体这种惨剧在中国发生，是摆在中国共产党人面前的头等重要的任务。东欧剧变、苏联解体，除了西方敌对势力的和平演变外，最重要的原因就是这些国家的共产党严重地脱离了人民群众，特权盛行，自觉不自觉地离开了马克思主义的思想路线。如何立于不败之地，如何稳固地推进中国社会主义现代化事业，就成为中国共产党必须认真思考的重大理论问题。与此同时，以信息技术为主要标志的第三次技术革命的迅猛发展，给世界带来了新的活力，极大地推动了世界经济、文化的发展。人类进入了信息社会，传统产业被远远甩在后面。以微电子技术、生物基因技术、现代空间技术为主要标志的现代技术，极大地提高了人类对物质世界的改造能力。在新技术条件下，人类生产力的水平获得了空前的发展。任何一个国家，任何一个政党，若要不被时代所抛弃，就必须紧跟新技术革命的先进成果。具有与时俱进光荣传统的中国共产党人为完成社会主义现代化的宏伟事业，毫不犹豫地投身到新技术革命中来，制定了诸如"863计划"这样具体的科研攻关项目及长远的"五年规划"、"十年规划"等。中国共产党始终站在时代前列，无论是革命战争年月还是和平建设时期都是如此，始终保持自己的先进性。实践表明，中国共产党第三代领导集体对先进生产力和先进文化都予以极大的关注。先进生产力对于当今时代具有至关重要的作用，甚至可以决定一个民族或国家的兴衰。

旧的世界政治格局的打破，新的多极化格局正在形成中，国与国之间的竞争空前激烈，经济全球化的浪潮席卷世界每一个角落，机遇与挑战并存。如何在经济全球化、政治多极化这样新的国际舞台上扮演好我们泱泱大国的角色，是摆在第三代领导集体面前的一个艰巨而伟大的任务。"和平与发展仍是当今时代的主题"，但世界并不太平，霸权主义和强权政治时有表现，人类的发展方向问题再一次摆在了人们的面前。人类文明在21世纪将以何种面目展现也就成为一个必须思考的重大问题。伟大、光荣、正确的中国共产党如何带领拥有五千年文明史的中国人民在复杂、多变的国际形势下胜利实现中国的现代化事业，并最终实现中华民族的伟大复兴，是一个现实的实践问题，同时也是一个重大的理论问题。中国共产党必须以自己的先进性、进步性及独特性思考问题，始终代表先进生产力的发展要求及先进文化的前进方向，从全局上把握时代脉搏，从而完成历史赋予的光荣使命。

面对复杂的国际环境和迅猛发展的新技术革命，党的第三代领导集体与时俱进，沉着应对，鲜明地提出了"三个代表"重要思想，努力追赶世界发展的大潮流，保持了中国共产党人旺盛的斗志，显现了自身顽强的生命力。"三个代表"重要思想代表了时代前进的方向，体现了马克思主义的理论精髓，阐明了全党的意志，反映了全民的心愿。

国内方面。自十三届四中全会以来，有两个问题不容忽视。其一，市场经济逐渐取代了传统的计划经济。在社会主义国家搞市场经济，这是前无古人的创举。社会主义制度的本质要求和市场经济所要求的游戏规则的有机结合是时代的新课题。如何在市场经济的大潮中游泳同时不出意外，就成为摆在执政的中国共产党人面前的第一要务。在新形势下，高度的政治警惕性，牢固的为人民服务意识，坚定的党性原则等等，都是要必须加以特别强调的。质言之，在市场经济的条件下，如何加强党自身的建设，使其永远成为一个坚强、有力的执政党就成为关系到改革开放事业成败的关键。其二，改革开放进入快速发展时期，也可以说进入了收获时期。一些领导干部不能够冷静地对待成绩，滋生了各种腐化思想。社会主义建设所展现的现代文明成果对执政党提出了严峻的挑战，如何面对已经取得的成绩，如何保持清醒的头脑，如何保持自己的先进性，如何保持自己的生机与活力就成为党的建设的中心问题。市场经济本身充满了机会与挑战，风险很大，稍有不慎，就有可能栽跟头，甚至断送改革成果。某些领导干部忽视了政治理论学习，放弃了为绝大多数人谋幸福的职责，忘记了为人民服务的根本宗旨，迷失了前进的方向，结果害己害民，严重影响了党在人民群众中的威信，严重危害了社会主义现代化事业。一些人为了自己腰包中多几十万、几百万而不惜损失国家数千万乃至上亿元的资产，致使数千人失去工作。成为社会主义现代化建设事业的绊脚石。在新的形势下，加强执政党的建设，牢固树立为人民服务的思想，明确党的宗旨、目标和任务就显得格外重要。中国共产党第三代领导集体审时度势，毅然提出了"三个代表"重要思想，简明扼要地阐发了中国共产党的宗旨和使命，明确了自己的任务和目标，为党的建设指明了方向。

质言之，无论从复杂多变的国际形势来看，还是从市场经济确立初期的国内形势来看，加强中国共产党自身的建设，保持党的纯洁性、先进性、战斗性，显然都是十分紧迫、十分必要的。中国共产党第三代领导集体与时偕行，庄严提出"三个代表"重要思想，坚定地捍卫了党的神圣宗旨，有力地维护了党的光辉形象，扼要地阐明了党的历史使命。"三个代表"重要思想是中国共产党在实践过程中提出来的党建思想，是中国特色社会主义伟大实践的产物，是第三代领导集体与时俱进的结果。"'三个代表'重要思想是面向21世纪的中国化的马克思主义，是指引全党全国人民为实现新世纪新阶段的发展目标和宏伟蓝图而奋斗的根本指针。"

二、"三个代表"重要思想是中国特色社会主义建设的伟大指南

江泽民同志在"十六大"报告中明确指出："贯彻'三个代表'重要思想，关键在坚持与时俱进，核心在坚持党的先进性，本质在坚持执政为民。全党同志要牢牢把握这个根本要求。"这一根本要求也是我们理解"三个代表"重要思想的关键所在。"这个根本要求"深刻阐明了如何在实践中贯彻落实"三个代表"重要思想，同时也反映了"三个代表"重要思想所具有的实践特质。

"坚持与时俱进"的实质就是坚持党的思想路线，坚持"用发展着的马克思主义指导新的实践"这一中国共产党与时俱进的方法论原则。而能否始终做到这一点，决定着中国特色社会主义事业的成败，决定着党和国家的前途命运。贯彻"三个代表"重要思想，坚持与时俱进，就是要求全党在理论思考方面和实践工作中要牢牢把握时代发展的脉搏，"要体现时代性，把握规律性，富于创造性"。这也是新世纪新阶段全党同志必须努力承担的职责。"新的时代呼唤新的理论，新的理论指导新的实践。学习贯彻'三个代表'重要思想，根本目的就是要推动全党更好地带领人民群众把中国特色社会主义事业推向前进。"实践是"与时俱进"的前提，脱离了中国特色社会主义的实践，也就无所谓"与时俱进"。"坚持党的先进性"也必须体现在党的实际工作中，体现在社会主义现代化建设的伟大实践中。中国共产党是无产阶级的先锋队，是先进生产力的代表者。无论是在革命战争年代，还是在和平建设

时期，中国共产党始终站在时代发展的前列，始终代表了时代前进的方向。"坚持党的先进性"就是要在实践中勇于创新，善于总结新经验，"借鉴当代人类文明的有益成果，在理论上不断扩展新视野，作出新概括。""实践基础上的理论创新是社会发展和变革的先导。通过理论创新推动制度创新、科技创新、文化创新以及其他各方面的创新。"实践基础上的理论创新是中国共产党人始终保持先进性的表现，或者说，实践是中国共产党始终保持先进性的根本保证。没有社会主义革命和社会主义建设的实践，也就谈不上理论创新，谈不上"坚持党的先进性"。

贯彻"三个代表"重要思想，"本质在坚持执政为民"。立党为公、执政为民是中国共产党对全国人民的庄严承诺。中国共产党是无产阶级的先锋队，是全体劳动人民的政党。如今，我们对劳动者有了更为宽泛的界定，即凡是有益于社会的实践者都是劳动者。无论是脑力劳动，还是体力劳动，都存在体能的某种消耗，都存在个人的付出问题。任何有益于社会的付出，甚至只要是无害于社会的付出活动，都应该受到保护，其行为者也都是社会主义国家的公民。中国共产党并不仅仅代表无产阶级的利益，而是代表全体人民的利益。作为执政党，中国共产党在自己的实践活动中必须坚持执政为民。中国共产党始终坚持与时俱进，坚持党的先进性，根本目的还是为全体人民谋福利。偏离开执政为民的宗旨，无异于脱离了党的群众路线，无异于背叛马克思主义思想理论。"执政为民"是党中央对全体党员干部，特别是党的领导干部提出的基本要求，是执政党必须奉行的基本准则。坚持执政为民，就是要在实践中处处为人民着想，时时刻刻关注人民群众的冷暖，人民利益至上。在十六大报告中，江泽民同志指出："我们要在本世纪头二十年，集中力量，全面建设惠及十几亿人口的更高水平的小康社会，使经济更加发展、民主更加健全、科教更加进步、文化更加繁荣、社会更加和谐、人民生活更加殷实。"全面建设小康社会是中国共产党"坚持执政为民"理念的近期具体目标。在十几亿人口的中国全面建设小康社会，确实不是一件容易的事情，执政的中国共产党必须以自己的行动证明自己，必须在实践中承诺自己的诺言。如果离开了实践活动，只是把"三个代表"挂在嘴边，也就从根本上违背了"三个代表"。我们必须以实际行动来实践"三个代表"重要思想，在实践中贯彻落实"三个代表"重要思想。

"三个代表"重要思想来源于实践并指导实践，具有很强的实践特质。胡锦涛总书记在"三个代表"重要思想理论研讨会上的讲话中指出："我们党在指导思想上的与时俱进，都产生于党和人民事业发展的实践进程中，也都是为党和人民事业发展的现实需要服务的。""三个代表"重要思想的提出，主要目的就是要加强作为执政党的中国共产党的执政能力，提高执政水平，以便适应国际社会的新形势和国内新的发展变化，从而完成实现现代化的艰巨任务，实现中华民族的伟大复兴。显然，离开了中国特色社会主义实践，这一切都无从说起。"三个代表"重要思想完全是为了中国共产党在社会主义建设实践中永葆活力与朝气而提出来的，是为了指导中国特色社会主义的伟大实践而产生的。

"武装思想"和"指导实践"

——学习胡锦涛总书记"七一"讲话

胡锦涛总书记在"三个代表"重要思想理论研讨会上指出,当前,摆在全党全国人民面前的一项重大政治任务,就是把"三个代表"重要思想学习好、贯彻好、落实好,务必在武装思想和指导实践两方面都取得新的成效。用什么样的理论武装思想?理论指导什么样的实践?怎样武装思想和指导实践?对这些问题进行深入探讨,求得全面清晰的认识,是学习好、贯彻好、落实好"三个代表"重要思想的题中应有之义,是达到武装思想和指导实践两方面都取得新成效的前提和保障。

一、关于"武装思想"的理论

(一) 这种理论必须是与实践相结合的理论,是符合实践要求的理论

任何一种理论体系,都是从人类社会实践的客观发展中抽象出来的,而社会实践是不断地发展变化的,它永远不会停止自己前进的脚步。这就要求作为社会实践反映的理论必须随着时间的推移、国度的不同,直面新的实践,不断地用适应新实践的新思想及新论断来丰富、发展和完善自己。只有用这样的理论武装思想,才能做到理论与实践的有效结合,理论才能适应新的实践的要求,回答实践提出的新课题,从而也使自己与时俱进,不断发展。回顾马克思主义的发展史可以看出,只有这样的理论才能用来武装思想,才能保证思想上的与时俱进。

马克思主义创始人曾反复告诫人们,我们的理论不是教条,而是行动的指南。它所提供的不是让人们背诵的教义,而是进一步研究的出发点和供这种研究使用的方法。马克思、恩格斯在《共产党宣言》1872年德文版序言中

指出:"这些原理的实际运用,正如《宣言》中所说的,随时随地都要以当时的历史条件为转移",并指出,第二章末尾提出的"最先进的国家几乎都可以采取的"10条措施,在经过20多年后就"没有特别的意义"。他们通过为《宣言》多次再版所写的序言,把必须修改的内容增加了进去,以使《宣言》的基本原理能够符合"当时的历史条件"。1881年2月,马克思在回答荷兰社会民主党创始人之一纽文胡斯的提问时也明确指出:社会党人在夺取政权之后,"在将来某个特定的时刻应该做些什么,应该马上做些什么,这当时完全取决于人们将不得不在其中活动的那个既定的历史环境。"

革命导师列宁也是勇于直面现实,不断根据实践的要求发展马克思主义的光辉典范。他说:"我们完全以马克思的理论为依据",但是,"我们决不把马克思的理论看作某种一成不变的和神圣不可侵犯的东西。""对于俄国社会党人来说,尤其需要独立地探讨马克思的理论,因为他所提供的只是总的指导原理,而这些原理的应用具体地说,在英国不同于法国,在法国不同于德国,在德国又不同于俄国。"列宁通过对资本主义经济政治发展不平衡规律的深刻分析,提出了社会主义革命将首先在一国或数国胜利的论断,从而突破了马克思、恩格斯在19世纪作出的社会主义革命只有在大多数资本主义国家同时发生才能取得胜利的结论。革命成功后,列宁指出,形势改变了,对敌斗争的方法也要善于改变。以俄共(布)十大为标志,执行了三年多的战时共产主义政策为列宁倡导的新经济政策所代替。

我党历史上也曾通过严肃认真地总结,作出过两次郑重的历史结论。两次《历史决议》指出,一切政治上、军事上和组织上的错误,都是没有从中国革命的客观实际和中国人民的客观需要出发,都是主观脱离了客观实际;党的领导对形势的分析和对国情的认识有主观主义的偏差。

(二)只有发展着的理论,与时俱进的理论,才有资格指导实践

只有发展着的理论才能直面现实,才能够解释许多现实问题,从而指导实践不断前进。毛泽东同志在新的历史条件下,在我国民主革命时期,在同党内的三次"左"倾机会主义的斗争中,即同我们党内把马克思主义教条化的倾向的斗争中,坚持和发展了马克思列宁主义,用发展着的马克思主义指导中国革命取得了胜利。没有"农村包围城市,武装夺取政权"这一发展了

的马克思主义,就不会有中国革命的胜利。同样,没有邓小平提出的解放思想、实事求是的思想路线,以及围绕"什么是社会主义,怎样建设社会主义"这一根本问题,突破"以阶级斗争为纲"和"两个凡是"的桎梏,突破"姓社姓资"的怪圈,提出"三个有利于"标准,创造性地发展毛泽东思想,也谈不上改革开放和现代化建设的新道路的开辟。

(三)"三个代表"重要思想就是我们"武装思想"的理论

"三个代表"重要思想是十六大的灵魂,把"三个代表"重要思想确立为党的指导思想,是十六大的一个历史性贡献。"三个代表"重要思想是对马克思列宁主义、毛泽东思想和邓小平理论的继承和发展,反映了当代世界和中国的发展变化对党和国家工作的新要求,"是坚持马克思主义的典范,又是发展马克思主义的典范",是加强和改进党的建设、推进我国社会主义自我完善和发展的强大理论武器,是党必须长期坚持的指导思想。当前,学习贯彻"三个代表"重要思想,最根本的就是要全面深入地领会"三个代表"这一"马克思主义在中国发展的最新成果"的科学内涵和精神实质,牢牢把握贯彻"三个代表"重要思想的根本要求,提高对"三个代表"重要思想历史地位和重大意义的认识,增强贯彻"三个代表"重要思想的自觉性和坚定性,用"三个代表"重要思想统领和推进我们的工作,切实做到在实践中不断探索新路子,寻找新办法,积累新经验,以适应新形势和新任务的需要。

二、关于"指导实践"的"实践"

(一)这种实践就是中国特色社会主义的伟大实践

具体地说,就是党的十六大提出的全面建设小康社会,加快推进社会主义现代化,使社会主义中国发展和富强起来,为人类进步事业作出更大贡献。全面建设小康社会是中国特色社会主义发展所必需的一个历史阶段和客观过程,是新世纪中华民族必须牢牢把握的一个难得机遇,是改革开放20多年来中国社会发展的历史延续,更是未来50年实现伟大复兴的一个基础性环节,是新世纪中华民族走向社会主义现代化的奠基工程。因此,不论是从阶段性目标的角度,还是从中华民族伟大复兴的角度来理解和把握全面建设小康社会这一新的实践课题,都具有重大的理论意义和实践意义。

（二）这种实践就是作为"执政兴国的第一要务"的当代中国的"发展"

马克思主义历来十分重视发展问题。马克思主义认为，生产力是社会发展的最终决定力量。纵观世界发展的历史，任何一种社会制度的巩固与发展，都是因为这种社会制度能够创造出比过去社会更高的生产力。《共产党宣言》指出，无产阶级在夺取资产阶级的全部资本以后，要尽可能快地增加生产力的总量。列宁进一步指出"无产阶级夺取国家政权以后，它的最主要最根本的需要就是尽快增加产品数量，大力提高社会生产力。"

党的十六大报告强调指出："能不能解决好发展问题，直接关系人心向背、事业兴衰。党要承担起推动中国社会进步的历史责任，必须始终紧紧抓住发展这个执政兴国的第一要务。"我国还处在并将长期处在社会主义初级阶段，人民日益增长的物质文化需要同落后的社会生产之间的矛盾仍是我国社会的主要矛盾。只有通过发展，才能体现党的先进性，才能体现社会主义制度的优越性，才能使"三个代表"重要思想落到实处，使强国富民的民族理想得以实现。所以江泽民同志再三强调："解决中国的所有问题，关键在于发展。""全党、全国上下一定要只争朝夕，加倍努力，牢牢扭住经济建设这个中心，聚精会神地做好经济和社会发展这篇大文章，不断增强我国的经济实力、国防实力和民族凝聚力。"

当今世界，政治、经济、文化、科技等都发生了重大而深刻的变化，世界多极化、经济全球化、科技革命化、社会信息化的浪潮席卷全球，社会主义在两种制度的竞争中发展，社会主义在改革和建设中也遇到了前所未有的新情况、新问题、新变化。要想在未来的国际竞争中占据优势地位，就必须千方百计谋发展，一心一意搞建设。正如江泽民同志所指出的："只有经济实力强大，才可能处于主动地位，否则就会被动挨打。我们只有加快发展，才能增强国家的综合国力，才能在风云变幻的国际局势中处于主动地位，立于不败之地。"

三、怎样武装思想和指导实践

坚持用马克思主义态度学习贯彻好"三个代表"重要思想，用"三个代表"重要思想指导新的实践，并努力在实践中继续发展马克思主义。这是胡

锦涛总书记在"七一"讲话中所指出的"武装思想"和"指导实践"的总的要求。胡锦涛总书记指出:"为此,要注意做到以下

三个结合。"即坚持学习理论和指导实践相结合,坚持改造客观世界和改造主观世界相结合,坚持运用理论和发展理论相结合。

(一)坚持学习理论和指导实践相结合

中国共产党是理论和实践相结合的典范。中国共产党自从诞生之日起就是一个由马克思主义理论指导的政党,同时也是一个肩负历史使命的政党。中国共产党之所以具有顽强的生命力,坚强的战斗力,重要原因之一便是十分注重科学理论的指导。

一个由科学理论武装的政党是不可战胜的。从根本上讲,中国共产党所拥有的强大生命力、适应力主要源于中国共产党始终能够将科学理论与社会实践有机地结合。中国共产党始终保持先进性、正确性也主要源于理论与实践的有机结合。正是靠科学理论与社会实践的有机地结合,马列主义、毛泽东思想、邓小平理论和"三个代表"重要思想才得以形成和发展,才能够跨越书斋走进火热的社会实践。所以,胡锦涛总书记明确指示各级领导干部:"要按照关键在坚持与时俱进、核心在坚持党的先进性、本质在坚持执政为民的根本要求,密切联系改革开放和现代化建设的实际,联系本地区本部门的工作实际,坚持用'三个代表'重要思想指导实践、解决问题、推动工作。要紧紧围绕实现全面建设小康社会的宏伟目标,抓紧研究解决本地区本部门改革发展稳定中的重大问题,抓紧研究解决群众生产生活中的迫切问题,抓紧研究解决党的建设中存在的突出问题,真正把'三个代表'重要思想落实到各项工作中去,体现到各级党组织和广大党员的行动中去,成为推动事业实现新发展、开创新局面的强大精神动力。"

(二)坚持改造客观世界和改造主观世界相结合

胡锦涛总书记指出:"学习贯彻'三个代表'重要思想,既要对事也要对人。对事,就是要用'三个代表'重要思想来指导工作、推动社会实践。对人,就是要用'三个代表'重要思想来武装头脑、指导自我修养。如果只对事不对人,或者只对人不对事,都不能真正学习贯彻好'三个代表'重要思想。"我们在学习贯彻"三个代表"重要思想的过程中,要紧密联系自己的思

想实际，不但要在坚定理想信念、提高思想政治水平和加强道德品质修养上下工夫，更为重要的是要深刻掌握"三个代表"重要思想所体现的辩证唯物主义和历史唯物主义的世界观和方法论，切实从对"三个代表"重要思想的理论学习和研究飞跃到"三个代表"重要思想的实践创新，寓改造主观世界于改造客观世界的过程中，用改造主观世界的成效来推进实践的不断创新。

(三）坚持运用理论和发展理论相结合

江泽民同志指出，要使党和国家的事业不停顿，首先理论上不能停顿，我们一定要适应实践的发展，以实践来检验一切，用发展着的马克思主义指导新的实践。"三个代表"重要思想既是我们推动实践创新的根本指针，又是我们深化理论探索的崭新起点。我们必须坚持解放思想、实事求是、与时俱进，必须以我国改革开放和现代化建设的实际问题，以正在做的事情为中心，着眼于马克思主义理论的运用，着眼于对实际问题的理论思考，着眼于新的实践和新的发展，用发展的观点对待马克思主义，在新的社会实践中发展马克思主义。惟如此，才能真正发挥马克思主义对现实社会主义的重大指导作用。

"三个代表"重要思想面向
21世纪的中国化的马克思主义

一、"面向21世纪的中国化的马克思主义"的论断，非常准确而深刻地揭示了"三个代表"重要思想的基本性质和历史方位。

关于"三个代表"重要思想，"十六大"报告有一个定义性的表述："三个代表"重要思想是对马克思主义、毛泽东思想和邓小平理论的继承和发展，反映了当代世界和中国的发展变化对党和国家工作的新要求，是加强和改进党的建设、推进我国社会主义自我完善和发展的强大思想武器，是全党智慧的结晶，是党必须长期坚持的指导思想。在这一科学定义的基础上，胡锦涛总书记在"七一"重要讲话中进行了新的阐释："'三个代表'重要思想是面向21世纪的中国化的马克思主义，是指引全党全国人民为实现新世纪新阶段的发展目标和宏伟蓝图而奋斗的根本指针。"这一论断，既经典而又十分精炼地揭示了"三个代表"重要思想的基本性质，阐明了"三个代表"重要思想的历史地位。说它经典，是因为这一论断与"马克思主义"、"中国的马克思主义"、"当代中国的马克思主义"的表述完全统一起来，把"三个代表"重要思想直接与马克思主义经典理论结合在一起，直接与马克思主义经典理论的中国化联系在一起，直接与马克思主义中国化过程中产生的两大经典理论毛泽东思想、邓小平理论联系在一起，成为马克思主义中国化的最新成果。说它精练，是因为它一方面十分科学准确地用一句话涵盖了"十六大"关于"三个代表"重要思想的定义性论述，指出了"三个代表"重要思想是在准确把握时代特征、科学判断我们党所处的历史方位和新世纪新阶段中国特色社会主义事业面临的新问题的基础上，科学准确地反映了当代世界和中国的发展变化对党和国家工作的新要求；指出了"三个代表"重要思想紧密结合新的时代条件，生动而具体地坚持和发展了马克思主义，赋予了马克思主义新的鲜活力量,是对马列主义、毛泽东思想、邓小平理论的继承和发展;指出了"三个代表"重要思想是全党智慧的结晶,是我们党必须长期坚持的指导思想。同时,它又突出地强调了"三个代表"重要思想这一系统的科学理论在马克思主义发展史上的地位、在马克思主义中国化发展史上的地位,强调了从马克思主义到"中国的马克思主义"、到"当代中国的马克思主义"、再到"面向21世纪的中国化的马克思主义"之间既一脉相承又不断前进的传承关系,更加明确了"三个代表"重要思想在新世纪新阶段的指导地位。

二、"面向21世纪的中国化的马克思主义"的论断,回应了理论学习中一些人的片面、表面、模糊甚至是错误的认识,突出地强调了"三个代表"重要思想是一个系统的科学理论体系。

在理论学习中,曾出现过一些片面的、表面的、模糊的甚至是错误的认识。有的同志只从字面上理解"三个代表"重要思想,认为"三个代表"就是简单的"三句话",有的同志认为"三个代表"中的生产力、文化以及人民群众的利益,马克思主义经典作家讲过,党的文件也反复强调,不是什么新问题;甚至认为是简单组合,简单之至,一目了然,没有创新,无需下什么工夫深入学习;有的同志认为从"三个代表"的提出到十六大才短短两年多的时间,对十六大把"三个代表"重要思想作为党的指导思想的重大意义认识不够,等等。这些是比较集中的几个方面现象。那么怎样回应这些认识呢?

1. "面向21世纪的中国化的马克思主义"这一论断表明,"三个代表"重要思想是一个具有极其丰富内容的理论体系。首先,"三个代表"整合了人类历史活动的基本规律,科学体现了社会经济、政治、文化协调发展的统一。"始终代表中国先进生产力的发展要求,始终代表中国先进文化的前进方向,始终代表中国最广大人民的根本利益",是"三个代表"重要思想这一科学理论的最主要内容和集中概括。江泽民同志把"三个代表"作为一个辩证统一的整体而提出,这正是创造性地坚持和发展马克思主义的一个显著标志。"三个代表"重要思想所涵盖的三个方面既各有其丰富的要求和涵义,同时每个方面又并非是孤立存在的,而是相互联系、相互贯通、内在统一的理论整体,三者共同构成了关于我们党的根本性质、根本宗旨和根本任务、集中体现社会主义本质的完整学说,辩证地统一于中国特色社会主义的实践之中。因此,学习贯彻"三个代表"重要思想，必须注重在三个"代表"所依附的辩证体系中下工夫，必须完整准确地把握三个"代表"的辩证统一关系，注重三者之间的相互联系，高度重视党的先进性的完整性和统一性，高度重视党领导中国特色社会主义事业的系统性和全面性，使之相互促进，相得益彰，切不可将"三个"或其中之一置于一种孤立的地位加以理解，或在实践中顾此失彼，有所偏废。那样，则肢解了作为多种规定性相统一的"三个代表"的活生生的内容整体，在认识和实践中则会造成危害。

"三个代表"重要思想还是一个由众多相互联系的规定性所构成的系统的理论体系，是由一系列内涵丰富、相互联系的思想观点构成的统一整体。"三个代表"重要思想随着实践的发展而不断丰富着其博大精深的内涵，从最初提出时的关于社会发展中具有决定意义的经济、政治、文化三个方面，逐步发展成为一个内涵丰富、寓意深刻、全面具体的系统理论体系；从一个指导我们党自身建设的重要纲领，发展成为不仅指导党的建设，而且指导整个国家各项事业、指导整个中国特色社会主义实践的理论体系。胡锦涛指出，"三个代表"重要思想同马克思列宁主义、毛泽东思想、邓小平理论一样是一个系统的科学理论，这一理论体系在建设中国特色社会主义的思想路线、发展道路、发展阶段和发展战略、根本任务、发展动力、依靠力量、国际战略、领导力量和根本目的等重大问题上取得了丰硕成果，在改革发展稳定、内政外交国防、治党治国治军各个方面，提出了一系列紧密联系、相互贯通的新思想、新观点、新论断，进一步回答了什么是社会主义、怎样建设社会主义的问题，创造性地回答了建设什么样的党、怎样建设党的问题。正因为如此，我们党才把它与毛泽东思想、邓小平理论一起作为马克思主义中国化的三大理论成果，被庄严地写进党章和宪法，一并确立为党和国家必须长期坚持的根本指针。《中共中央关于印发〈"三个代表"重要思想学习纲要〉的通知》指出，《纲要》所阐述的16个大的方面、100个要点，比较全面、准确地反映了"三个代表"重要思想，有助于更好地理解"三个代表"重要思想这一系统的科学理论。

2. "面向21世纪的中国化的马克思主义"这一论断还表明，"三个代表"重要思想是处于辩证运动中的理论体系。"十六大"报告中"贯彻'三个代表'重要思想，关键在坚持与时俱进"、"'三个代表'重要思想是发展的、前进的"等论述清楚地说明，"三个代表"重要思想作为我们党理论创新的崭新成果，并非封闭的理论模块，其本身同样是一个开放的、面向未来的、包蕴着无限可能性空间的发展的理论原则，是处于辩证运动中的理论体系。"三个代表"重要思想的科学体系中，因其自身内部（先进社会生产力、先进文化、最广大人民的根本利益等等方面）的矛盾、差异而必然引起"自己的运动"。随着现代化建设的不断推进，"三个代表"唯物辩证的精神实质和为人民谋利益的价值追求不会变，但方式和内容必然要不断发展、不断创新。胡锦涛在"七一"讲话中也特别强调要坚持在运用理论中发展理论，他的一系列"如何"的阐述，展现了中国共产党承担的"代表"所具有的符合时代特征的新的内容。无论是生产力还是文化的发展，乃至人民群众的根本利益要求，都是前进的、发展的。生产力和文化的先进性，都只能也必须从发展的进程中、从前进的道路上才能够理解。没有发展和进步，先进生产力、先进文化等人类文明也就难以维系，而最广大人民的根本利益自然无所依附。"三个代表"重要思想既是推动实践创新的根本指针，又是发展马克思主义、继续进行理论探索的崭新起点，为我们党在思想上和行动上始终保持与时俱进的精神面貌提供了科学的世界观和方法论保证，为正确认识和处理前进道路上遇到的各种"重大课题"开辟了极其广阔的发展空间，指明了前进的方向。

三、"面向21世纪的中国化的马克思主义"这一论断，无论是从基本性质角度还是从历史地位角度，都非常准确、极其简明地道出了"三个代表"重要思想与马克思主义、毛泽东思想、邓小平理论之间的基本关系，凸显了"三个代表"重要思想的两个理论特征。

胡锦涛同志在"七一"讲话中指出："'三个代表'重要思想同马列主义、毛泽东思想、邓小平理论是一脉相承、而又与时俱进的科学体系"，并且指出这是"三个代表"重要思想的两个理论特征。那么，这两个理论特征体现在哪里呢？"七一"讲话从四个方面做了回答和分析。这就是，在坚持马克思主义的辩证唯物主义和历史唯物主义的世界观和方法论方面，在坚持共产主义的远大理想和马克思主义政党的纲领方面，在坚持马克思主义关于无产阶级政党必须植根于人民的政治立场方面，在坚持马克思主义与时俱进的理论品质方面，"三个代表"重要思想都展现了"一脉相承而又与时俱进"的理论特征。这四个方面，都是在马克思主义的基本点上对马克思主义的继承和发展。

这种基本传承关系，首先表现为后者对前者的坚持和继承，后者是在前者基础上产生。我们党从诞生之日起，就把马克思主义确立为自己的指导思想,并在长期奋斗中坚持把马克思主义基本原理同中国革命和建设的具体实践相结合,形成了"中国的马克思主义"毛泽东思想;以邓小平为主要代表的中国共产党人,在毛泽东同志艰辛探索的基础上,把马克思主义基本原理同中国改革开放的实际相结合,形成了"当代中国的马克思主义"邓小平理论;十三届四中全会以来,以江泽民为主要代表的中国共产党人,高举邓小平理论伟大旗帜,以马克思主义的巨大理论勇气开拓创新,形成了"面向21世纪的中国化的马克思主义"——"三个代表"重要思想。没有马克思主义,就不可能有世界共产主义运动的蓬勃兴起,就不会产生"中国的马克思主义"毛泽东思想;没有毛泽东思想,就不可能有中国革命的胜利和中国社会主义基本制度的确立,就谈不上社会主义中国的改革开放,也就不可能有"当代中国的马克思主义"邓小平理论;没有邓小平理论,就不可能有改革开放和建设有中国特色社会主义新道路的开辟,就谈不上新世纪在这条道路上的继续开拓创新,就不可能产生"面向21世纪的中国化的马克思主义"——"三个代表"重要思想。这种传承关系还突出地表现为后者对前者的丰富和发展。胡锦涛指出,"三个代表"重要思想既是坚持马克思主义的典范,又是发展马克思主义的典范。从"三个代表"重要思想这一系统的科学理论的核心内容来看,始终代表中国先进生产力的发展要求,是对马克思主义关于生产力和生产关系、经济基础和上层建筑的辩证关系这一基本原理的运用和阐发;始终代表中国先进文化的前进方向,是对马克思主义关于物质生活和精神生活、社会存在和社会意识的辩证关系这一基本原理的运用和阐发;始终代表中国最广大人民的根本利益,是对马克思主义关于人民群众是历史的创造者这一基本原理的运用和阐发。关于"三个代表"重要思想和邓小平理论之间既坚持继承又发展创新的关系,江泽民同志自己讲得很清楚:"我们始终要坚持以马列主义、毛泽东思想、特别是邓小平理论为指导,这一点丝毫不能动摇。同时我们也必须根据新的实践不断进行新的探索,不断为实践提出新的理论指导。""三个代表"重要思想在坚持邓小平理论的同时,又极大地丰富和发展了邓小平理论,主要表现为:在科学社会主义思想史上第一次提出社会主义初级阶段的三大基本纲领并系统论述什么是中国特色社会主义的政治、经济和文化;在党的历史上第一次明确地把促进人的全面发展作为社会主义的本质要求、作为建设中国特色社会主义各项事业所追求的目标;对社会主义市场经济体制的内容进行了新的阐述,并科学构建了我国社会主义市场经济体制的基本框架;从理论上提出"三大文明"并深入阐述了三大文明的协调发展的重要意义；紧紧围绕"打得赢、不变质"这两大历史任务，系统回答了新的时代条件下建设一支什么样的军队和怎样建设军队的一系列根本问题；提出了党的建设"新的伟大工程"，并在全党创造性地开展了"三讲"教育活动；提出"八个坚持、八个反对"，改进党的作风；提出增强党的阶级基础和扩大党的群众基础，增强党在全社会的影响力和凝聚力；指出马克思主义具有与时俱进的理论品质，把"与时俱进"同"解放思想、实事求是"一起确立为党的思想路线，创造性地回答了"建设一个什么样的党、怎样建设党"这个基本问题，等等。这种丰富和发展，还表现在社会主义基本经济制度、发展战略、祖国统一、外交战略等许多方面，它们共同构成了"三个代表"重要思想的博大内涵。

四、"面向21世纪的中国化的马克思主义"这一论断，昭示我们必须大力弘扬马克思主义的学风，用发展着的马克思主义指导中国特色社会主义的伟大实践

所谓马克思主义学风，是指马克思主义的理论体系中最值得坚持、继承和发扬的部分，是马克思主义理论本身所包含的科学精神和基本原则，是人们研究问题、建构理论的立场、观点和方法，是指引我们事业前进的根本保证。在新的历史时期，江泽民同志始终把党的学风问题作为大事来抓，并且作了"一个中心，三个着眼于"的经典表述。"一个中心，三个着眼于"是总结过去、面向未来得出的正确结论，是党的理论联系实际学风在新的历史条件下的具体体现和发展。胡锦涛总书记在"七一"重要讲话中也指出，弘扬马克思主义学风，要注重做到三个"结合"，即坚持学习理论和指导实践相结合，坚持改造客观世界和改造主观世界相结合，坚持运用理论和发展理论相结合，做到坚持用马克思主义态度学习贯彻"三个代表"重要思想，用"三个代表"重要思想指导新的实践，并努力在实践中继续发展马克思主义。

这是对江泽民同志"用发展着的马克思主义指导新的实践"这一我们党与时俱进的方法论命题的进一步阐释，是从学风视角向全党发出的号召。质言之，我们只有真正坚持和弘扬党的马克思主义学风，做到解放思想、实事求是，理论和实践相结合，才能学好"三个代表"，当好"三个代表"，充分发挥"三个代表"重要思想这一"面向21世纪的中国化的马克思主义"指导实践的巨大作用。

从"三个一致性"看党的
执政为民理念的实现

"全心全意为人民服务,立党为公,执政为民,是我们党同一切剥削阶级政党的根本区别。任何时候我们都必须坚持尊重社会发展规律与尊重人民历史主体地位的一致性,坚持为崇高理想奋斗与为最广大人民谋利益的'致性,坚持完成党的各项工作与实现人民利益的一致性。"这是江泽民同志在"七一"讲话中对中国共产党80多年革命和建设实践经验的深刻总结,是党的执政为民理念在历史唯物主义的世界观和方法论层面的集中而又充分的体现。

一、坚持尊重社会发展规律与尊重人民主体地位的一致性

马克思主义的社会历史观,从物质资料的生产方式出发,以人们的社会实践活动来考察社会发展的客观进程,揭示了社会历史是社会基本矛盾有规律地运动发展的过程,人类社会存在着不以个人意志为转移的客观规律。这一重大发现,为无产阶级和人民群众认识和改造世界的实践提供了客观依据。人民群众的主体性是社会历史发展的内在要求,也是推动社会发展前进的内在动力。这就说明,历史活动是人民群众的事业,社会历史本质上是人民群众实践活动的历史,人民群众是历史的创造者,是社会发展和变革的决定力量。人民群众作为社会实践的主体,代表着时代的精神,决定了历史的方向。

坚定地走群众路线之路,始终坚持尊重社会发展规律和尊重人民历史主体地位的一致性,是从毛泽东到新一届领导集体一以贯之的工作风范,是我们党不断从胜利走向胜利的法宝。《邓小平文选》第1卷第1页上就这样写着:"没有疑问的,中华民族的儿女,是要站在最前线与日寇拼命的,他们是能够以自己的血肉,换取民族的解放的。"1962年7月,在谈到怎样恢复农业生产时,他又指出:"生产关系究竟以什么形式为最好,恐怕要采取这样一种

态度，就是哪种形式在哪个地方能够比较容易比较快地恢复和发展农业生产，就采取哪种形式；群众愿意采取哪种形式，就应该采取哪种形式，不合法的使它合法起来。"改革开放的新时期，他在审议十四大报告稿时又指出："乡镇企业是谁发明的，谁都没有提出过，我也没有提出过，突然一下子冒出来了，发展得很快，见效也快。家庭联产承包责任制也是由农民首先提出来的。这是群众的智慧，集体的智慧。我的功劳是把这些新事物概括起来，加以提倡。"这几番话，体现出邓小平对群众路线精髓的深刻理解和把握以及对人民历史主体地位的充分尊重。在新的历史条件下，江泽民对坚定地走群众路线的道路以体现尊重社会发展规律和尊重人民历史主体地位的一致性有着深刻的认识。他指出，"在任何时候任何情况下，与人民群众同呼吸共命运的立场不能变，全心全意为人民服务的宗旨不能忘，坚信群众是真正英雄的历史唯物主义观点不能丢。"强调"必须始终把体现人民群众的意志和利益作为我们一切工作的出发点和归宿，始终把依靠人民群众的智慧和力量作为我们推进事业的根本工作路线。"新一届党中央把保持党同人民群众的血肉联系放在加强执政能力建设的核心指导思想的地位，这是我们党极为重要的政治观点和政治要求，突显出党坚持尊重社会发展规律和尊重人民历史主体地位一致性根本原则的坚定决心。一个半世纪的国际共产主义运动史，为我们提供了种种因主客观原因而割裂社会发展规律和人民历史主体地位一致性的经验教训。由于在社会主义社会发展的长期性和阶段性认识上的局限，革命胜利后，苏维埃俄国继续实行"战时共产主义政策"，严重违背了人民群众的意愿，广大农民由对余粮征集制的不满，发展到骚乱和暴动，导致了全国性的政治、经济危机，苏维埃政权面临着失去群众基础的危险。而新经济政策的探索，大大激发了广大人民群众的积极性和主动性，使国家很快走出了危机，也探索出了经济比较落后国家向社会主义过渡和进行社会主义建设的道路。在我国，"二次革命论"和"一次革命论"的主张脱离中国社会的实际，违背中国革命的客观规律，严重忽视广大人民群众的主体作用，都给中国革命造成过极其严重的危害。殷鉴历历在目，岂容麻木对待。一个政党的方针路线一旦与社会发展的规律背道而驰，那么不论这个政党的主观愿望如何的崇高和进步，都会像离开大地母亲的巨人安泰一样而失去力量的源泉。忽视了人民的作用，违背了人民的意愿，自然就失去了人民的支持，执政为民的理念便成了一句空话。

二、坚持为崇高理想奋斗与为最广大人民谋利益的一致性

《共产党宣言》指出，过去的一切运动都是少数人的或者为少数人谋利益的运动，无产阶级的运动则是绝大多数人的、为绝大多数人谋利益的运动。无产阶级及其政党不仅代表了人类社会发展的客观规律，代表了无产阶级的整体利益，而且代表了最大多数人民的根本利益。无产阶级是最具远大理想的阶级，它把实现社会主义、共产主义和解放全人类作为自己的奋斗目标。中国工人阶级代表了中国最先进的生产力，认为追求自身解放的过程，同时也是为最广大人民群众谋利益的过程，其阶级利益和历史命运是与最广大人民群众、与中华民族紧紧联系在一起的。所以，当马克思恩格斯把未来社会主义新纪元的基本思想确定为"代替那存在着阶级和阶级对立的资产阶级旧社会的，将是这样一个联合体，在那里，每个人的自由发展是一切人的自由发展的条件"的时候，当无产阶级政党把共产主义社会的本质规定为"以每个人的全面而自由的发展为基本原则的社会形式"的时候，共产党人要始终为最广大人民谋利益就成为自己的"天经地义"。要而言之，共产党人的远大理想始终是以人民利益为中心的。共产党人为崇高理想奋斗和为最广大人民谋利益具有内在的一致性。

坚持为崇高理想奋斗和为最广大人民谋利益的一致性，对实现执政为民的理念，具有重要的方法论意义。它形成了无产阶级不同于以往任何阶级的大公无私、全心全意为人民服务的世界观、人生观、价值观。我们党从建党伊始就旗帜鲜明地把实现共产主义确立为自己奋斗的崇高理想，并且坚持用革命的手段来实现这个目标。因为半殖民地半封建的中国国情决定了，"只有经过民主主义，才能到达社会主义，这是马克思主义的天经地义。"中国共产党人在崇高理想的旗帜下，艰苦卓绝地奋斗了28年，最终完成了反帝反封建的历史任务，在向着崇高理想迈进坚实一步的同时，也使中国人民的独立和解放得到了实现。

党执政后，面临着更加艰巨的任务和更加复杂的国内外环境，这就要求中国共产党真正做到执政为民，使人民切实地感受到为党的理想和纲领奋斗而带来的实惠。江泽民深刻地指出："我们建设有中国特色社会主义的各项事业，我们进行的一切工作，既要着眼于人民现实的物质文化生活需要，同时又要着眼于促进人民素质的提高，也就是要努力促进人的全面发展。这是马

克思主义关于建设社会主义新社会的本质要求。我们要在发展社会主义社会物质文明和精神文明的基础上，不断推进人的全面发展。"江泽民对建设社会主义新社会本质要求的阐述，深刻地总结了我国社会主义建设的历史经验，是对共产党人"为崇高理想奋斗和为最广大人民谋利益的一致性"理论原则重要性和科学性的精辟诊释。

党的性质、宗旨决定了党的理想必须始终充分表达人民群众的利益和愿望，必须体现始终为最广大人民谋利益。每个共产党员特别是党的领导干部每日每时都要把执政为民理念的具体实践。要实现执政为民，就要求始终坚持为崇高理想奋斗与为最广大人民谋利益的一致性，把远大理想与脚踏实地的奋斗结合起来，把坚定崇高理想与做好本职工作结合起来，把为共产主义理想奋斗落实在建设中国特色社会主义、全心全意为人民谋利益的身体力行之中，以最广大人民的根本利益为出发点和落脚点，切实把最广大人民的利益实现好、维护好、发展好。

三、坚持完成党的各项工作与实现人民利益的一致性

江泽民指出："八十年来我们党进行的一切奋斗，归根到底都是为了最广大人民的利益。在革命战争年代，党号召全党同志不怕牺牲、前赴后继地为革命的胜利而英勇斗争。新中国成立后，党告诫全党同志谦虚谨慎，戒骄戒躁，永远保持艰苦奋斗的革命精神。在新的历史时期，党要求全党同志必须经得起改革开放和执政的考验，带领人民群众为实现社会主义现代化而勤奋工作。所有这些，都是为了不断实现好、维护好和发展好最广大人民的利益，始终保持党同人民群众的血肉联系。"以上论述生动地说明，坚持完成党的各项工作和实现人民利益的一致性是我们长期历史活动所坚持的指导思想和孜孜追求的目标，也是在新的形势下党的各级领导干部践行执政为民理念所必须牢牢遵循的方法论原则。

中国共产党始终是人民利益的忠实代表者，始终是人民利益的忠实实践者。中国共产党人深深懂得，保持同人民群众的血肉联系，把党的各项工作与人民利益等同对待，始终是战胜各种困难和风险、不断取得事业成功的根本保证。在革命和建设的各个历史时期，我们党总是根据人民利益的要求，确定奋斗目标，制定和执行正确的政策，把为最广大人民谋利益贯彻到党的全部具体工作中去，团结、带领群众为实现自身的利益而奋斗。民主革命时

期，我们党通过制定新民主主义革命的经济、政治和文化纲领，规定了党的具体革命工作和直接任务，充分体现和反映了广大人民的实际利益和实际愿望，广大人民实际利益和愿望的实现体现在党的新民主主义经济、政治和文化这三个方面具体革命工作的切实完成之中。新的形势下，执政为民的理念也应通过党的各项工作和全部具体实践体现出来。全面建设小康社会是十六大确立的奋斗目标，是中国特色社会主义经济、政治、文化全面发展的目标，我们党在新世纪头二十年的各项工作必须始终围绕这一目标而努力。

目前，我国的发展面临着严峻的挑战和巨大的风险，突出表现为以下诸多方面的问题：如能源和资源的约束加剧问题，生态环境问题，"三农问题"，地区差距和人们收入差距继续拉大问题，就业不充分问题，经济增长与社会事业发展之间、与人的全面发展之间的不平衡问题，经济增长方式问题，反腐倡廉问题，完善社会主义市场经济体制问题，物质文明、政治文明、精神文明三者协调发展问题，等等。这些突出问题的解决与否，直接检验着党的各项工作的完成情况，同时也直接检验着广大人民利益的实现程度。人民群众并不只是看你说了些什么，而主要看的是你为他们做了些什么。所以，坚持完成党的各项工作，就必须直面严峻挑战，着眼突出问题，着力化解风险。人民群众往往是从身边最细小的事情、最具体的变化中来审视我们的党，体验我们的政策，衡量我们的各级干部。胡锦涛指出，必须把坚持立党为公、执政为民落实到党和国家制定和实施方针政策的工作中去，落实到各级领导干部的思想和行动中去，落实到关心群众生产生活的工作中去。这"三个落实"，体现出党在全面建设小康社会实践中最基本的政治立场，能否做到"三个落实"，是坚持执政为民理念亟待解决的现实问题，成为考量我们党在新的实践中执政为民实现程度的具体标尺。

在我们的现实生活中，把党的工作与人民利益割裂开来的现象，突出表现在一些干部的所谓"政绩工程"之中。广大群众对这种专给上级看，只对上级负责不对群众负责的做法深恶痛绝，迫切希望领导干部能够真正做到"为官一任，造福一方。"十六届四中全会针对一些地方的官僚主义和形式主义现象，号召要树立正确的政绩观，胡锦涛同志强调指出，要把树立正确的政绩观作为新时期党的建设新的伟大工程的重要内容，对于我们牢固树立"执政为民"的理念，对于领导干部正确看待政绩、科学衡量政绩，具有重要的现实指导意义。坚持完成党的各项工作和实现人民利益的一致性，要求各级领导干部必须以对党和人民的事业高度负责的形象，发扬脚踏实地、埋头苦干的作风，重实际、鼓实劲、求实效，不求虚假之名，不务虚妄之功，不图哗众取宠，切实围绕群众最关心、最现实、最直接的利益，努力把经济社会发展的长远战略目标和提高人民生活水平的阶段性任务统一起来，把实现人民的长远利益和当前利益结合起来，把具体岗位职责与实现执政为民的使命联系起来，以强烈的使命感和责任感，求真务实、奋发有为，用扎扎实实的工作态度和卓有成效的工作绩效，肩负起为民执政的职责。

总之，三个"一致性"是互相联系、互相补充的统一整体，是党的执政为民理念在历史唯物主义层面集中而又充分的体现。三个"一致性"是新世纪的中国共产党对自己执政宗旨的长远的价值追求，是我们党当下和今后各项工作的基本要求，具有长远的方法论指导意义。

科学决策的基本原则是民主集中制

一、现代科学决策组织理论与民主集中制

现代决策组织理论指出，一个科学的决策组织必须表现出四个方面的功能，即决策功能、参谋功能、反馈功能和监督功能。体现决策功能的决策层应当实行集体领导，使得成员的知识、专业、性格得到互补，做到取长补短，拾遗补缺，协调配合，默契行动。体现参谋功能的参谋层应当既了解上级的路线、方针、政策，又十分全面、透彻地了解下面的实际情况，并能根据决策的需要，及时准确地提供相关信息，提出决策建议。决策形成之初并非就是十分完善的，在实施前还要广泛征求意见，实施过程中要不断吸收新的意见进行补充、修正、完善，这也就是反馈层的作用。决策必须受到监督，否则，就容易导致风向决策、越级决策、迟疑决策和随意决策。

从现代决策组织理论中有关决策组织机制的功能分析可以看出，科学决策组织理论与党的民主集中制原则密切相关。科学决策以民主集中制为决策原则，既是决策组织机制正常发挥作用的内在要求，又是符合民主集中制的组织原则和运作机制的。因为决策组织始终存在着认识的全面性的要求与个人认识能力有限性的"二律背反"。一方面，现代科学决策呈现出越来越复杂的特征，决策认识课题越来越大型化、综合化、深刻化和突发化；另一方面，单个决策主体的认识能力则受到主客观条件的限制，难于穷尽决策所要求的一切方面，这就产生了不同决策认识主体交换认识的必要性。美国著名管理学家德鲁克教授把决策组织中不同方面的意见冲突和互补看做是有效决策的一条重要原则。他说："管理者的决策往往不是从异口同声的一致同意中产生。有效的决策往往是以对立意见的冲突、不同观点的争论和不同判断的选

择为基础而作出的,'如不存在不同意见,就不可以作出决策'。"显而易见,科学决策组织机制正常发挥作用离不开民主集中制,而民主集中制的组织原则和运作机制正是决策功能、参谋功能、反馈功能和监督功能充分和正常地发挥作用的重要保证。

二、民主集中制是我们党和国家的根本组织制度和领导制度

我们党把民主集中制作为一种组织制度是从1927年6月1日政治局会议开始的。会议通过的《中国共产党第三次修正章程决议案》第十二条规定,党委的指导原则为民主集中制。1928年7月,党的六大通过的党章规定,中国共产党与共产国际的其他支部一样,其组织原则为民主集中制,并规定了三条具体原则。党的七大对民主集中制又作了进一步的发挥,经过修改的党章规定:民主集中制,即是在民主基础上的集中和集中领导下的民主。十四大通过的党章明确规定:民主集中制是民主基础上的集中和集中指导下的民主相结合。在以后的十五大、十六大党章中,有关民主集中制的表述也都是如此。

民主集中制是我们党的根本组织原则、组织制度和领导制度,是维系党生命的根本制度。决策民主,就是每个班子成员的意见、主张的充分表达和积极性、创造性的充分发挥;集中,就是全体班子成员意志、智慧的凝聚和行动的一致。强调正确执行民主集中制,目的是创造出又有集中又有民主、又有纪律又有自由、又有统一意志、又有个人心情舒畅、生动活泼,那样一种政治局面。坚持民主集中制,是实行科学决策的基本途径和方法。江泽民同志强调指出,总结我们党的领导工作的经验,很重要很关键的一条,就是要依靠集体领导,坚持贯彻民主集中制。许多重要的事情,可以先个别进行酝酿,最后由大家讨论决定。这就叫"集体领导,民主集中,个别酝酿,会议决定"。江泽民同志提出的"十六字"方针,就是贯彻民主集中制提出的一个重要原则,既有原则和纪律,又有方法和程序,深刻揭示了民主集中制的本质和规律,指出了科学决策坚持民主集中制原则的重要作用,也是提高决策水平和领导水平的关键。十五届六中全会要求各级党委书记要成为正确执行民主集中制的表率,成为改进领导作风的带头人,十六届四中全会强调要

坚持和完善民主集中制。这些要求，集中反映了全党在坚决贯彻民主集中制方面的意志和愿望。

三、民主集中制是马克思主义政党进行科学决策的基本原则

民主集中制作为基本原则其科学性表现在以下几个方面：第一，民主集中制以辩证唯物主义认识论和党的群众路线为基础。人类认识客观事物的过程和方法表现在社会历史领域，就是我们党的从群众中来、到群众中去的群众路线。从群众中来充分体现了党内民主，也就是基层党员意愿、主张的充分表达和其积极性、创造性的充分发挥。而集中则是全党意志的汇聚和行动的一致，也就是把来自实践、来自群众的建议、意见集中起来，形成科学的决策，再去实施并检验，变成人民群众的伟大实践。第二，民主集中制是唯物辩证法在科学决策中的具体运用。民主和集中二者相辅相成，相互渗透、内在统一。民主孕育着集中，集中则包含了民主。民主是集中的基础和前提，集中是民主的目的和归宿。只有充分发扬民主，集思广益，让各种方案都提交上来，再进行鉴别、比较，才能得出符合实际的意见，制定出正确的路线、方针和政策。而如果缺乏必要的集中，总是议而不决，自然也难以形成统一意志和统一行动。第三，民主集中制是无产阶级政党和国家机关组织建设的基本原则。严密的组织体系、严格的组织制度的建立，正确的理论、路线和纲领、政策的制定，是党带领全党和全国各族人民全面建设小康社会，实现中华民族伟大复兴的保证。而这一切都离不开民主集中制。刘少奇同志说过，我们的党，不是简单的数字组合，而是由全体党员按照一定规律组织起来的统一的有机体，是党的领导者和被领导者的结合体，是党的首脑（中央）、党的各级组织和广大党员群众依照一定规律结合起来的统一体。

民主集中制作为科学决策基本原则其有效性具体表现在：第一，民主集中制的多数决定原则，能够集中党内多数同志的正确意见，有利于正确决策的形成。正确的决策是产生效率的前提条件。在新的形势下，党要做出正确的决策，不能单靠某个个人或少数人的能力和经验，而是要通过健全的民主集中制来集中全党和全民智慧，用以形成正确的决策。第二，民主集中制的组织纪律原则，有利于全党步调一致，保证决策得到迅速、有效地贯彻执行。

第三，集体领导和个人分工负责相结合，能够充分调动班子成员的主动性和积极性，大大提高管理效率。第四，民主集中制能够做到充分地发扬党内民主，切实地保障党员的民主权利，对修正决策偏差，对决策信息的反馈等具有重要作用。

邓小平是坚持用民主集中制进行科学决策的典范。邓小平指出：决策者们必须严格地、不折不扣地贯彻执行民主集中制原则，决策要由决策者们集体作出。他说："重大问题一定要由集体讨论和决定。决定时，要严格实行少数服从多数，一人一票，每个书记只有一票的权利，不能由第一书记说了算。"邓小平这一决策思想的重要意义，已被越来越多的决策者所认识，并在其决策实践中加以正确运用。因为只有这样去做，决策者们才能在民主的、平等的气氛中进行广泛而深刻的探讨、分析和评价，才能把自己的真知灼见充分地、毫无保留地表达出来；然后，在此基础上，才有可能、也有必要实行正确的集中，汇集正确的意见，舍弃不合适甚至是错误的方案，从而做出科学的决策。

邓小平在总结历史经验时，阐述和发展了民主集中制的基本内容。他反复强调一定要做到"四个服从"。邓小平指出，必须实行集体领导和个人分工负责相结合的组织制度，重大问题必须由集体讨论，严格按少数服从多数的原则办事；必须禁止任何形式的个人崇拜，保证领导人的活动处于党和人民的监督之下；必须切实保障党员的民主权利，在党内政治生活中实行"三不主义"原则；必须严格执行党的纪律，决不允许我们党内存在什么特殊的人物和特殊的党员。否则，"民主集中制执行得不好，党是可以变质的，国家也是可以变质的，社会主义也是可以变质的。干部可以变质，个人也可以变质。"

为了更好地坚持和完善民主集中制，邓小平还提出了健全民主集中制的途径，即加强民主集中制的制度建设，使其制度化、规范化，"使这种制度和法律不因领导人的改变而改变，不因领导人的看法和注意力的改变而改变。"在这一思想指导下，邓小平强调要逐步建立和完善各级党委的民主科学决策制度、保障各级党组织和党员的民主权利制度、各级党组织的集体领导制度、党内监督制度以及保障全党集中统一的制度等。这对我们党和党的各级组织加强依法执政的能力，具有重要指导意义。

　　质言之，能不能正确地坚持民主集中制，事关重大。我们党历史上几番重大失误和几次重新走上正确的道路，都与党的民主集中制的执行状况直接相关。在完善社会主义市场经济体制过程中，加深对民主集中制科学性、有效性的认识，提高坚持这一基本原则的自觉性，对于发挥各级组织和干部群众的积极性和创造性，真正做到科学有效的决策，对于加强党的执政能力建设，提高我们党科学执政、民主执政、依法执政的水平，具有重要意义。

十 高校毕业生就业工作篇

"三三五"毕业生就业工作模式的创新和实践

淮北职业技术学院自 2000 年以来，坚持贯彻"出口畅，进口旺，中间质量是保障"的办学理念，把毕业生就业率作为衡量办学理念、办学质量、办学水平和办学成果的最根本、最重要的指标，从而体现学院的整体办学特色。在这一理念的指导下，我院把"就业——质量——招生"的良性互动格局作为追求的目标，用良好的教学质量促进毕业生就业，用较高的就业率树立良好的社会形象、打造知名品牌，从而大大促进招生工作。在实践这一理念和追寻这一目标的过程中，我院经过几年的不懈努力，在建院时间短、知名度低、地方人才容量小的不利条件下，逐步形成了"三三五毕业生就业工作模式"，探索了一条快速腾飞的良性发展道路。

一、"三三五"毕业生就业工作模式的内涵

为适应市场经济发展对多层次人才的需要，构建我院毕业生就业平台，打造社会和企业欢迎的素质高、技能强、下得去、留得住的应用性人才，在几年的毕业生就业工作实践中，我院逐步形成了"三全、三化、三位一体、五路并举"的毕业生就业工作模式，其实质是毕业生就业工作与综合素质培养的互动良性循环格局。

（一）"三全"就业工作体系

我院 1999 年挂靠淮北煤炭师范学院招生，2000 年开始独立招生，2002 年迎来首届毕业生。由于学院初建，知名度较低，学生又为专科层次，毕业生的就业压力非常突出。在毕业生"自主择业，双向选择"的宏观政策下，为迅速打开就业局面、开拓就业渠道，我院党委一把手亲自抓，分管领导具体抓，就业机构专门抓，层层负责全员抓。在短短几年里，形成了"全员参与、全程指导、全程服务"的全方位毕业生就业工作体系。

1. 全员参与

"千斤重担千人挑，人人头上有指标"，最大限度地发动全院职工，全方位地传递就业压力是全员参与就业工作的出发点。我院在实践中逐步形成院——系——辅导员分级负责和"四育人"相结合的就业工作体制，建立健全了一套适应市场需要的毕业生就业工作领导机构和工作机制。我院自2002年始成立了院毕业生就业工作指导委员会，党委书记任主任，分管领导任副主任，有关处室负责人、各系部总支书记任成员。委员会下设就业指导办公室，为常设机构，具体负责全院毕业生就业工作的研究部署、协调和指导。系（部）就业工作机构，则以党政负责人任组长，总支副书记任副组长，行政秘书、辅导员为成员，具体负责本系部毕业生就业指导工作，实现了毕业生就业工作责任包干到系（部）、班级及个人，从而形成了院党委、分管领导宏观指导——就业办指导协调——系（部）配合运作的毕业生就业工作组织体系，确保了政策有人制定，措施有人落实，责任有人承担，使毕业生就业工作上下联动，人人有责。

在保证组织全员参与的同时，我院还从政策上促进全员参与的积极性。从2003年上半年始，我院制定并实施了院《毕业生就业指导工作评估办法》，对系（部）毕业生就业提出了四个方面的要求。与此相配套，2004年以来，我院又制定并实施了《毕业生就业工作目标管理责任书》，院与系部之间、系部与辅导员之间层层签订责任书，把毕业生就业任务层层分解落实，并与主要负责人的评先、评优挂钩，以充分调动各级人员抓就业的积极性和主动性，从而实现毕业生就业工作的全员化。

2. 全程指导

即对学生整个在校期进行全过程就业指导。我院从2003年以来，就把就业指导从侧重于毕业班，推向大学教育的全过程，形成一、二、三年级逐级推进的就业指导形式。

其目标是：帮助学生培养职业道德和就业技巧，树立专业意识和就业观念，为就业做准备。其内容是：一年级学生结合专业思想教育进行就业指导，树立学习是为就业打基础的思想；二年级学生进行成才意识和职业价值观的培养，树立正确的择业观，并找准自己的就业定位；三年级学生，重点培养创业和就业能力，了解就业政策，熟悉就业程序，掌握就业技巧，做好就业准备。其指导载体主要是："职业生涯设计"、"职业心理和职业选择"、"就业形势与政策"、"求职准备"、"择业技巧"等系列讲座和报告会等。

为保证全过程指导的顺利进行，我院还把就业教育纳入日常教学计划中，开设就业指导课，把"如何做一名合乎社会要求的高职毕业生"和"如何应聘就业"编入《学生手册》中；编印了《毕业生就业导航》，学生人手一册，帮助毕业生顺利就业。这些措施保证了全过程就业指导的有效开展。

3. 全程服务

毕业生是学校的办学成果，如何实现这一成果与社会的对接，使毕业生为用人单位所欢迎，是我们一直关注的问题。我们将就业服务全程化的理念运用到实际工作中。全程化的实质就是从入学开始帮助和促进学生获得就业所需的素质和技能——提供供需见面平台和协助学生办理毕业手续——毕业后的服务。全程化的内容是三步走：第一步是就业前服务，即全程化指导，重点是帮助毕业生进入临阵状态。这主要是对毕业生开展就业知识、就业技巧和各种专项技能的培训，如"专升本"、"计算机和英语培训班"、"公务员招考讲座"、"CAD（计算机辅助设计）培训班"等，促进毕业生获得各类资格证书，有效提高毕业生的就业竞争力。

第二步是就业中服务，其重点是组织大量人员到发达地区考察和联系用人单位，获得大量的第一手用人单位信息，为毕业生就业提供多彩的平台。我院通过举办不同行业、不同专业、有形市场和无形市场相结合等各种形式的招聘会，提供优秀可信的中介组织和安排学生顶岗实习等多种方式，实现了不同需求的企业和毕业生之间的链接，从而帮助毕业生顺利就业。第三步是就业后服务。其主要内容是对已就业的毕业生开展跟踪服务工作，对未就业的毕业生进行建库和继续提供服务，动态监测就业率和待就业率。跟踪服务，一方面可考察用人单位对毕业生的满意度，衡量学院的办学水平；另一方面可以获知用人单位对人才的需求方向和对技能水平的要求，为修订教学计划、开辟新专业提供科学依据。正是针对此，我院每年都经常性地派出若干小组回访，或通过传真、电话与毕业生所在单位联系，征求意见，加强交流，给毕业生带去母校的温暖。"三全就业工作模式"的建立，旨在为学生提供全方位、多层次、综合性就业服务，体现了我院以学生为主体，以服务为宗旨，以出口带动进口和教学的毕业生就业工作思路。这一思路在2004年上半年总结成就业特色之一，并在近三年得到不断完善。

（二）"三化"就业服务方式

"三化"就业服务方式是就业工作高水平、高质量的要求，也是就业形势的要求。我院建立的就业服务"三化"就是这一要求的体现，即：就业服务方式的专业化、信息化、个性化。

1. 专业化

主要表现为"三专一套"，即：就业工作有专门机构、专业指导队伍、专项经费、一套完整的毕业生就业工作制度。专门机构包含院系两级就业工作机构、校内就业市场、就业基地、就业教研室。我院就业办公室为独立设置的处级二级机构，后来为推进实习就业一体化，又改革成实习实训就业处。我院还设立了具有现代化设备的校内就业市场；在苏州设立了就业基地，辐射华东地区；成立了就业教研室，把就业教育纳入正常的教学计划，形成了系列就业专门机构。专业指导队伍体现在"二专一兼"的就业工作队伍，即院就业办及就业基地的专业工作队伍、就业教育师资队伍、系（部）及相关处室兼职的就业工作队伍。专兼队伍合理分工，职责明确，配合协调。就业专项经费是学院为保障就业工作充分开展而设立的一个项目，近几年就业经费达到了整个学费收入的1.5—2%，并加大就业办公场所和有关设施的投入。基本设施配有长途电话两部、多媒体电脑两台、传真机两部、远程网上视频互动招聘系统一套，另外还配有摄像机、照相机、扫描仪、影碟机、投影仪等设备，建有70多平方米的专用招聘场所、三个就业信息发布中心和200多平方米的苏州就业基地。

一套完整的就业工作制度是就业工作专业化的保证。我院先后制定了《关于加强我院毕业生就业工作的意见》、《毕业生就业指导工作评估办法》、《毕业生就业工作目标管理责任书》、《就业信息收集发布制度》、《就业信息分析制度》《就业信息咨询制度》、《毕业生跟踪服务制度》、《就业市场调研制度》、《待就业毕业生登记制度》、《公布就业率制度》、《就业工作联席会制度》、《就业形势分析制度》等，形成一套完整的就业工作制度体系，成为就业工作专业化、正规化、科学化的稳定保证。

2. 信息化

指就业工作手段实现了信息化。我院一开始就重视建立就业工作的信息化平台，经过几年的建设，已建成"一网多式"信息化就业工作平台，即以互联网为主，多种信息媒体并存的信息化就业工作平台。"一网"是指我院就业网站，发挥着就业信息的收集和发布，网上远程视频招聘等服务功能，能及时、快捷地交流就业信息和进行网上两端可视招聘。毕业生登陆我院就业网站，能及时获得大量就业信息，因而称之为"信息直通车"。"多式"包括分校区信息发布中心及时向学生开放、电信网就业信息集成发布、院广播站设立"就业时空"专题节目、《淮北职业技术学院院报》设立"就业信息"专栏、系（部）通知栏设有"信息发布窗口"等。我院与电信部门合作而设置的就业信息集成发布平台，把筛选后的真实就业信息及时发布给配备手机的毕业生，并通过他们传递给未配手机的同学，以使每位毕业生都能获得就业信息，因而发挥了极其重要的作用。

3. 个性化

为使就业工作更有针对性，更能有效地实现毕业生与市场需求的对接，我院摸索出就业服务个性化方法，即："三个性一培养"：个性求职意向调查、个性职业生涯服务与设计、个性求职网上咨询和个性化人才培养。个性化求职意向调查是在一年级学生中进行的全员调查，由院就业办印制统一的求职意向调查表，让每位同学如实填写。求职意向在类别上主要集中在四个层次上，一是基础好、成绩好的同学趋向"专升本"；二是特长多、综合素质较高的学生趋向社会服务性职业，如：教育、信息、文化、公务员等行业的工作；三是有能力、有开拓品质、并有百折不挠精神的同学趋向走自主创业道路，圆"老板梦"；四是选择高职教育的主要培养方向——技能型职业，形成以技能型职业为主体、其他三个层次为辅的就业意向格局。个性化职业生涯服务与设计是基于个性求职意向调查分析的基础上获得的，即在对各类学生的专长、能力、性格、意向分析的基础上，为学生量体裁衣，设计适合学生个性化就业的道路。这是一个较为庞大细致的工程，我院每年由辅导员负责来完成这一基础性工作，再由系（部）和就业办进行统计、分析，提出就业设计的建议，供学生参考。个性化人才培养是根据个性化求职意向的统计和个性分析的结果，设计出分层次教学、分层次培养，鼓励学生张扬个性、发展个性特长，提高相对就业能力的一种理念。我院英语、文秘、高护、法律等文科类专业的学生，分层次求职意向比较清楚，主要集中在"专升本"、社会服务性职业、技能性职业三个层次。针对此，我院有关系（部）实施个性化培养方法，学生也分层次选择学习，各有侧重，效果显著。

（三）三位一体的人才质量保障体系

学生自身素质如何是决定就业竞争力的根本问题。我院把学生综合素质的培养作为学生就业成功的关键，明确了学院培养目标定位，即培养生产、建设、管理、服务一线需要的实践能力强、具有良好职业道德的高技能人才，并提出"三个零距离"的人才培养理念。即：以市场需求为导向，适时调整优化专业结构，以求专业设置与社会经济需求的零距离；以能力素质培养为主线，改革教学组织形式，以求教学内容与职业岗位需求的零距离；以强化实践教学为保证，强化学生职业能力的培养，以求大学生职业技能与就业岗位的零距离。在上述理念的指导下，我院把人文思想道德素质教育、专业技能教育、创新创业教育作为人才培养的重要方面予以大力强化，形成了"三位一体"的人才培养格局。

1. 人文思想道德素质教育

（1）在内容和形式上，主要指思想道德素质、文体素质和身心素质的培养。思想道德素质的培养，主要体现在"两课"教学、"形势与政策"教育、思想政治工作"四进"等三个方面。"两课"教学是培养学生树立社会主义世界观、人生观、价值观的主渠道。我院一直十分重视，成立了思想政治工作委员会，设立了"两课"教研室，认真推进邓小平理论和"三个代表"重要思想"三进"工作，并努力改进教学方法，提高教学效果。"形势与政策"教育由宣传部负责，每学年安排多个时事专题，采取专家讲座和声像教育的形式，对全院学生进行"形势与政策"教育。思想政治工作"四进"是指进公寓、进网络、进教室、进社团，由学工处、团委和各系（部）共同完成。如：思想政治工作进公寓，通过辅导员进驻学生公寓和在公寓建立党团组织、学生自律委员会及思想动态信息网络来实现，从而在公寓形成多层次、立体型的思想政治工作体系。文体素质培养主要通过人文知识讲座，开展广泛的校园文化、社会实践活动等方式进行。如：我院校园文化活动，设立每月一个文化节，建立健全各种健康向上的学生社团，使学院呈现出浓浓的文化艺术氛围。文艺演出、大学生辩论赛、演讲比赛、主持人大赛、礼仪大赛、征文比赛、交际舞会等活动此起彼伏，充实着学生生活，提高着学生的人文素质。身心素质的培养包含健全体魄和健康心理两个方面的培养。学院常年不断开展各种体育活动，组织各种体育比赛，以提高学生的身体素质；同时通过多层次、多渠道的教育，对大学生进行心理健康素质培养。学院成立了心理健康教育咨询中心，设立了三个标准心理咨询室。

系（部）也成立了心理健康教育机构。我院通过"心理驿站"网页、心理健康讲座、心理健康普查等途径，不断提高学生心理健康水平。

(2) 在途径上,我院对学生人文思想道德素质的培养强调"四育人",即教书育人、管理育人、服务育人、环境育人。我院于2003年以来总结出台并推行了《素质教育实施方案》,实现了全员参与育人,全院开放教育资源,全方位延伸教育职能,使学生时时处处都能感到素质教育的存在。对人文思想道德素质的重视和培养,使我院学生在科学思维能力、表达能力、人际交往能力、适应社会能力以及身心健康水平方面都有了较大的提高,为就业奠定了良好的基本素质基础。

2. 专业技能素质

这是高职大学生素质教育的核心内容,是高职生就业竞争力的优势所在。我院高度重视学生的专业技能培养,从加大学生实践教学、开展专业技能比赛、实施技术等级认证教育等三个方面入手,提高学生的专业技能水平。专业技能培养充分利用院内实习基地,加强学生动手能力训练并采取送出去、请进来、内建外联、顶岗实习等途径进行。如:医学系高护专业把学生分送到上海、合肥、南京、徐州、淮北等地甲级医院进行顶岗实习;机电系、工艺美术系、计算机系等毕业生实习期就是上岗见习期,实习期满、评价合格的毕业生就可以签订劳动协议。几年来,我院建成了现代制造技术实训中心、医疗护理技术实训中心、计算机多媒体技术实训中心、建筑技术实训中心等院内实训基地,对外与六十多家企事业单位签订了书面实习实训基地协议。

专业技能比赛由学工处负责、各系(部)配合,每学年举办一次。技能比赛的正常开展,有效地激发了学生钻研业务、勤学苦练专业技能的热情,促进了学生技能水平的提高。

技术等级认证教育是职业资格化的要求,分为基本技能等级认证和专业技能等级认证。我院的专业技能认证包括劳动部门的技术工人系列证书和人事部门的技术系列职业资格证书认证。基本技能等级认证有计算机、外语及普通话等级水平的认证。为提高学生技术等级认证的积极性,我院出台的《学风建设奖励办法》规定,对通过大学英语四、六级、国家计算机二级,获得各类职业资格证书及在较高层次专业技能大赛中获奖的同学给予一定的物质奖励。近年来,技术等级认证发展迅速,通过各类各层次的技术等级认证的学生越来越多,这大大提高了学生的就业竞争力。

3. 创新创业能力的培养

我院创业能力的培养分三步走:一、二年级开展创业教育;二、三年级举办创业计划大赛；毕业后对创业的学生进行跟踪调查，总结创业经验。我院的创业教育纳入日常的教学计划中，于2002年设立了创业教研室，有专职的创业教育师资队伍，有创业课教材，有教学计划安排。在日常创业教学的同时，我院还经常邀请创业成功人士来校作创业报告，现身说教，效果很好。

"三位一体"的人才质量保障体系为我院学生提高就业竞争力提供了成熟的演练平台，逐步形成了我院人才培养质量特色，大大缩短了毕业生与社会和企业单位要求的距离，有效推进了毕业生与用人单位的对接。

（四）五路并举拓渠道

我院始终认为，毕业生就业工作没有庞大的人才需求市场做依托，就会显得苍白无力。学院领导高屋建瓴，未雨绸缪，在全省高校中率先把开拓就业渠道放在就业工作重中之重的位置予以大力实施，主动出击，跑市场。由于院领导身体力行、党委思路清晰、措施有力，我院就业渠道在短短三年中迅速"攻城略地"，建立了五路就业市场，即：持续不断的校内外招聘会；上下联办的人才市场；四通八达的网上就业推荐；辐射华东的就业基地；产销链接的"订单"培养。

校内外招聘会是我院传统就业渠道，场次多、用人单位真实有形，吸纳毕业生的容量较大，效果较好，是最受毕业生欢迎的一种应聘平台。我院始终将之作为就业推荐的主渠道来抓，建立了70多平方米的专用招聘场所，配备了各种声像设备供用人单位介绍企业，并组织大量人员找市场，搜寻就业信息，因而，我院校内招聘会持续不断。同时，我院还大量向毕业生介绍校外各地举办的大型正规招聘会，扩大了同学们的就业空间。

上下联办的人才市场起步于2002年。我院在全省高职院校中率先与省大中专毕业生就业指导中心合作，在我院成立了"安徽省大中专毕业生就业市场淮北分市场"，我院在办公招聘场地、办公设施、人员等方面予以无条件配置，并资助分市场启动经费。目前，分市场已立足我院，服务皖北，为我院毕业生就业发挥了重要作用。

四通八达的网上就业推荐是我院又一先手。我院利用就业网站发布我院毕业生专业人才情况，搜集网上的各种招聘信息，帮助毕业生在网上实现双向选择。在就业信息系统建设中，我院从就业网站建设、人才供求信息平台构建，到与教育部就业信息网对接、开设就业电子信箱、设立远程视频网上面试招聘系统，都是紧跟市场，紧跟社会需求，及时为毕业生提供了最先进快捷的应聘平台。

就业基地建设是我院就业工作的大手笔,我院在苏州设置的就业基地已与华东各省数百家用人单位、各省许多高校、大中专毕业生人才市场建立了合作关系,源源不断地为学院和省就业市场及其他大中院校提供大量的用人单位,目前已形成了以苏州基地为主,北京、天津、山东、上海、浙江、广东为辅的就业基地网络。"订单培养"是我院寻求与企事业单位合作进行人才培养的机制,实行根据用人单位人才需求订单进行教育与培训的新模式。这一模式为我院与企业建立长期有效的合作关系,为毕业生就业创造了又一条件。

五个就业渠道的开拓,实现了校内外市场并行、有形和无形市场并重、流动和稳定开拓并举、上下合作、外引内建、不断发展的就业市场新格局,为我院毕业生就业开辟了立体性链接平台。

二、"三三五"就业工作模式的实践效果

我院"三三五就业工程模式"从就业指导—就业服务—人才质量保障—就业渠道开拓四个方面完整地构建了我院毕业生实现高就业率的经验做法,把就业与人才质量作为同等重要的工作进行强化,体现了人才质量是就业的关键和根本条件,就业是提高人才培养质量的动力和催化剂的先进理念,两个方面的有机结合和相互促进,形成了我院办学的特色。我院"三三五就业工作模式"经过近两年的完善,其效果日益凸现。学院成立几年来,毕业生综合素质普遍较好,就业率持续走高,在我省高校毕业生就业率中始终名列前茅,并连续三年被评为安徽省就业工作先进单位,连续五次在全省就业工作会议上介绍成功经验;新华社、《大众科技报》、《中国青年报》、《安徽日报》、《安徽经济报》、《安徽市场报》、《安徽青年报》、《淮北日报》、《江淮时报》、《江淮晨报》等众多媒体也连年报道我院毕业生就业工作的思路和成效,我院就业工作赢得了社会的广泛认同与赞赏,有力促进了学院的快速发展。

高职院校毕业生就业工作策略探讨

一、高职院校毕业生就业形势及主要问题

2003年,我国高等院校的毛入学率已突破15%,大众化教育对提升国民素质,全面建设小康社会可以起到十分重要的作用。但与此同时,我们也注意到毕业生人数的急剧增长,造成就业的压力越来越大。从安徽情况看,今年高校毕业生有15.2万人,比2005年增加了3.3万人,增幅高达27%;其中高职专科毕业生有8.7万人,比去年增加了2万多人。而我省能提供的就业岗位十分有限。经济发达地区的一些就业市场,大部分采取了就业自我保护措施,市场难以打开。内地许多高校为了推荐自己的学生就业,纷纷到经济发达地区,建基地、设办事处,构筑就业网络,就业竞争日趋激烈。从毕业生素质上看,高职院校的许多毕业生就业观念不够开放,对就业形势认识不足。择业期望值过高,心态比较浮躁,自主就业的能力普遍偏低,以致在市场竞争中缺乏竞争力,就业率难以提高,或是就业的稳定性不好。从毕业生就业指导工作上看,高职院校对就业指导工作的重要性的认识还远远没有到位。低层次的基本服务和事务办理工作较为细致,而高层次、个性化的指导则严重不足。高职院校就业服务指导工作对大学生缺乏应有的影响,学生的满意程度不高。据有关部门调查,高校毕业生对学校就业服务指导工作的总体满意度,表示很满意或比较满意的只有25%,不太满意或很不满意的比例达到21.5%。折射出现行提供的就业服务指导与应当有的对大学生的"客户"服务水平还有一定距离。各院校对学生的职业生涯规划指导还没有开展或有效开展,调查结果显示,有30.8%的学生对于自己的职业发展目标不甚明确。这说明,就业指导机构帮助学生树立职业生涯意识的职能没有到位,

就业指导所起的作用受到很大的限制。另外,有些高职院校的就业工作体制不够完善,各种制度还不够健全,方式方法陈旧等等,都制约着毕业生就业工作开展。

二、高职院校毕业生就业工作策略

(一)深入实施就业工作"一把手"

工程中共中央国务院在"加强和改进大学生思想政治教育的意见"中,明确把加强大学生就业服务作为解决大学生实际问题,创造性开展大学生思想政治教育的基本要求提出来。这是中央对毕业生就业指导工作全程化、全员化发出的新的号召。教育部多次强调,各个高校要切实把毕业生就业工作摆到各项工作更加突出的重要位置,认真安排,精心组织,狠抓落实。党政主要领导要负总责、亲自抓、经常抓,要定期研究解决就业工作问题。部门和单位一把手,要把就业工作作为自己的重要职责,从本部门、本单位工作岗位的角度做好就业工作。同时要进一步强化分管就业工作领导的责任,各级分管领导要集中精力把就业工作抓紧、抓实、抓好。同时,要注意把辅导员和教师教书育人的责任与就业工作联系起来,在教育过程中循序渐进地培养学生的就业能力。

(二)明确思路,突出重点,增强就业工作的实效性

高职院校就业工作的思路应该是:坚持科学发展观和人才观,全面实施教育振兴行动计划,坚持"巩固、完善、深化、提高"的方针,巩固已取得的就业成果,完善就业工作机制、体制,深化教学改革,提高就业质量,稳中求进做好毕业生就业工作。工作的重点:一是扎扎实实抓好就业工作目标管理责任制的落实,层层分解目标任务,责任到人,定期督促检查,确保落实到位,加强二级机构和系部就业工作规范化建设,切实提高系部就业工作整体水平,发挥系部在就业工作中的主体作用。二是从专业设置和职业生涯导航开始,提早筹划学生就业方向,重点谋划好社会需求量大的专业设置及就业网络,突出抓好社会需求量少,求职难度大的弱势专业的就业工作。三是结合实际,改进毕业生就业指导和服务方法,提高就业指导服务的针对性和实效性,加强就业工作内涵建设,从转变毕业生的就业观念入手,全面提

高毕业生的就业竞争能力，提高毕业生就业指导水平和服务质量，以质量求发展。四是集中力量抓好就业市场建设、市场开拓和宏观调控。把市场建设与开拓紧密结合，加大市场开拓力度，办好系列招聘会，改进与加强就业基地建设，加强院内分市场和人力资源服务中心的建设，实施高职教育与职业中介一体化，积极探索校企结合、工学结合以及订单式的人才培养模式，实现校企"零距离"对接，建立健全就业跟踪反馈长效机制。

（三）积极推进实习就业一体化工程，努力做好毕业生的实习和就业工作

目前，一些专业的毕业生就业呈现出由"零售"向"团购"转变，从"现货"向"期货"转变的趋势。为应对这种趋势，不少企业与高校签订人才智力合作协议，设立学生实习实训就业基地，建立学生实习实训就业合作关系。高职院校应结合自身实际，将就业工作与实习实训工作联合起来，形成实习实训就业一体化的就业工作体制，在安排学生实习的时候，采取实习与就业岗位挂钩的方式，通过预就业，促进毕业实习与就业更加紧密的结合。被实习单位接纳的学生如实习期间表现优秀，可以直接就业，允许学生带薪实习，这样既促进了就业，也减轻了学生负担。

（四）以就业为导向，大力加强教育教学改革

要认真贯彻教育部《关于进一步深化教育改革，促进高校毕业生就业工作的若干意见》，落实教学与就业工作挂钩的具体措施，牢固树立以就业为导向、为龙头的办学指导思想。全面审视、调整专业结构，以就业率为核心指标，主动调整专业结构和人才培养模式，加快专业调整的步伐。专业建设，可吸收企事业单位领导、有关专家充实学院各专业建设委员会，加强学院与用人单位沟通，搞好市场调研和需求分析，使教学内容、教学方法改革，培养目标、专业设置、课程教材、学制安排等更加有利于提高学生的就业和创业能力。

积极实施教师素质提高计划，建立教师到企业实践制度。继续面向社会聘用工程技术人员、高技能人才担任专业课教师或实习指导教师。支持鼓励实践性较强的专业教师按照相应专业技术职务试行条例的规定，申请评定第二个专业技术资格或根据有关规定申请取得相应的职业资格证书。加强学历教育与职业培训的沟通，学历教育与职业资格训练相结合。把专业教师送出

去培训，提高专业教师的职业技能培训水平。对"双证"培养工作任务完成情况定期进行考核，并以此作为党政主要负责人工作业绩的考核指标之一。坚持培养模式的多样化、灵活性，不拘一格培养技能型、双师型教师队伍。

改革教学组织形式，试行灵活的教学管理制度，积极推进教学改革，广泛采用案例教学法、问题教学法和三明治教学法。针对生源情况和实际工作需要，实行分层次教学、分专业方向教学和分阶段教学，也可实行顶岗实习制度。改革教学模式，改变传统的以课堂为中心的单一模式，在学中做，在做中学。有些课可设在课堂，有些课则可以设在实训基地、工厂车间、服务场所和工地。

(五) 想方设法实施"双证书"制度，提高毕业生就业率

大力推进职业资格证书制度，既是积极适应我国就业准入制度改革的需要，也是促进学校教育与行业、企业结合的有效途径。毕业时能否取得相应的职业资格证书，是学生是否具有职业能力的具体体现。几年的就业实践证明，取得职业资格证书的学生就业十分抢手，就业单位比较理想。为此，我们必须着力做好以下三方面工作：一是使学生毕业时既能获取毕业证书，又能获得一个或多个对学生就业有帮助的职业资格证书，力争使有职业资格证书的专业领域80%以上的学生能取得双证；二是加强高职院校主体专业的教学内容与职业资格标准的相互沟通与衔接，使学生毕业时避免重复考核，直接取得相应的职业资格证书。三是要尽快提升目前高职毕业生的职业资格证书水平。目前，许多高职院校毕业生取得的是中级工或初级工职业资格证，这与高职院校的培养目标确定的"银领人才"，即能动手又能动脑的高技能人才，还有相当大的差距。

(六) 改进就业工作方法，提高就业指导水平

一是以落实中央16号文件精神为契机，深入做好毕业生思想教育工作。就业和择业是大学生重要人生转折，是他们迈向社会的关键阶段。针对大学生的特点，结合贯彻中央16号文件精神，把对毕业生的就业教育、创业教育、毕业教育作为加强思想政治教育的重要内容。通过就业教育，帮助毕业生正确认识职业特点，客观分析自我职业倾向，做好就业心理准备，帮助学生树立基层意识、事业意识、奋斗意识，引导学生树立报效祖国、志在四方

的理想信念,树立正确的择业观,自觉地、主动地到基层、到艰苦的地方和行业去就业。定期举办各种就业创业讲座,结合实际积极开展好各种形式的毕业教育。发挥辅导员的作用,做好日常的就业指导工作,对学生进行深入细致的就业指导和创业教育。注意树立创业典型,教育学生增强创业意识,鼓励学生自主创业。

二是教育、引导和鼓励毕业生面向基层就业。2005年6月29日,中共中央办公厅和国务院办公厅印发了《关于引导和鼓励高校毕业生面向基层就业的意见》(中办发[2005]118号,以下简称《意见》)。引导和鼓励毕业生到基层就业,有利于青年人才的健康成长和改善基层人才队伍结构,有利于促进城乡和区域经济协调发展,有利于构建和谐社会和巩固党的执政地位。积极利用各种媒体宣传上级有关就业政策和创业政策,引导和鼓励毕业生面向基层实现就业。实施面向基层的大学生定向培养计划,安排部分招生计划,用于定向培养到基层就业的大学生。

三是进一步加大就业工作的指导力度,不断提高就业指导水平和质量,就业指导工作人员要发扬"走遍千山万水、不怕千辛万苦、道尽千言万语、想尽千方百计"的精神,坚持以人为本的工作原则,进行就业指导和服务。注重就业指导的针对性,提高有效性,提供扎实、准确的就业信息指导。广泛组织学生从就业服务网站及相关的中国企业人才网上及各类报刊上主动获取就业信息,增加就业信息宣传的及时性。增加就业政策及毕业程序知识的普及度,通过多种途径加强毕业生就业技能培训,提高面试、洽谈、沟通等方面的就业能力。

(七)完善就业工作服务体系建设,充分发挥就业工作服务体系的作用

加强就业工作服务体系建设,就是要按照有关要求做好机构、人员、经费三落实,实施毕业生就业工作一把手工程,完善一级抓一级、层层抓落实的组织体系。加强人员思想素质建设,提高就业工作专兼职人员,特别是兼职工作人员的责任感,提高就业工作队伍的整体素质。进一步完善专兼结合、内外结合的就业指导工作队伍,加强就业工作人员的培养和培训。定期邀请校外就业咨询专家、学者,通过专业培训、专家讲座等形式对分管领导及辅导员进行专业培训。定期举办就业指导教育经验交流会,促进就业指导水平

的提高，不断提高就业工作水平和质量。

　　加强就业市场建设和就业网站管理，发挥好就业基地与常设人才市场的作用。积极深化与院外就业市场、各级人才交流服务机构、公共职业介绍机构、企业的联系与合作，逐步建立起统一的毕业生就业服务信息网络，实现院内、院外及企业就业网的联通和就业工作的信息化，为毕业生与用人单位搭建方便、快捷、覆盖面更广、资源更丰富的信息平台。利用各方面优势，主动为毕业生就业牵线搭桥，做好毕业生毕业后的跟踪服务，关心帮助就业困难群体，特别是对那些就业压力比较大的弱势专业毕业生、家庭困难学生和部分女生，以及登记待就业毕业生，给予他们更多的关心和帮助。

　　高职院校毕业生就业形势严峻，就业工作压力大、任务重，在新的形势下，必须以对高职教育发展高度负责的精神，认真探索毕业生就业工作的新思路、新途径、新方法，极力促进高职教育快速、健康、持续向前发展。

构建面向市场的高职院校
毕业生就业工作新模式

高等职业技术学院毕业生能否成功就业，关键在于其与社会需求贴近的紧密程度，以及在就业市场上的认同度和对就业市场的适应度。淮北职业技术学院在毕业生就业工作中不断开拓思路，以就业为导向改革人才培养体系，创新就业工作模式，构建就业工作的长效机制，使就业工作取得了显著成效。自 2003 年以来，毕业生就业率一直保持在 93% 以上，连续三次获安徽省普通高校就业工作先进集体称号。本文就创建毕业生就业工作的新模式问题进行分析。

一、高职院校毕业生就业工作存在较大压力的原因

淮北职业技术学院自成立以来，毕业生就业工作一直面临着比较严峻的形势，存在较大的压力，主要有以下两方面原因：

（一）宏观原因

一是地区经济发展的差异性导致高校毕业生就业形势的差异。当前我国仍处于计划经济向市场经济过渡的时期，地区经济发展差异明显，使人才需求也呈现出一定的地区差异性，因而高校毕业生的就业状况在不同的地区存在着明显差异。许多职业技术学院地处经济欠发达甚至相对落后的地区，这些地区能为毕业生提供的就业岗位较少，从而增加了毕业生异地就业的压力，凸现出就业难的状况。

二是产业结构调整、企业改革影响了大学毕业生就业。在产业结构调整和国有企业改革过程中，许多国有企业的职工通过提前退休等方式分流到社会上，其中也不乏高学历、年龄较轻者，他们中有相当一部分人具有丰富的工作经验和较大的潜力，在就业市场上比大学毕业生更有竞争力。从整个社会看，目前我国已进入劳动年龄人口增长的高峰期，今后几年，全国城镇每

年新增劳动力约 1000 万人，另外还有 1400 万下岗人员，而每年社会新增就业岗位只有约 900 万个，劳动力供需矛盾十分突出。

三是毕业生数量急剧增长与就业岗位增长缓慢存在较大的反差。从 1999 年起，高校扩大招生的序幕随着第三次全国教育工作会议的召开拉开了，从此我国高等教育的发展进入了一个新的阶段，高校学生的人数逐年增加，2003 年以前，我国每年有大学毕业生 100 多万人，到扩大招生后的本科生毕业，毕业生人数猛增，如 2003 年为 212 万人，2004 年为 280 万人，2005 年为 338 万人，2006 年为 413 万人，2007 年全国有 495 万高校毕业生。毕业生数量呈跳跃式增长，而社会对人才需求的增长则是缓慢的或与往年持平，这种供与需的递增速度不匹配，导致就业形势非常严峻，也必然增加了毕业生就业的难度。

（二）微观原因

淮北职业技术学院作为一所高等职业学院，建校时间不长，2002 年开始有毕业生，正赶上高校毕业生数量剧增的时候，就业形势的严峻性可想而知。其具体原因如下：

一是作为一所新成立的院校，当时没有独立设置的毕业生就业工作机构，没有就业制度和就业指导服务体系，社会声誉度不高，影响力不大；同时作为合并院校，老专业比较多，带来的是专业结构不合理，课程体系较为陈旧，实习、实训的条件较差，基础相当薄弱，就业基地建设刚起步，加之地处淮北，经济欠发达，就业市场尚待开拓。

二是毕业生就业竞争力不强。毕业生存在知识结构不合理、专业知识不系统、综合技能水平不高、工作经验缺乏等问题。一方面，毕业生的择业能力不强，在求职中缺乏科学性和主动性，获得职业信息的能力和职业目标的筛选能力不强；另一方面，毕业生又存在着就业期望值过高、就业挫折承受力差的状况，这自然也会给毕业生顺利就业带来难度。

二、努力构建就业工作新模式

近年来，学院面对严峻的就业形势，认真贯彻落实上级主管部门有关高校毕业生就业工作的方针政策，结合实际，努力探索高校毕业生就业工作的新理念、新方法、新机制，形成了以"一把手"工程为关键、党政齐抓共管、五个结合为一体的富有活力的就业工作新模式。

（一）实施"一把手"工程，构建党政工团齐抓共管的毕业生就业工作领导体制

学院党委十分重视毕业生工作，为此，首先加强了毕业生就业领导体制建设，实施"一把手工程"。2003年学院成立了毕业生就业指导工作委员会，2004年将其更名为大学生就业工作委员会，院党委书记任大学生就业工作委员会主任，直接分管就业工作，对全院毕业生就业工作负总责，委员会下设办公室，具体负责毕业生就业工作。

学院将毕业生就业工作摆上了重要的议事日程，每年都将毕业生就业工作列入院年度工作要点。除定期召开党委会、党政联席会研究就业工作外，还经常召开专题会议听取就业部门的工作汇报，研究、部署就业工作，组织开展跑市场活动。院领导分别带队，系部主要负责同志参与，一方面对实习就业的学生进行回访，另一方面拓展实习就业基地。同时，学院将就业工作目标层层分解，明确奖惩措施，增强了各系部做好就业工作的自觉性。系部党政领导齐抓共管，认真落实毕业生就业工作目标管理责任制，定期或不定期召开专题会议研究本系部的就业工作。由于"一把手"工程落实到位，形成了党政齐抓共管、层层抓落实的毕业生就业工作格局，从领导体制上保证了就业工作的健康发展。

（二）以就业为导向，建立人才培养与市场需要紧密结合的育人机制

一是以就业为导向，积极推进专业结构和课程体系的优化与调整。根据市场需求设专业，是毕业生与市场对接的关键。近几年学院组织各系部连续开展了规模较大的毕业生跟踪调查和市场调研活动，走访用人单位和校友，听取他们对学院教育、管理、学生素质需求方面的意见，以此作为专业、结构调整和推进人才培养模式改革的参考依据。学院力求建立起就业工作与专业结构调整良性互动的机制，大幅度进行老专业的改造与新专业的建设。课程体系的调整和课程内容的优化是专业建设的核心。为做好专业调整和优化，学院派出教学管理人员和专业课教师到用人单位，了解工矿企业技术现状和工程技术人员的知识需求，依据现场实际需要，陆续对所有课程（包括各种实践性教学）的教学大纲进行了审定、修订，使教学计划和教学大纲充分体现高职教育的特色；大幅度增加了实验、实践课的比例，对所有课程的教材使用情况进行了全面检查和确认，尽可能选用高职高专规划教材，并对课程的知识体系进行了更新、调整和补充。经过专业改造和课程体系调整，学院

形成了以工科为主体的比较合理的专业结构和比较符合人才培养目标的课程体系。

二是围绕就业需求，积极进行教学改革，完善教学质量管理体系。根据就业需求，改革教学管理体系，是提高人才培养质量的保证。在充分调研论证的基础上，学院各系部以毕业生的就业需求为主导，实行教学计划的动态管理。例如：护理专业增设了"涉外护理"专业方向，为学有余力的同学提供更宽广的学习和就业空间；建筑工程技术专业尝试建立了"宽基础活模块"的培养模式，使学生可以根据自身特点和爱好选择发展方向。在教学质量监控方面，按照教学的全过程，确定"专业教学计划""教学任务落实""教学进度""实践教学""作业""考试""教学方法"和"教学效果"等多个监控点，采取"学生网上评教""教师评学""教学督导""领导听课"和"教学检查"等多种形式实施教学监控，以使提高教学质量的各项措施落到实处，实施规范化教学管理。

三是加强实践教学，努力提高大学生的动手能力。加强实践教学，是提高毕业生动手能力的关键环节。近几年，学院先后投入三千多万元建设了多媒体实训中心、现代制造技术实训中心等五个实训中心以及一大批校内实验实训场所，还印发了《实践教学管理暂行办法》等文件，规范考核标准，以保证实践教学的质量和学生技能的提高。此外，学院还进一步强调了"校企联合"的办学思路，采取"走出去、请进来"的方式，派学生到施工现场进行顶岗实习，或将企业的技术人员请到学校为学生做专业技术讲座，大大增强了毕业生的动手能力和对就业岗位的适应能力。

四是加大职业技能培训和取证的力度，拓宽毕业生就业范围。为了强化学生的职业技能培训并加大取证的力度，学院还提出了"对证施教、分层教学"的教学改革思路，在教学内容上尽量将理论教学、实验、实训考试和考核与各种技能考试、鉴定考核有机结合，做到互动互通；在证书种类上允许和所学专业有所交叉，一个专业学生可以同时取得多种职业资格证书；在证书级次上也不强求统一，在规定合格标准的基础上，相同专业的学生可以获取不同级次的职业资格证书。这些措施使学生能够根据自己的基础和愿望，选择适合自己的学习类型，满足个性要求，人人都能够学有所得、学有所获。各系部"双证率"都达到90%以上，使学生朝着身怀多种技能的方向发展，为学生职业技能鉴定的考试取证和毕业后的就业提供便利条件，为就业奠定必要的基础。

（三）以增强就业工作活力为宗旨，建立调动广大教职工积极性的规范管理的工作制度

一是建立了就业工作奖惩制度。学院将就业工作与有关工作人员的工资津贴直接挂钩，毕业生就业率达标，则给予就业处及相关人员一定的奖励；未达标则按一定比例扣除就业处及相关人员的部分工资和岗位津贴。同时，对就业工作达标的系部予以奖励，对未达标的系部按一定比例扣除系部领导的岗位津贴。将就业工作和评优评先挂钩，就业工作不合格的系部，单位主要领导及分管领导当年不能评优评先和晋级。

二是建立了毕业生就业与招生投入挂钩制度。对于就业率连续两年低于60%的专业则减少招生数量，就业率连续三年低于50%的系部停止招生，使招生与就业相互联系、相互制约、相互促进。

三是建立完善就业工作信息管理制度。近几年，学院制定了就业信息分析制度、待就业毕业生登记制度、毕业生就业跟踪服务制度等各项制度，保证了就业工作的全面性、正确性、有效性，也促进了学院就业工作的开展。

（四）以开展多种活动为载体，建立增强毕业生就业竞争力的就业指导新模式

一是学工处、团委和各系部相互配合，组织开展各种形式的学习竞赛和校园文化活动。如大学生辩论赛、体育比赛、征文比赛、大学生创业计划大赛、职业技能大赛、计算机基本技能大赛，以及各种文艺演出和社会实践活动，使学生在活动中开发潜能，提高社交能力和人文素质，促进大学生提高专业技能和创业技能，为增强就业竞争力夯实基础。

二是在全省率先加入"全国大学生就业指导卫星专网"，每周三次组织学生收看高水平的专题讲座，使学生获益匪浅。2006年学院就业服务网站开通了"全国大学生就业指导卫星专网"网上点播栏目，排除了因校区分散、组织学生收看困难等各种障碍，为学生收看讲座提供了便捷有效的平台。

三是注重提供个性化的就业指导。新生入学后须填写《求职意向登记表》，使学院掌握学生的求职意向，在调查分析的基础上，根据每位学生的专长、性格、职业意向等设计学生的个性化发展规划，然后提出学生个人的培养计划，分层次、分类别进行培养。例如，学院对文科类、长线类专业的学生，侧重于按"专升本"和综合素质要求高的职业方向进行培养；对有创业意向的学生提供创业的锻炼机会；对理工类学生，加大技术应用能力的培养，提高其职业技能。

四是举办涉及就业政策、就业技巧、就业礼仪、就业心理的各种就业知识讲座，请优秀毕业生回校做就业专题报告，效果很好，深受学生欢迎。

五是开展网上和面对面的就业咨询活动，对学生提出的问题，耐心解释，及时沟通。

以提高服务质量为目的，建立有形市场与无形市场相结合的就业工作服务体系为提高毕业生就业服务质量，学院建立了有形市场与无形市场相结合的就业工作服务体系。

一是始终坚持有形市场建设和无形市场建设并举、校内市场和校外市场建设并举的方针，在巩固老市场的同时，努力拓宽毕业生就业新渠道。学院早在2002年就建立了安徽省大中专毕业生就业市场淮北分市场，为学院毕业生及周边地区大中专院校毕业生就业提供就业服务；2004年又成立了人力资源服务中心，为实现高职教育与中介服务一体化、拓宽就业市场渠道奠定了体制基础；特别是2004年7月，学院与省大中专毕业生就业指导中心联合成立了苏州就业办事处。学院每年都举办近百场小型招聘会和数场大型招聘会，为毕业生提供大量的就业信息，去年又成立了安教国际教育交流中心淮北办事处，为学生出国留学搭建了平台。

二是不断加强就业服务信息化建设，年年组织学生参加深圳百大网和省大中专毕业生就业指导中心举办的网上双选会和教育部举办的网上双选会。学院与深圳百大网合作，安装了远程可视面试系统，利用可视面视系统，组织学生进行网上远程应聘；还加入了中国企业人才网高校社区联盟，在中国企业人才网的平台上建立了独立的学院就业网，方便学院、企业、学生同时在线交流、联系；中国企业人才网对学院各专业进行细节分析，有针对性地联系企业，通过电子邮件提供和学院相匹配的最新招聘职位，本院毕业生可以定期获取最新招聘信息，不限量查询中国企业人才网招聘信息库（包括中央企业和全国大中型企业招聘信息），不定期参加中国企业人才网推荐的优秀企业校园招聘会。这些措施使学院毕业生可以自主借助中国企业人才网的平台与用人单位双向选择，也扩大了学院的美誉度，拓宽了毕业生的就业渠道，提高了就业质量和就业率。学院还与淮北移动公司合作，开通了电信网就业信息集成发布平台，为毕业生提供免费手机短信服务，让毕业生在第一时间获取就业信息。2006年，学院还加入省高校就业交流QQ群和全国高校就业论坛QQ群，保证了与省教育厅的密切联系，加强了与各高校的信息交流，提升了学院就业工作的信息化水平。

三是注重调动各方面积极性,共同做好学生的就业工作。学院积极引导广大教职工关注毕业生就业工作,调动其参与就业指导以及开拓市场的积极性,帮助毕业生寻求就业信息,落实就业单位。例如,经学院有关单位与芜湖奇瑞公司联系,该公司到学院招聘人员,共录用了40名毕业生。

(六)以增强就业效能为归宿,形成实习与就业紧密结合的一体化管理格局

实习与就业推荐存在内在的必然联系,学院过去是两个机构负责,多头管理,各自为政,造成重复投资建设,工作互相牵制。为提高毕业生就业与实习的工作效率,进一步提高办学效益,学院在2005年7月按照教育部和省政府等上级主管部门的有关会议、文件精神,结合自身实际,将就业办与实习实训处合并,成立了实习实训就业处,初步形成了实习实训就业一体化的就业工作管理格局。学院在安排学生实习的时候,采取实习与就业岗位挂钩的方式,通过预就业,促进毕业实习与就业更加紧密地结合。被实习单位接纳的学生如实习期间表现优秀可以直接就业,允许学生带薪实习,这样既促进了就业,也减轻了学生负担。

2005年以来,在省教育厅的正确领导和大力支持下,学院认真贯彻落实中央、省、市有关毕业生就业工作的方针、政策,贴近市场,立足服务,创新理念,积极做好就业工作,不断充实完善实习就业一体化工作,将学生实习基地建设与毕业生就业基地建设有机结合起来,使毕业设计、毕业实习成为毕业生择业、企业考核录用人才的重要环节。学院以现有专业为目标,有针对性地加大市场调研力度,对实习就业的学生进行动态跟踪,对用人单位反馈的意见进行认真研讨,及时调整课程设置,帮助学生实现课程学习与就业岗位的零距离。

参考文献

[1] 胡延华. 在校企合作中实现高职院校的"虚拟经营"和弹性扩张[J]. 清华大学教育研究,2004,(5).

[2] 李志宏,吴爱华. 坚持产学研结合,深化高等职业教育改革[J]. 高等职业教育(天津职业大学学报),2004,(6).

[3] 彭丽华. 加快培养高等职业技能型人才的思考[J]. 湖北广播电视大学学报,2005,(1).

[4] 翟向阳. 论高职教育突出高技能人才培养的目标定位[J]. 职教论坛,2005,(6).

[5] 杨雪芳. 论技能人才的培养与职业教育改革[J]. 河北建筑科技学院学报(社科版),2005,(3).

[6] 贾继海. 也谈高技能人才培养及其模式[J]. 教育与职业,2005,(20).

[7] 周济. 推进教育事业科学发展,为建设人力资源强国而奋斗[N]. 中国教育报,2008-1-4.

[8] 蔡克勇. 建设创新型国家是高等教育肩负的重大历史使命[J]. 中国教育科研参考,2008,(8).

[9] 杜向民. 创新型国家建设与大学的使命[J]. 理论导刊,2006,(12).

[10] 赵沁平. 发挥大学在建设创新型国家中的基础作用[J]. 求是,2007,(7).

[11] 尹景玉,齐福荣. 高职院校素质教育研究[J]. 中国高教研究,2005,(11).

[12] 中共中央,国务院. 关于深化教育改革全面推进素质教育的决定[Z]. 1999-6-13.

[13] 周济. 在教育部2008年度工作会议上的讲话[Z]. 2007-12-26.

[14] 顾健辉,是文涛. 创新能力的培养是高职院校素质教育的灵魂[J]. 教育与职业,2004,(29).

[15] 谢一风. 高职教育教学改革与实践[M]. 北京:经济管理出版社,2006.

[16] 扬永昌. 名校长的高绩效领导力[M]. 北京:九州出版社.2002.(6).

[17]邢贵和.构建和谐大学校园加强领导班子建设)[N].光明日报,2007-03-21.

[18]安徽省人事厅,学习能力建设[M]合肥:安徽人民出版社,2004.

[19]张荣臣.谢英芬,中国共产党执政的"五种能力"解读)[M].北京:中共中央党校出版社,2004.

[20]唐景莉,许杰.关注高校管理者领导能力建设)[N].中国教育报.2005-09-23(3).

[21]马德秀.高校党委提高执政能力的四点思考)[J].国家教育行政学院学报.2005(02).

[22]李建奇.高等职业教育研究与实践[M].北京:科学出版社.2006.

[23]宋明阳.大学品牌[M].广州:广东经济出版社.2006.

[24]程红兵,刘民钢.国家示范性高职院校建设应以内涵为本[N].中国教育报,2008-02-18.

[25]传双.高职院校教学资源整合初探[A].谢一风.高职教育教学改革与实践[C].北京:经济管理出版社,2006.29-40.

[26]丁钢.比较视野中我国高职师资培养的思考[J].中国职业技术教育,2005,(2):17-18.

[27]陈红,庞如银,芈凌云.管理学[M].徐州:中国矿业大学出版社,2006.

[28]候云辉,郭德.提出高校软实力的意义与思考[A].叶金福,姜澄宇.高等教育改革与创新[C].西安:西北工业大学出版社,2006.39.

[29][30]王继华.教育文化战略构建[M].哈尔滨:黑龙江人民出版社,2006.106-107.

[32]王全林.高校师资工作需要处理的四种关系及其对策[J].师资培训研究,2001,(1).

[32]牛维麟.新世纪高校教师队伍建设的若干思考[J].中国高等教育,2001,(20).

[33]朱继洲.建设世界知名的高水平大学必须加强队伍建设[J].西安交通大学学报(社会科学版),2002(2).

[34]宋永刚.人才战略与高校教师队伍建设的政策取向[J].高等教育研究,2002,(3).

[35]李建求.论高职院校"双师型"教师队伍建设[J].职教论坛,2002,(19).

[36]朱镜人.英国高等教育质量理论研究述评[J].比较教育研究,2003,(6).

参考文献

[37] 孟兵丽.英国政府斥巨资提高大学教学质量[N].科学时报,2004-5-20.

[38] 刘丽琼.论西方大学的教学[J].清华大学教育研究,2002,(1).

[39] 熊正安.高等职业教育师资队伍来源问题研究[J].武汉商业服务学院学报,2003(2).

[40] 蔡克勇.我国新办院校发展的战略选择[J].交通高教研究,2003,(1).

[41] 张凤辉,胡燕华.高等教育市场化思考[J].河北师范大学学报,2003,(1).

[35] 朱九思.高等教育当前应当着重抓什么[J].北京大学教育评论,2003,(1).

[42] 吴晓平,卢素改,周新建.关于高校课程建设的思考与实践[J].合肥工业大学学报:社会科学版,2002,(5):27-30.

[43] 郭元祥.教师的课程意识及其生成[J].教育研究,2003,(6):33-37.

[44] 胡勇敢,张小兰.高职高专精品课程建设的实践与探索[J].重庆电力高等专科学校学报,2005,(4):34.

[45] 段世年,刘涛.以就业为导向推动高职课程建设的改革[J].华东交通大学学报,2006,(6):269.

[46] 张等菊.优秀系部考核制度:高校校本管理新策略[J].高教发展与评估.2006(6):65.

[47] 陈朝新,肖起清,张意柳.论高校教学评估下教研室建设[J].高教论坛,2006(4):162.

[48] 胡仓权.高职院校系部教学质量评价探讨[J].高教发展与评估,2001(4):64.

[49] 陈家颐.高职人才培养模式的理论思考[J].南通职业大学学报,2004,(1).

[50] 张雷.论高职人才培养模式的构建闭.职业技术教育,2000;(16).

[51] 孙华山.在煤矿主体专业人才培养工作座谈会上的讲话[A].2006.2.

[52] 国务院关于促进煤炭工业健康发展的若干意见(国发[2005]18号),2005-6-7.

[53] 胡省三,谭得健等.应用高新技术改造传统煤炭工业[J].中国煤炭,2002(3).

[54] 胡省三,沈祝平等.世纪之交我国煤炭工业科技的发展[J].中国煤炭,2000(1).

[55] 胡省三,李秉顺,刘修源.高新技术在煤矿中的应用[M].徐州:中国矿业大

学出版社,1996.

[56] 胡敬东,连向东.我国煤炭科技发展现状及展望[J].煤炭科学技术,2005.(1).

[57] 中国共产党中央宣传部教育部关于进一步加强和改进高等学校思想政治理论课的意见,参见 http:www.moe.gov.cn,2005 年 2 月 7 日。

[58] 中国共产党中央国务院《关于进一步加强和改进大学生思想政治教育的意见》,参见 2004 年 10 月 15 日《人民日报》。

[59] 王宏甲《走向新教育》,载于《新华文摘》2004 年第 19 期。

[60] 江泽民全面建设小康社会,开创中国特色社会主义事业新局面——在中国共产党第十六次全国代表大会上的报告(2002 年 11 月 8 日)[J].求是.2002,(22):3-19

[61] 胡锦涛.在"三个代表"重要思想理论研讨会上的讲话(2003 年 7 月 1 日)[M].北京:人民出版社,2003.责任编辑:澍斌

[62] 马克思恩格斯选集(第一卷)[M].北京:人民出版社,1995.

[63] 马克思恩格斯选集(第四卷)[M].北京:人民出版社,1995.

[64] 列宁选集(第一卷)[M].北京:人民出版社,1995.

[65] 列宁选集(第四卷)[M].北京:人民出版社,1995.

[66] 江泽民论"三个代表"[M].北京:中央文献出版社,2001.

[67] 江泽民论有中国特色社会主义(专题摘编)[M].北京:中央文献出版社,2002.

[68] 江泽民.全面建设小康社会,开创中国特色社会主义事业新局面[J].求是,2002,(22).

[67] 李铁映.在实践探索基础上大力推进理论探索[J].求是,2003,(12).

[70] 江泽民.论党的建设[M].中央文献出版社,2001:505,496,523

[71] 邓小平文选(第1卷)[M].人民出版社,1994:1,323

[72] 毛泽东选集(第7卷)[M].人民出版社,1991:1060

[73] 中共中央关于加强党的执政能力建设的决定[J].中国共产党 DZ,2004,(11):10,4,505-506

[74] [美]彼德.F.德鲁克.有效管理者[M].北京:中国财政经济出版社,1998

[75] 邓小平文选(第二卷)[M].北京:人民出版社,1983.

[76] 靳生.安徽教育厅副厅长:高校毕业生要先低就再高攀[N].中国青年报,2006-03-09.

[77] 唐钧. 大学生择业影响因素分析[N]. 中国教育报,2001-06-13.

[78] 周济. 在2007年全国高校毕业生就业工作会议上的讲话[J]. 中国大学生就业,2006,(24):4-6.

[79] 杨宜勇,周帅. 我国社会就业压力与大学生就业难题的破解[J]. 中国高等教育,2006,(24):19-20.

[80] 步献新."大学生就业难"的社会学解读[J]. 芜湖职业技术学院学报,2006,(1):15-17.

图书在版编目(CIP)数据

高等教育改革理论创新的探索/张立今著.—北京:
中央编译出版社,2011.6

ISBN 978-7-5117-0929-5

Ⅰ.①高… Ⅱ.①张… Ⅲ.①高等教育—教育改革—
研究—中国 Ⅳ.①G649.21

中国版本图书馆 CIP 数据核字(2011)第124978号

高等教育改革理论创新的探索

出 版 人:	和 龑
责任编辑:	董 巍
责任印制:	尹 珺
出版发行:	中央编译出版社
地 址:	北京西单西斜街36号(100032)
电 话:	(010)66509360(总编室) (010)66509366(编辑室)
	(010)66509364(发行部) (010)66509618(读者服务部)
	(010)66161011(团购部) (010)66130345(网络销售部)
网 址:	www.cctpbook.com
经 销:	全国新华书店
印 刷:	北京瑞哲印刷厂
开 本:	787毫米×1092毫米 1/16
印 张:	17
字 数:	200千字
版 次:	2011年7月第1版第1次印刷
定 价:	48.00元

本社常年法律顾问:北京大成律师事务所首席顾问律师 鲁哈达
凡有印装质量问题,本社负责调换,电话:010-66509618